食品药品监督管理依法行政丛书

食品药品行政执法参考案例
医疗器械部分

国家食品药品监督管理总局高级研修学院
国家食品药品监督管理总局安全应急演练中心　组织编写

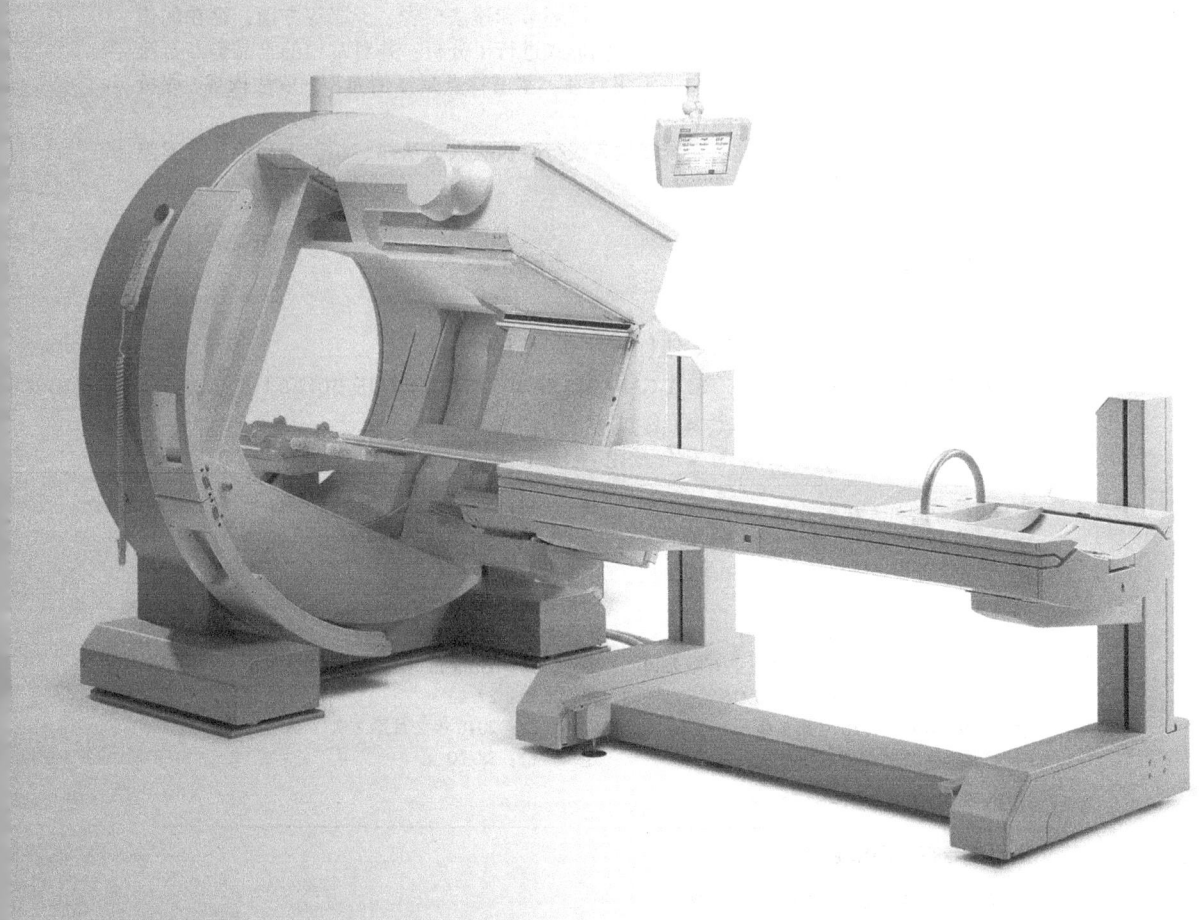

知识产权出版社
全国百佳图书出版单位

图书在版编目（CIP）数据

食品药品行政执法参考案例. 医疗器械部分/王月明，张秋主编；国家食品药品监督管理总局高级研修学院，国家食品药品监督管理总局安全应急演练中心组织编写. —北京：知识产权出版社，2017.10（2018.2 重印）

（食品药品监督管理依法行政丛书/张秋主编）

ISBN 978-7-5130-5171-2

Ⅰ.①食… Ⅱ.①王… ②张… ③国… ④国… Ⅲ.①食品卫生法—行政执法—案例—中国 Ⅳ.①D922.165

中国版本图书馆 CIP 数据核字（2017）第 237986 号

内容提要

本书对医疗器械注册、生产、经营、使用环节和违法广告、涉罪等方面，存在的违反监管法规、条例的常见行为，以典型案例形式进行了分析；并对常用的食品药品行政处罚文书、适用的医疗器械法规做了汇集整理。本书特点是案例典型，依法依规，评析客观、深入全面，实用性、可操作性强。

本书对于增强食品药品监管系统基层各级行政执法人员法律意识、提高依法办案能力和水平具有积极意义。

责任编辑：安耀东　　　　　　　　责任出版：孙婷婷

食品药品行政执法参考案例（医疗器械部分）

SHIPIN YAOPIN XINGZHENG ZHIFA CANKAO ANLI(YILIAO QIXIE BUFEN)

国家食品药品监督管理总局高级研修学院
国家食品药品监督管理总局安全应急演练中心　组织编写

出版发行：知识产权出版社 有限责任公司	网　址：http://www.ipph.cn
电　话：010-82004826	http://www.laichushu.com
社　址：北京市海淀区气象路 50 号院	邮　编：100081
责编电话：010-82000860 转 8534	责编邮箱：an569@qq.com
发行电话：010-82000860 转 8101	发行传真：010-82000893
印　刷：北京中献拓方科技发展有限公司	经　销：各大网上书店、新华书店及相关专业书店
开　本：720mm×1000mm　1/16	印　张：27.25
版　次：2017 年 10 月第 1 版	印　次：2018 年 2 月第 2 次印刷
字　数：402 千字	定　价：88.00 元

ISBN 978-7-5130-5171-2

出版权专有　侵权必究

如有印装质量问题，本社负责调换。

本书编委会

主　　　审：徐景和　　江德元
主　　　编：王月明　　张　秋
副 主 编：李长彪　　宋　淼
参编人员：范曼昕　白志国　周彩霞　胡　炜
　　　　　　于小涵　范振全　李学研　宋海港
　　　　　　武琦涛　姚立辉　蔡学功

编者的话

《中共中央关于全面推进依法治国若干重大问题的决定》要求：深入推进依法行政，加快建设法治政府。党中央、国务院印发《法治政府建设实施纲要（2015—2020年）》明确：全面提高政府工作人员法治思维和依法行政能力。注重通过法治实践提高政府工作人员法治思维和依法行政能力，建立行政执法人员以案释法制度，使执法人员在执法普法的同时不断提高自身法治素养和依法行政能力。

为了深入贯彻落实中共中央、国务院的指示精神，加快食品药品监管系统法治建设步伐，积极推进食品药品监管部门依法行政，尽快全面实现食品药品监管系统法治建设目标，2016年8月16日国家食品药品监管总局（以下简称总局）制定下发了《加强食品药品监管法治建设 全面推进依法行政的实施意见》（以下简称《意见》）。《意见》提出的总体目标是：科学完备的食品药品安全法律制度体系基本建成，高素质的专业化监管队伍基本建立，法治精神、法治理念与法治思维得到深入普及，职能清晰、执法严明、公开公正、廉洁高效的食品药品监管部门基本建成。具体推进依法行政措施包括，2017年年底前，总局出台建立食品药品监管案例指导制度的实施意见。2018年年底前，各省局完成汇编整理典型案例，加强对重大疑难案件协调指导，强化重大疑难案件分析论证。

在搜集整理的基础上，我们组织专家学者从中筛选比较典型的案例进行剖析、归类、汇总后，编辑出版"食品药品监督管理依法行政丛书"。这套丛书包括食品类稽查执法办案指南、药品类稽查执法办案指南、医疗器械类稽查执法办案指南等。丛书以典型案件为例，运用法律、法规知识和司法、行政解释，结合食品药品稽查监管的实际情况，全面客观并且有针对性的评析。其特点是案例典型，依法依规，评析客观、深入全面，指导实用、可操作性强。特别适合基层食品药品监督管理和食品药品稽查执法人员，在具体工作中借鉴参考，对于增强食品药品监管系统基层各级行政执法人员法律意识、提高依法办案能力和水平具有积极意义。

在编写本书过程中，我们得到了国家及各省市食品药品监管部门的大力支持，丛书中所选的大部分案例由全国各省市自治区食品药品监管系统同仁提供，值此成书之际，一并表示感谢。

由于时间仓促，加之水平有限，书中不妥之处，敬请批评指正。

编　者

2017 年 8 月

目 录

第一章 医疗器械注册环节案例 ························· 1
 第一节 骗取医疗器械注册证案 ························· 1
 第二节 伪造、变造、出租、出借、买卖医疗器械注册证案 ········· 12
 第三节 未依法办理医疗器械注册证事项变更案 ··············· 14

第二章 医疗器械生产环节案例 ························· 22
 第一节 生产未取得注册证的医疗器械案 ··················· 22
 第二节 未经许可生产医疗器械案 ······················· 25
 第三节 生产不符合产品技术要求的医疗器械案 ··············· 30

第三章 医疗器械经营环节案例 ························· 34
 第一节 经营未取得注册证的医疗器械案 ··················· 34
 第二节 伪造医疗器械经营许可证案 ····················· 41
 第三节 未经许可经营医疗器械案 ······················· 44
 第四节 经营无合格证明文件的医疗器械案 ················· 51
 第五节 医疗器械经营企业擅自变更库房地址案 ··············· 53
 第六节 许可证期满未获延续仍从事医疗器械经营活动案 ········· 57

第四章 医疗器械使用环节案例 ························· 60
 第一节 使用未依法注册的医疗器械案 ···················· 60
 第二节 使用无合格证明的医疗器械案 ···················· 73
 第三节 使用过期医疗器械案 ·························· 77

第五章　医疗器械违法广告案例 ·········· 86
第一节　严重欺骗和误导消费者案 ·········· 86
第二节　含有不科学表示功效的断言和保证案 ·········· 88
第三节　利用患者名义作证明案 ·········· 90

第六章　医疗器械涉罪案例 ·········· 92
第一节　生产不符合标准的医用器材罪 ·········· 92
第二节　非法经营罪 ·········· 95
第三节　侵犯注册商标案 ·········· 103

第七章　食品药品行政处罚文书样本 ·········· 112

第八章　食品药品行政处罚文书制作说明 ·········· 172

第九章　医疗器械法律法规 ·········· 232

第一章　医疗器械注册环节案例

第一节　骗取医疗器械注册证案

一、要点概述

医疗器械的质量问题直接关系公众的身体健康和生命安全。按照医疗器械的风险程度，国家将其分为三类加以管理。其中第一类风险程度低，实行产品备案管理，备案人向所在地设区的市级食品药品监督管理部门备案，香港、澳门、台湾地区以及进口第一类医疗器械向国家食品药品监督管理总局备案；第二类、第三类医疗器械实行产品注册管理，其中境内第二类医疗器械由省级食品药品监督管理部门审查发证，境内第三类医疗器械由国家食品药品监督管理总局审查发证，香港、澳门、台湾地区以及进口的第二类、第三类医疗器械由国家食品药品监督管理总局审查发证。在产品注册管理环节，存在的违法行为主要是提供虚假注册资料骗取医疗器械注册证。

二、典型案例

案例1

【案件事实】

2015年7月，某省食品药品监督管理局在市场上抽取两批"早早孕检测试纸"（规格分别为条型、卡型），经北京、黑龙江两家检测机构检验，发现其特异性项目均不合格（可使未受孕者出现受孕误判）。核查确认该两批不合格产品为某公司（以下简称当事人）生产。

当事人是一家取得"医疗器械生产许可证"的企业，主要生产、销售已取得医疗器械产品注册证的人绒毛膜促性腺激素（HCG）测定试纸（胶体金法）（俗称"早早孕检测试纸"）。

调查发现，当事人上述两批不合格"早早孕检测试纸"的生产情况较为混乱：一是其中一批产品（条型）批生产记录不全，不能有效追溯到上一道工序，记录内容有多处涂改和错误，明显伪造；二是另一批产品（卡型），将同月不同生产日期生产的成品标定为同一个批号，而制成该批成品的"大板"（为已涂上药液的半成品）多达三个批次；三是公司的留样与实际生产销售产品批次不符；四是该公司"早早孕检测试纸"的生产工艺流程不一，有的系公司自行配液、制成"大板"，有的则直接外购"大板"投料，当事人为此还伪造了批生产记录；五是当事人外购"大板"的供货商有两家，其中一家未取得"医疗器械生产许可证"。

调查证实，当事人生产销售的上述两批不合格产品，其中一批生产销售4万盒，货值2.43万元，另一批生产销售25000盒，货值2.1万元；两批产品总销售金额4.53万元，所涉产品已全部售出，销售涉及20多个省、市。

2015年10月14日，某市食品药品监督管理局以当事人涉嫌生产、销售伪劣产品罪将该案移送同级公安机关，公安机关未予立案退回。

经对当事人的医疗器械注册审批资料进行复查发现，2014年3月至8月，当事人申请HCG测定试纸、LH测定试纸注册时，涉嫌提供虚假临床试验资料。2015年10月21日，某省局食品药品稽查局和某市食品药品监督管理局开展联合调查。

当事人提供的医疗器械注册时的临床试验机构是××省两家医院，经××省食品药品监督管理局核查确认，当事人申请注册时提供的HCG测定试纸、LH测定试纸临床试验研究报告（包括分报告和总结报告），均非上述两家医院盖章出具。

随后某市食品药品监管局执法人员对当事人法定代表人戴某和公司实际负责人林某（系夫妻关系）进行调查，两人未否认临床资料涉嫌虚假问题。同时调查发现，当事人上述两产品的实际申请注册工作，系委托第三人（陈某，已失联）办理，由陈某负责该两产品的临床试验、注册检验、申请注册等相关事项。

调查证实，当事人自2014年5月、2015年1月分别取得HCG、LH测定试纸注册证以来，一直在生产、销售上述两个产品。

【案件处理】

某省食品药品监督管理局认定当事人提供虚假临床试验资料骗取医疗器械注册证书的行为，违反了《医疗器械监督管理条例》（2014年6月1日起施行）第九条第二款的规定，依据该条例第六十四条第一款之规定，对当事人作出撤销已取得的医疗器械注册证、罚款人民币7.5万元及5年内不受理当事人及相关责任人提出医疗器械许可申请的行政处罚。

某市食品药品监管局认定当事人生产不符合标准的医疗器械行为，违反了《医疗器械监督管理条例》（2000年4月1日起施行）第十五条第一款的规定，依据该条例第三十七条之规定，对当事人作出没收违法所得并处违法所得三倍罚款的行政处罚。

【案件特点】

(1) 企业主体责任意识淡薄。本案中，当事人从原料购进到产品生产，未严格执行《医疗器械生产质量管理规范》的要求，管理十分混乱，如从未取得医疗器械生产许可证的企业购进"大板"；批生产记录不全，甚至伪造批生产记录；留样产品与实际生产销售产品批次不符等。

(2) 企业注册申报管理失控。根据当事人负责人陈述，该公司是通过网络找到陈某，委托其办理产品临床试验、注册相关事宜。在整个产品注册过程中，当事人一是未对陈某是否了解注册产品情况、熟悉临床试验的规则、程序和内容等方面进行审核把关，且未与陈某签订委托合同，仅作了口头约定，并只留存身份证复印件；二是产品注册过程中，被动地由陈某电话告知进度、时间，未掌握临床试验、注册有关工作的主动权，从而无法对临床试验质量进行有效控制，在陈某失联后，该公司完全处于被动状态，凭前期工作提供虚假注册资料。

（3）早孕测定试纸行业潜规则问题。调查发现，目前国内一些生殖保健医疗机构或专科门诊，从一些生产企业定制采购包装内置有优惠就诊广告卡的 HCG 测定试纸，然后将这些产品免费赠送给药店或性保健品店，以吸引消费者就诊，而一些药店则反馈这些免费赠品检测结果不是很准确。

【案件评析】

（1）关于新、旧条例适用问题。截至目前，我国先后有两部医疗器械监督管理条例。一是 1999 年 12 月 28 日国务院第 24 次常务会议通过的、2000 年 1 月 4 日国务院令第 276 号发布的、自 2000 年 4 月 1 日起施行的《医疗器械监督管理条例》（以下简称旧条例）。二是 2014 年 2 月 12 日国务院第 39 次常务会议修订通过的、2014 年 3 月 7 日国务院令第 650 号发布的、自 2014 年 6 月 1 日起施行的《医疗器械监督管理条例》（以下简称新条例）。本案中，当事人骗取医疗器械注册证的行为发生在 2014 年 6 月 1 日前后，既违反了旧的条例，也违反了新的条例。

那么，对当事人的违法行为，究竟是适用新条例还是适用旧条例，成了问题焦点。

为了明确横跨新、旧条例的违法行为如何适用法律的问题，国家食品药品监管总局于 2014 年 5 月 23 日发出《关于贯彻实施〈医疗器械监督管理条例〉有关事项的公告（第 23 号）》，公告明确：

关于产品注册管理。在国家食品药品监督管理总局有关新规章和规范性文件出台前，产品注册管理按照现有规定执行。2014 年 6 月 1 日以后作出予以注册决定的，产品注册证有效期为 5 年。

关于生产经营管理。在国家食品药品监督管理总局新规章和规范性文件出台前，医疗器械生产企业和从事第二类、第三类医疗器械经营的企业，其管理按照现有规章和规范性文件执行。

关于违法行为查处。医疗器械违法行为发生在 2014 年 6 月 1 日以前的，适用修订前的《医疗器械监督管理条例》，但新修订的《医疗器械监督管理条例》不认为违法或者处罚较轻的，适用新修订的《医疗器械监督管理条例》。违法行为发生在2014年6月1日以后的，适用新修订的《医疗器械监督管理条例》。上述公告实际已经明确新、旧条例的适用原则，即从旧兼从轻原则。也就是说，一般适用旧条例，但如果新条例不认为违法或者处罚较轻的，则适用新条例。

那么，针对本案违法行为的法律责任，我们对处罚轻重进行比较就可以得出是适用新条例还是适用旧条例。

旧条例第四十条规定，办理医疗器械注册申报时，提供虚假证明、文件资料、样品，或者采取其他欺骗手段，骗取医疗器械产品注册证书的，由原发证部门撤销产品注册证书，两年内不受理其产品注册申请，并处1万元以上3万元以下的罚款；对已经进行生产的，并没收违法生产的产品和违法所得，违法所得1万元以上的，并处违法所得3倍以上5倍以下的罚款；没有违法所得或者违法所得不足1万元的，并处1万元以上3万元以下的罚款；构成犯罪的，依法追究刑事责任。

而新条例第六十四条第一款规定，提供虚假资料或者采取其他欺骗手段取得医疗器械注册证、医疗器械生产许可证、医疗器械经营许可证、广告批准文件等许可证件的，由原发证部门撤销已经取得的许可证件，并处5万元以上10万元以下罚款，5年内不受理相关责任人及企业提出的医疗器械许可申请。

就对提供虚假材料骗取医疗器械注册证这个违法行为的处罚（罚款）来看，新的条例是5万元以上10万元以下，旧条例是并处违法所得3倍以上5倍以下的罚款。本案违法所得是4万多元，按照旧条例应当在12万元以上20万元以下选择罚款，显然要高于新条例。正是考虑这个因素，办案单位依据新条例对当事人进行了处罚。

对于另一个违法行为——生产销售不符合标准的医疗器械行为，某市食品药品监督管理局则是依据旧条例作出行政处罚。旧条例第三十七条规定："违反本条例规定，生产不符合医疗器械国家标准或者行业标准的医疗器械的，由县级以上人民政府药品监督管理部门予以警告，责令停止生产，没收违法生产的产品和违法所得，违法所得5000元以上的，并处违法所得2倍以上5倍以下的罚款；没有违法所得或者违法所得不足5000元的，并处5000元以上2万元以下的罚款；情节严重的，由原发证部门吊销产品生产注册证书；构成犯罪的，依法追究刑事责任。"新条例第六十六条规定，生产、经营、使用不符合强制性标准或者不符合经注册或者备案的产品技术要求的医疗器械的，由县级以上人民政府食品药品监督管理部门责令改正，没收违法生产、经营或者使用的医疗器械；违法生产、经营或者使用的医疗器械货值金额不足1万元的，并处2万元以上5万元以下罚款；货值金额1万元以上的，并处货值金额5倍以上10倍以下罚款；情节严重的，责令停产停业，直至由原发证部门吊销医疗器械注册证、医疗器械生产许可证、医疗器械经营许可证。新旧条例比较，显然旧条例处罚较轻，所以适用旧条例给予处罚。

（2）关于案件管辖问题。本案当事人存在两个违法行为，一是生产销售不符合标准的医疗器械，二是骗取医疗器械产品注册证书。国家食品药品监督管理总局令第3号发布的、2014年6月1日施行的《食品药品行政处罚程序规定》第六条规定："行政处罚由违法行为发生地的食品药品监督管理部门管辖。"第十六条同时规定："依法应当吊销食品药品行政许可证或者撤销批准证明文件的，由原发证或者批准的食品药品监督管理部门决定。"上述规定，体现两个管辖原则，一是属地管辖原则；二是"谁发证谁吊（撤）证"管辖原则。就本案而言，当事人生产、销售不符合标准的医疗器械的行为由某市食品药品监管局依法查处，符合上述属地管辖原则；而医疗器械注册证书是由省级食品药品监督管理局核发的，所以撤销医疗器械注册证书应当由省局依法作出，充分体现了"谁发证谁吊（撤）证"的管辖原则。

（3）关于骗取注册证所生产、销售的产品的定性问题。骗取许可证的，该许可证自始无效。这是行政法学的定论意见。照此说来，本案当事人所生产、销售的产品全部属于非法产品，应当责成当事人召回。

案例2

【案件事实】

2016年9月13日,某市食品药品监督管理局执法人员根据上级部门移送的案件线索和涉案产品流向名单,到辖区某卫生院(以下简称当事人)检查,在其门诊二楼检验室中发现了线索通报中的"魅力"1800型全自动生化分析仪(以下简称分析仪)。当事人现场无法提供分析仪的合格证明文件、供货商资质、医疗器械注册证等材料。

调查证实,2009年6月18日当事人签署了一份《ZH慈善总会"MD慈善医疗济困行动"协议书》,甲方为UMC技术发展有限公司,乙方为当事人,监督方为ZH慈善总会"慈善医疗阳光救助工程"办公室。根据协议,三方根据ZH慈善总会"MD慈善医疗济困行动"的项目宗旨,在监督方的监督下,当事人委托甲方办理当事人所上报的"美国MD魅力1800全自动生化分析仪"的货物进口及报关等手续,并负责将货物运送到当事人。甲方以"中国和美国政府相关税金规定以及国内外发生的航空(铁路、公路)运输费、港杂费、适应国内外长途运输的单台设备包装费、保险费、保价费、仓储费、搬运费、安装培训及设备相关费用"名义向当事人收取费用人民币88000.00元。

2009年7月5日,当事人接收到分析仪和三本中文、外文使用说明书,以及一份技术说明文件和一份外文资料。接收人为当事人检验科助理医师赖某某。7月16日,当事人向甲方转账汇款了上述费用,并入账。12月17日,甲方向当事人开具了北京增值税普通发票,收货单位为某卫生院,货物为全自动生化分析仪,销售单位为UMC技术发展有限公司(以下统称销售公司),单价与税额合计88000.00元。2010年5月28日,当事人对分析仪进行验收后,于6月1日投入使用,用于血液生化检验。根据当事人提供的生化检验报告单证实,分析仪用于生化检验的时间段为2010年6月6日至2015年3月17日。

当事人在购进上述仪器过程中,没有向供货商(甲方)或装机单位(广州HSX医疗设备有限公司)索取供货者的资质、医疗器械注册证、医疗器械合格证明文件等材料。

经查，当事人使用的分析仪标称阿根廷"UV-VIS METROLAB S.A"公司生产，产品注册证号"国药管械（进）字2002第2401046号"，产品标准"YZB/WASSON 001-2002"，实际上是北京HSX医疗设备有限公司（以下统称生产公司）少量进口原产地为阿根廷的"魅力（Glamour）"全自动生化分析仪，借此骗取国食药监械（进）字2007第2401871号"医疗器械注册证"，在无法办理阿根廷厂商"委托加工"行政许可的情况下，通过进口关键部件稀释器，在国内购买相关配件，擅自以委托加工的名义在某省边境合作区SH医疗器械有限公司（以下统称被委托公司）生产上述分析仪。生产企业通过销售公司在全国进行销售。

【案件处理】

办案单位认定当事人的行为违反了《医疗器械监督管理条例》第四十条"医疗器械经营企业、使用单位不得经营、使用未依法注册、无合格证明文件以及过期、失效、淘汰的医疗器械"的规定。

无证据表明当事人购置使用涉案分析仪时明知其不符合保障人体健康的国家标准、行业标准的医疗器械，所以认定当事人的违法行为未达到刑事案件立案追诉标准。

办案单位依据《医疗器械监督管理条例》第六十六条第（三）项之规定，在责令当事人立即改正违法行为的同时，没收涉案的分析仪1台，并处货值金额6倍即528000元的罚款。

【案件评析】

（1）关于违法主体确认。本案的违法主体有三个，一是当事人，其违法行为至少构成使用无合格证明文件的医疗器械；二是生产企业，其违法行为构成骗取医疗器械注册证；三是销售公司，其违法行为构成未取得医疗器械经营许可证从事医疗器械经营活动和销售无合格证明文件的医疗器械。

（2）关于委托生产。旧条例对此没有明确规定，新条例第二十八条规定："委托生产医疗器械，由委托方对所委托生产的医疗器械质量负责。受托方应当是符合本条例规定、具备相应生产条件的医疗器械生产企业。委托方应当加强对受托方生产行为的管理,保证其按照法定要求进行生产。具有高风险的植入性医疗器械不得委托生产,具体目录由国务院食品药品监督管理部门制定、调整并公布。"

国家食品药品监督管理总局令第7号发布的、自2014年10月1日起施行的《医疗器械生产监督管理办法》对医疗器械委托生产作出严格规定。其基本内容包括:第一,医疗器械委托生产的委托方应当是委托生产医疗器械的境内注册人或者备案人。其中,委托生产不属于按照创新医疗器械特别审批程序审批的境内医疗器械的,委托方应当取得委托生产医疗器械的生产许可或者办理第一类医疗器械生产备案。医疗器械委托生产的受托方应当是取得受托生产医疗器械相应生产范围的生产许可或者办理第一类医疗器械生产备案的境内生产企业。受托方对受托生产医疗器械的质量负相应责任。

第二,委托方应当向受托方提供委托生产医疗器械的质量管理体系文件和经注册或者备案的产品技术要求,对受托方的生产条件、技术水平和质量管理能力进行评估,确认受托方具有受托生产的条件和能力,并对生产过程和质量控制进行指导和监督。

第三,受托方应当按照医疗器械生产质量管理规范、强制性标准、产品技术要求和委托生产合同组织生产,并保存所有受托生产文件和记录。

第四,委托方和受托方应当签署委托生产合同,明确双方的权利、义务和责任。

第五,委托生产第二类、第三类医疗器械的,委托方应当向所在地省、自治区、直辖市食品药品监督管理部门办理委托生产备案;委托生产第一类医疗器械的,委托方应当向所在地设区的市级食品药品监督管理部门办理委托生产备案。符合规定条件的,食品药品监督管理部门应当发给医疗器械委托生产备案凭证。备案时应当提交以下资料:一是委托生产医疗器械的注册证或者备案凭证复印件;二是委托方和受托方企业营业执照和组织机构代码证复印件;三是受托方的"医疗器械生产许可证"或者第一类医疗器械生产备案凭证复印件;四是委托生产合同复印件;五是经办人授权证明。委托生产不属于按照创新医疗器械特别审批程序审批的境内医疗器械的,还应当提交委托方的"医疗器械生产许可证"或者第一类医疗器械生产备案凭证复印件;属于按照创新医疗器械特别审批程序审批的境内医疗器械的,应当提交创新医疗器械特别审批证明资料。

第六,受托生产第二类、第三类医疗器械的,受托方应当依照有关规定办理相关手续,在医疗器械生产产品登记表中登载受托生产产品信息。受托生产第一类医疗器械的,受托方应当依照有关规定,向原备案部门办理第一类医疗器械生产备案变更。

第七,受托方办理增加受托生产产品信息或者第一类医疗器械生产备案变更时,除提交上述资料外,还应当提交以下资料:一是委托方和受托方营业执照、组织机构代码证复印件;二是受托方"医疗器械生产许可证"或者第一类医疗器械生产备案凭证复印件;三是委托方医疗器械委托生产备案凭证复印件;四是委托生产合同复印件;五是委托生产医疗器械拟采用的说明书和标签样稿;六是委托方对受托方质量管理体系的认可声明;七是委托方关于委托生产医疗器械质量、销售及售后服务责任的自我保证声明。受托生产不属于按照创新医疗器械特别审批程序审批的境内医疗器械的,还应当提交委托方的"医疗器械生产许可证"或者第一类医疗器械生产备案凭证复印件;属于按照创新医疗器械特别审批程序审批的境内医疗器械的,应当提交创新医疗器械特别审批证明资料。

第八,受托方"医疗器械生产许可证"生产产品登记表和第一类医疗器械生产备案凭证中的受托生产产品应当注明"受托生产"字样和受托生产期限。

第九,委托生产医疗器械的说明书、标签除应当符合有关规定外,还应当标明受托方的企业名称、住所、生产地址、生产许可证编号或者生产备案凭证编号。

第十,委托生产终止时,委托方和受托方应当向所在地省、自治区、直辖市或者设区的市级食品药品监督管理部门及时报告。

第十一，委托方在同一时期只能将同一医疗器械产品委托一家医疗器械生产企业（绝对控股企业除外）进行生产。本案的委托行为发生在新条例和上述办法施行前，由于旧条例没有对医疗器械委托生产行为作出详细规定，所以办案单位对此没有作出处理决定。

（3）关于是否构成犯罪。我国刑法第一百四十五条规定："生产不符合保障人体健康的国家标准、行业标准的医疗器械、医用卫生材料，或者销售明知是不符合保障人体健康的国家标准、行业标准的医疗器械、医用卫生材料，足以严重危害人体健康的，处三年以下有期徒刑或者拘役，并处销售金额百分之五十以上二倍以下罚金；对人体健康造成严重危害的，处三年以上十年以下有期徒刑，并处销售金额百分之五十以上二倍以下罚金；后果特别严重的，处十年以上有期徒刑或者无期徒刑，并处销售金额百分之五十以上二倍以下罚金或者没收财产。"就本案对生产企业来讲，如果生产的分析仪是不符合国家标准、行业标准的医疗器械，足以严重危害人体健康的，就构成生产不符合标准的医用器材罪；对于销售公司来讲，如果明知是不符合国家标准、行业标准的医疗器械而进行销售，并足以严重危害人体健康的，就构成销售不符合标准的医用器材罪。

（4）本案值得借鉴的方面。本案以"慈善医疗阳光救助工程"名义向当事人赠送涉案分析仪，以运输费等名目向当事人收取费用88000元，试图掩盖其销售违法医疗器械的事实。当事人也声称涉案分析仪是赠送得到的。但执法人员没有被假象所迷惑，而是根据UMC技术发展有限公司向当事人开具的北京市增值税普通发票，项目为"货物全自动生化分析仪"，当事人在现金日记账中以"北京全自动生化分析仪"项目入账的事实，认定当事人获得涉案分析仪的过程就是购置涉案分析仪的过程。

第二节 伪造、变造、出租、出借、买卖医疗器械注册证案

一、要点概述

医疗器械注册证是国家核发给注册申请人的法定许可凭证。禁止伪造、变造、出租、出借、买卖医疗器械注册证。所谓伪造，是指行为人未取得合法注册证，仿造真的证件式样擅自制作的虚假注册证件，也就是以假充真；变造是指行为人对依法取得的证件进行挖补、涂改、拼接制造；出租是指行为人将自己依法取得的注册证件租给他人使用，从而收取租赁费用的行为；出借是指行为人将依法取得的注册证件借给他人无偿使用的行为；买卖是指行为人将自己依法取得的注册证件卖给他人使用，从中获得利益的行为。

二、典型案例

【案件事实】

有群众举报称，某医疗器械生产企业（以下简称当事人）银离子伤口敷料注册证已到期，为达到招标要求，在新的注册证还未取得的情况下，擅自将公司持有的银离子伤口敷料注册证发证日期进行修改，最后中标销售。

某地食品药品监督管理局立即派出执法人员进行调查。经核实，当事人已取得银离子伤口敷料注册证，发证日期为2011年1月13日，有效期至2015年1月12日。2015年2月，当事人在参加某医疗机构银离子伤口敷料招标时，因招标方要求参与招标的银离子伤口敷料注册证在有效期内才符合招标条件。为满足标书，当事人将持有的银离子伤口敷料注册证发证日期修改为2011年11月13日，有效期修改为2015年11月12日。从而中

标。到案发时，当事人共销售银离子伤口敷料2000盒，违法所得32000元。

【案件处理】

当事人擅自修改银离子伤口敷料注册证日期的行为，违反了《医疗器械注册管理办法》第七十条的规定。

食品药品监督管理局按照《医疗器械监督管理条例》第六十四条第二款的规定，对当事人作出如下行政处罚：①没收违法所得32000元；②并处违法所得3倍罚款96000元。

【案件评析】

(1) 关于案件定性。对于禁止伪造、变造、买卖、出租、出借相关医疗器械许可证，我国法律、法规有明文规定。本案当事人擅自修改医疗器械注册证的日期属于变造行为。伪造和变造的主要区别是，伪造是指行为人依照真证的式样制作虚假的证照，以假充真；变造是指行为人对真证进行挖补、涂改、拼接制造。本案中当事人对其取得的银离子伤口敷料注册证发证日期和有效期进行涂改，定性为变造医疗器械注册证是正确的。

(2) 关于当事人生产的产品定性问题。本案中当事人销售的银离子伤口敷料都是注册证有效期内生产的，因此，产品是合法的，依据《医疗器械监督管理条例》第六十四条第二款予以处罚。如果当事人销售的银离子伤口敷料是注册证失效后生产的，或者是未经注册的医疗器械，则不能适用《医疗器械监督管理条例》第六十四条第二款予以处罚，而应该适用《医疗器械监督管理条例》第六十三条，按照生产、经营未取得医疗器械注册证的第二类、第三类医疗器械予以处罚。

(3) 关于案件调查。调查此类案件，首先应当查明医疗器械注册证的真假。如果证件是合法部门发放的有效证件，但存在涂改、修补等问题，那么就考虑变造注册证书；如果医疗器械注册证本身是假的，就考虑伪造注册证书。其次应当查明当事人所生产销售的产品，是在证书有效期内生产还是在证书无效后生产。前者当事人只构成一个违法行为，即变造医疗器械注册证书；后者当事人行为涉及两个违法行为，即变造医疗器械注册证书和生产销售无注册证的医疗器械。

第三节 未依法办理医疗器械注册证事项变更案

一、要点概述

2014年6月27日,国家食品药品监督管理总局令第4号发布了《医疗器械注册管理办法》。该办法第四十九条规定,已注册的第二类、第三类医疗器械,医疗器械注册证及其附件载明的内容发生变化,注册人应当向原注册部门申请注册变更,并按照相关要求提交申报资料。产品名称、型号、规格、结构及组成、适用范围、产品技术要求、进口医疗器械生产地址等发生变化的,注册人应当向原注册部门申请许可事项变更。注册人名称和住所、代理人名称和住所发生变化的,注册人应当向原注册部门申请登记事项变更;境内医疗器械生产地址变更的,注册人应当在相应的生产许可变更后办理注册登记事项变更。

凡登记事项变更资料符合要求的,食品药品监督管理部门应当在10个工作日内发给医疗器械注册变更文件。登记事项变更资料不齐全或者不符合形式审查要求的,食品药品监督管理部门应当一次告知需要补正的全部内容。

对于许可事项变更,技术审评机构应当重点针对变化部分进行审评,对变化后产品是否安全、有效作出评价。受理许可事项变更申请的食品药品监督管理部门应当按照法定时限组织技术审评。

医疗器械注册变更文件与原医疗器械注册证合并使用,其有效期与该注册证相同。取得注册变更文件后,注册人应当根据变更内容自行修改产品技术要求、说明书和标签。

二、典型案例

案例1

【案件事实】

2015年3月,食品药品监督管理部门接群众举报,反映辖区内某医疗器械经营公司经营的导管导引器械系统与注册证书不符。执法人员随即对上述公司进行现场检查,发现在该公司合格品区内存放有标示辖区内某医疗器械生产企业(以下简称当事人)生产的导管导引器械系统41套,该产品由导管鞘、血管扩张器、穿刺针和微型导丝四个部分组成。但该器械经营公司提供的医疗器械注册证中产品结构及组成是"由导管鞘、血管扩张器、微型导丝组成",无穿刺针部件。

执法人员立即到当事人处进行调查。经查实,导管导引器械系统为第三类医疗器械,当事人取得了导管导引器械系统医疗器械注册证,食品药品监督管理部门批准的产品结构及组成为"由导管鞘、血管扩张器、微型导丝组成",未包含穿刺针部件。当事人生产的产品增加穿刺针部件是因客户需要,擅自增加的。

当事人共生产300套添加了穿刺针的导管导引器械系统,已销售200套,库存100套。销售金额19800元(只计算穿刺针的销售金额,每个99元),货值金额总计29700元。执法人员对库存的100套产品进行查封。

经查,当事人生产的产品中添加的穿刺针并非本企业生产,而是从某医疗器械生产企业采购的,该企业生产穿刺针也取得了医疗器械注册证。

【案件处理】

当事人未依法办理导管导引器械系统注册许可事项变更擅自生产并销售的行为,违反了国家食品药品监督管理总局2014年10月1日施行的《医疗器械注册管理办法》。该办法第四十九条第二款规定:"产品名称、型号、规格、结构及组成、适用范围、产品技术要求、进口医疗器械生产地址等发生变化的,注册人应当向原注册部门申请许可事项变更。"

食品药品监督管理部门依据《医疗器械注册管理办法》第七十二条,

按照 2014 年 6 月 1 日起施行的《医疗器械监督管理条例》第六十三条之规定，作出如下行政处罚：①没收违法所得 19800 元；②没收违法生产剩余的导管导引器械系统 100 套；③并处货值金额 15 倍罚款 445500 元。

【案件评析】

(1) 关于案件的定性。我国对医疗器械实行分类管理。第一类医疗器械实行产品备案管理，第二类、第三类医疗器械实行产品注册管理。《医疗器械监督管理条例》第十四条规定："已注册的第二类、第三类医疗器械产品，其设计、原材料、生产工艺、适用范围、使用方法等发生实质性变化，有可能影响该医疗器械安全、有效的，注册人应当向原注册部门申请办理变更注册手续。"《医疗器械注册管理办法》第四十九条规定："已注册的第二类、第三类医疗器械，产品名称、型号、规格、结构及组成、适用范围、产品技术要求、进口医疗器械生产地址等发生变化的，注册人应当向原注册部门申请许可事项变更。"上述规定明确，已经注册的医疗器械，如果设计、原材料、生产工艺、产品结构及组成等发生实质性变化，必须向原注册部门申请办理变更注册手续。否则，就构成违法。案件中的当事人生产的医疗器械，原注册产品是"由导管鞘、血管扩张器、微型导丝组成"，而为了适应客户需要擅自增加了穿刺针部件，显然违反了上述法规和规章的规定，定性为未依法办理医疗器械注册许可事项变更的违法行为是准确的。

(2) 关于行政强制措施。《中华人民共和国行政处罚法》（以下简称《行政处罚法》）第三十七条规定："行政机关在收集证据时，可以采取抽样取证的方法；在证据可能灭失或者以后难以取得的情况下，经行政机关负责人批准，可以先行登记保存，并应当在七日内及时作出处理决定，在此期间，当事人或者有关人员不得销毁或者转移证据。"

2014 年 6 月 1 日施行的《医疗器械监督管理条例》第五十四条规定："食品药品监督管理部门在监督检查中有下列职权：（一）进入现场实施检查、抽取样品；（二）查阅、复制、查封、扣押有关合同、票据、账簿以及其他有关资料；（三）查封、扣押不符合法定要求的医疗器械，违法使用的零配件、原材料以及用于违法生产医疗器械的工具、设备；（四）查封违本条例规定从事医疗器械生产经营活动的场所。食品药品监督管理部门进行监督检查，应当出示执法证件，保守被检查单位的商业秘密。有关单位和个人应当对食品药品监督管理部门的监督检查予以配合，不得隐瞒有关情况。"第五十五条规定："对人体造成伤害或者有证据证明可能危害人体健康的医疗器械，食品药品监督管理部门可以采取暂停生产、进口、经营、使用的紧急控制措施。"

本案执法人员依法对涉案产品采取查封的行政强制措施是符合法律、行政法规规定的。但是，按照《中华人民共和国行政强制法》的规定，采取行政强制措施应当注意下列几点：

第一，如果违法行为情节显著轻微或者没有明显社会危害的，可以不采取行政强制措施。

第二，行政强制措施应当由行政机关具备资格的行政执法人员实施，其他人员不得实施。

第三，行政机关实施行政强制措施应当遵守下列规定：①实施前须向行政机关负责人报告并经批准；②由两名以上行政执法人员实施；③出示执法身份证件；④通知当事人到场；⑤当场告知当事人采取行政强制措施的理由、依据以及当事人依法享有的权利、救济途径；⑥听取当事人的陈述和申辩；⑦制作现场笔录；⑧现场笔录由当事人和行政执法人员签名或者盖章，当事人拒绝的，在笔录中予以注明；⑨当事人不到场的，邀请见证人到场，由见证人和行政执法人员在现场笔录上签名或者盖章；⑩法律、法规规定的其他程序。

第四，情况紧急，需要当场实施行政强制措施的，行政执法人员应当在24小时内向行政机关负责人报告，并补办批准手续。行政机关负责人认为不应当采取行政强制措施的，应当立即解除。

第五，违法行为涉嫌犯罪应当移送司法机关的，行政机关应当将查封、扣押、冻结的财物一并移送，并书面告知当事人。

第六，查封、扣押限于涉案的场所、设施或者财物，不得查封、扣押与违法行为无关的场所、设施或者财物；不得查封、扣押公民个人及其所扶养家属的生活必需品。当事人的场所、设施或者财物已被其他国家机关依法查封的，不得重复查封。

第七，行政机关决定实施查封、扣押的，应当履行上述规定的程序，制作并当场交付查封、扣押决定书和清单。查封、扣押决定书应当载明下列事项：①当事人的姓名或者名称、地址；②查封、扣押的理由、依据和期限；③查封、扣押场所、设施或者财物的名称、数量等；④申请行政复议或者提起行政诉讼的途径和期限；⑤行政机关的名称、印章和日期。查封、扣押清单一式二份，由当事人和行政机关分别保存。

第八，查封、扣押的期限不得超过30日；情况复杂的，经行政机关负责人批准，可以延长，但是延长期限不得超过30日。法律、行政法规另有规定的除外。延长查封、扣押的决定应当及时书面告知当事人，并说明理由。但对物品需要进行检测、检验、检疫或者技术鉴定的，查封、扣押的期间不包括检测、检验、检疫或者技术鉴定的期间。检测、检验、检疫或者技术鉴定的期间应当明确，并书面告知当事人。检测、检验、检疫或者技术鉴定的费用由行政机关承担。

第九，对查封、扣押的场所、设施或者财物，行政机关应当妥善保管，不得使用或者损毁；造成损失的，应当承担赔偿责任。对查封的场所、设施或者财物，行政机关可以委托第三人保管，第三人不得损毁或者擅自转移、处置。因第三人的原因造成的损失，行政机关先行赔付后，有权向第三人追偿。因查封、扣押发生的保管费用由行政机关承担。

第十，行政机关采取查封、扣押措施后，应当及时查清事实，在法定期限内作出处理决定。对违法事实清楚，依法应当没收的非法财物予以没收；法律、行政法规规定应当销毁的，依法销毁；应当解除查封、扣押的，作出解除查封、扣押的决定。

第十一，对当事人没有违法行为；查封、扣押的场所、设施或者财物与违法行为无关；行政机关对违法行为已经作出处理决定，不再需要查封、扣押；查封、扣押期限已经届满；其他不再需要采取查封、扣押措施的情形。食品药品监督管理部门应当及时作出解除查封、扣押决定。解除查封、扣押应当立即退还财物；已将鲜活物品或者其他不易保管的财物拍卖或者变卖的，退还拍卖或者变卖所得款项。变卖价格明显低于市场价格，给当事人造成损失的，应当给予补偿。

对于查封的财物，要么依法没收，要么期满后解除查封决定，将财物归还当事人。切忌采取行政强制措施后，对财物既不没收也不归还。

（3）关于违法所得计算。本案中当事人未经许可擅自在导管导引器械系统添加了穿刺针，改变了产品的结构与组成，从而提高了产品销售价格。那么，对当事人的违法所得是按照整套产品销售金额计算还是只计算增加的穿刺针的销售金额？目前法律、法规、规章对此类情形还没有明确规定，执法部门只把穿刺针的销售金额作为违法所得，值得商榷。

（4）关于案件调查取证。执法部门按照举报线索，直接以批准证明文件对照实物进行检查，证实产品发生实质性变化而未依法变更注册，可谓按图索骥，单刀直入，简单明了，一举中的，值得借鉴。

案例2

【案件事实】

某市食品药品监督管理局接到群众举报，反映某医疗器械公司（以下简称当事人）在2015年1月21日销售给贵州某医院的数字化X射线成像系统DR机存在质量问题。

调查发现，依据Flumine36B型数字化医用X射线摄影系统的产品注册标准（YZB/京1921—2012）中"3.3系统各部件的技术特性和规范"项规定，产品中配置的高压发生器应为Communications & Power Industries Canada Inc.生产的VZW2556RD2-26型号，使用的X射线管组件应为I. A. E. SpA公司生产的RTM101型X射线管及C100型管套。但当事人提供的《安装培训验收单（装机确认单）》显示，其销售给该医院的上述产品的高压发生器型号为当事人自行生产的H800-1000型，使用的X射线管组件为东芝E7843X型，与标准（YZB/京1921—2012）规定的技术特性和规范要求不符。

经发函核实，当事人销售给贵州某医院的数字化X射线成像系统的发生器为80kW高频高压发生器：3相，380VAC（±10%），50/60Hz；高压频率：

100kHz；输出电压：40~150kV；球管电流：10~640mA；毫安秒：0.1~500mAs。而根据 Flumine36B 型数字化医用 X 射线摄影系统的企业标准"3.3 系统各部件的技术特性和规范"，高压发生器规格参数应为：标称输出电功率 80kW；摄影管电压 40~150kV；摄影管电流 25~1000mA；加载时间 1~6300ms；电流时间积 0.1~1000mAs。

根据以上事实，当事人实际生产配置的数字化医用 X 射线摄影系统的产品技术要求已发生变化，且当事人未对其"医疗器械注册证"［京食药监械（准）字 2014 第 2300270 号］办理注册许可事项变更。

调查证实，当事人于 2015 年 1 月 14 日同贵州某医院签订了购销合同后以分期付款的方式履行合同，共计应支付 31.3 万元（含运输送货费用及有关的保险费用），货物运输费 8790.00 元，产品货值金额共计人民币 304210.00 元。2015 年 8 月 12 日当事人已与贵州某医院签署协议，对产品进行召回。因当事人已将货款全额退给了贵州某医院，无违法所得。当事人无专用于违法生产经营的工具、设备、原材料等物品。

【案件处理】

办案单位认定，当事人未依法办理医疗器械注册许可事项变更，违反了《医疗器械注册管理办法》第四十九条第二款的规定。依据《医疗器械注册管理办法》第七十二条、《医疗器械监督管理条例》第六十三条第一款第（一）项之规定，同时考虑当事人主动通过停止提供使用密码的方式停止了贵州某医院设备的使用，主动减轻违法行为危害后果，且积极采取召回、改正措施，给予当事人以下行政处罚：①没收违法生产的医疗器械一台，折合人民币 304210.00 元；②处货值金额 10 倍罚款 3042100.00 元。

【案件评析】

（1）关于违法行为的定性。在对案件处理过程中，存在两种认识。一种意见认为，当事人的行为应当确认为生产不符合经注册或者备案的产品技术要求的医疗器械；另一种意见认为，本案涉及产品属于第二类医疗器械，当事人生产该医疗器械已经取得产品注册许可，只是擅自变更了设备的高压发生器和球管类型的技术特性和规范。事实上，当事人自身的《安装培训验收单（装机确认单）》中的验收标准已将高压发生器与 X 射线管组件型号修改，说明生产过程已经按已经注册的标准来完成。后一种认识是符合案件实际的。

（2）关于行政处罚自由裁量权的使用。为了规范行政处罚自由裁量权，国家食品药品监督管理总局和各地食品药品监督管理部门制定了一些行政处罚自由裁量适用规则。有的按照严重违法、一般违法和轻微违法划分，分别适用从重处罚、从轻处罚和减轻处罚。有的按照情节划分，明确哪些属于从重情节，哪些属于从轻情节，哪些属于减轻情节，哪些属于免予处罚情节。不论哪种划分，作出行政处罚时都要考虑法定情节。本案办案单位在作出处理时，主要考虑了当事人主动通过停止提供使用密码的方式停止了贵州某医院设备的使用，主动减轻违法行为危害后果，且积极采取召回、改正措施。这些事实符合《行政处罚法》第二十七条"主动消除或者减轻违法行为危害后果的"情节，所以给予当事人从轻处罚。

第二章　医疗器械生产环节案例

第一节　生产未取得注册证的医疗器械案

一、要点概述

在我国，第二类、第三类医疗器械属于风险程度较高的医疗器械产品，所以《医疗器械监督管理条例》规定，生产第二类、第三类医疗器械的企业，在必须取得医疗器械生产许可证的前提下，其生产的产品还必须取得医疗器械注册证书。这是为了保证产品质量，国家采取的"双保险"措施，也就是只有"两证齐全"，方可从事生产经营活动。实际监管中出现的违法问题，大都是要么没有生产许可证件，要么没有产品注册证书，要么两者什么也没有而擅自组织生产。

二、典型案例

【案件事实】

2015年1月根据举报线索，某市公安机关在位于一家市民营科技园的某公司（以下简称当事人），现场查扣了大量标有"PK""Gyrus""GYRUS AM-CI"等标识的假冒美国佳乐公司的离子电切环等第三类医疗器械，货值金额达115万余元，并抓获王某等2名犯罪嫌疑人。

公安机关及时向食品药品监督管理局通报了情况。接到公安机关通报后，食品药品监督管理局立即对上述公司进行立案调查，并在辖区开展专项打击行动。

调查证实，当事人取得"医疗器械生产许可证"和"医疗器械经营许可证"，打着经营与维修进口医疗器械的幌子，利用自己生产与之类似产品的场所与设备，组织专人采购原材料、生产加工、粘贴进口医疗器械产品标识等，然后以进口医疗器械的名义销往全国各地，有的远销东南亚。这些产品应属于未依法注册的第三类医疗器械。

由于该类医疗器械属一次性使用产品，难以获得产品实物，且市场上正品进口医疗器械与违法产品并存，因此在调查过程中很难获得实际销售违法产品的数额。从获取的证据中发现，仅2014年1月至案发时止，大约一年时间里，该公司销往广州辖区11家企业违法产品的金额就高达27万多元，辖区外涉案企业高达99家，涉案金额巨大。另外，被公安机关查扣的违法产品货值金额为115万余元。

【案件处理】

当事人生产未依法注册的三类医疗器械，违反了《医疗器械监督管理条例》（第650号）第二十二条的规定，某市食品药品监督管理局依据《医疗器械监督管理条例》（第650号）第六十三条的规定，依法吊销了该公司的"医疗器械经营许可证"，并提请省局吊销其"医疗器械生产许可证"。

【案件特点】

（1）隐蔽性强，查证困难。涉案的生产企业，是依法注册的公司，其已取得与进口产品类似的国产三类医疗器械产品注册证书，在此掩护下，以其经营与维修进口医疗器械为幌子，组织专人采购原材料、生产加工、粘贴进口产品的标识，整个过程由犯罪嫌疑人王某等2人操控，各个环节互不知情，再由销售人员以进口产品名义进行销售。一方面，进口产品与违法产品一并销售，极具隐蔽性；另一方面，产品为一次性耗材，违法证据难以获取，发现的概率也很小，这给监管工作带来不小的难度，执法人员必须广泛调查，查获违法产品实物，才能掌握各方关键线索，做到精准打击。

(2) 涉案金额大、影响面广。本案涉及的进口产品为美国佳乐的三类医疗器械，在国内占据极大市场份额，每支产品市场价格达数千元人民币。违法产品销往全国各地，仅在2014年1月至案发时约1年的时间内，产品就销往了国内110家单位，涉案产品货值金额巨大。

(3) 部门联动，协同作战。该案件一是由公安机关先行侦查，掌握核心信息，一举捣毁非法生产地点。二是省、市两级食品药品监管部门通力合作，积极采取措施，在加强辖区调查取证的同时，向辖区外发函协查，调取证据。三是省局、市局以及公安机关在全市范围内进行拉网式打击行动，遏制违法产品的进一步扩散。

【案件评析】

(1) 关于案件管辖与行政处罚。就本案来看，当事人生产未依法注册的第三类医疗器械的行为，同时又假冒知名品牌，涉案货值特别巨大，其行为既应承担刑事责任，也应承担行政责任。其行政责任，主要是违反了《医疗器械监督管理条例》（第276号）第二十一条、《医疗器械监督管理条例》（第650号）第二十二条的规定，且情节严重，应予吊销其"医疗器械生产许可证"和"医疗器械经营许可证"。医疗器械生产许可由省级食品药品监督管理局审查发证，所以，应当由省局作出行政处罚决定；医疗器械经营许可由市级食品药品监督管理局审查发证，所以应当由市局作出行政处罚决定。

(2) 关于行政执法与刑事司法的衔接。因该案涉嫌犯罪人员先被公安机关刑拘，涉案第一手证据材料均为公安机关掌握，行政执法部门核查、取证存在一定的困难。通过办案人员不懈努力，与公安、检察机关多次沟通，并前往看守所对在押嫌疑犯进行询问调查，实行证据转换，确定了涉案企业的行政违法事实，最终以生产未依法注册的第三类医疗器械吊销了该公司的"医疗器械生产许可证"和"医疗器械经营许可证"。本案多部门的配合，完全符合2015年12月22日国家食品药品监管总局、公安部、最高人民法院、最高人民检察院、国务院食安办《食品药品行政执法与刑事司法衔接工作办法》第十五条的规定："对于尚未作出生效裁判的案件，食品药品监管部门依法应当作出责令停产停业、吊销许可证等行政处罚，需要配合的，公安机关、人民检察院、人民法院应当给予配合。"

第二节 未经许可生产医疗器械案

一、要点概述

医疗器械产品是直接涉及人的身体健康和生命安全的特殊产品，国家对医疗器械生产实行许可制度。2014年7月30日，国家食品药品监督管理总局令第7号发布的《医疗器械生产监督管理办法》第七条规定，从事医疗器械生产，应当具备以下条件：①有与生产的医疗器械相适应的生产场地、环境条件、生产设备以及专业技术人员；②有对生产的医疗器械进行质量检验的机构或者专职检验人员以及检验设备；③有保证医疗器械质量的管理制度；④有与生产的医疗器械相适应的售后服务能力；⑤符合产品研制、生产工艺文件规定的要求。

开办第一类医疗器械生产企业的，应当向所在地设区的市级食品药品监督管理部门办理第一类医疗器械生产备案；开办第二类、第三类医疗器械生产企业的，应当向所在地省、自治区、直辖市食品药品监督管理部门申请生产许可。省、自治区、直辖市食品药品监督管理部门受理或者不予受理医疗器械生产许可申请的，应当出具受理或者不予受理的通知书，并应当自受理之日起30个工作日内对申请资料进行审核，按照医疗器械生产质量管理规范的要求开展现场核查。对符合规定条件的，依法作出准予许可的书面决定，并于10个工作日内发给"医疗器械生产许可证"；对不符合规定条件的，作出不予许可的书面决定，并说明理由。"医疗器械生产许可证"有效期为5年。未经许可，不得从事医疗器械生产活动。

二、典型案例

【案件事实】

2014年3月17日，某市食品药品监督管理局接到举报，反映某视康贸易有限公司销售的软性亲水接触镜货源可疑。随即，该局执法人员对上述公司开展核查。经查，该公司持有合法的"医疗器械经营许可证"，但未取得"医疗器械生产许可证"和医疗器械产品注册证。该公司法定代表人孔某曾有生产药包材铝盖的经历，现场查获孔某购买小规格西林瓶的有关证据。孔某涉嫌非法生产、销售软性亲水接触镜。3月18日，某市食品药品监管局对此立案调查，同时将孔某涉嫌无证生产医疗器械的案件线索通报同级公安机关。当日，公安机关作出立案侦查决定，与某市食品药品监督管理局共同成立软性亲水接触镜案专案组。

专案组经过近三个月的秘密调查，查获了大量犯罪证据。6月10日，某市食品药品监督管理局在成都、丹阳、靖江三地食药监、公安部门的大力配合下，兵分三路开展集中收网行动。第一组赴丹阳，抓获犯罪嫌疑人5名，查获成品软性亲水接触镜90万瓶、改包装软性亲水接触镜8万瓶、生产原料80多箱、账册材料4箱、存储电子账目的电脑设备3台，消毒、灌装、轧盖设备6台。第三组赴成都抓捕了犯罪嫌疑人李某，查获非法生产的软性亲水接触镜40多万片。

全案共捣毁5处窝点，查获1条主要销售渠道，查封涉案生产设备25台，查扣非法生产的成品软性亲水接触镜130万瓶，捕获犯罪嫌疑人9名，涉案货值金额1.5亿元。

【案件处理】

本案是一起典型的非法生产、销售软性亲水接触镜的违法案件。当事人的行为已涉嫌构成生产、销售不符合标准的医用器材罪。公安机关依据《中华人民共和国刑法》（以下简称刑法）第一百四十五条之规定，移送检察机关审查起诉。

【案件特点】

(1) 造假手段专业化程度高。涉案生产设备较先进，车床和塑料模具均从韩国进口，聘请韩国专业工程师培训工人，非法生产完全专业化。

(2) 作案团伙组织化程度高。本案主犯孔某注册了医疗器械经营公司，同犯中有人负责从韩国进口毛片，有人负责工人业务培训，有人负责生产管理，还有专门的翻译，从原料进口到生产、销售一条龙，组织严密，环环相扣。

(3) 违法生产行为隐蔽性强。为逃避监管，窝点设在一处偏僻的山坳内，工人及产品进出由专人专车接送，厂区内放养藏獒等多只烈犬，近距离稽查、侦查难。

【案件评析】

(1) 关于案件的定性。本案当事人未取得"医疗器械生产许可证"和"产品注册许可证"，而从事医疗器械产品——软性亲水接触镜的生产、经营活动，且货值金额过亿元。对当事人的这种行为，是按照非法经营定罪还是按照生产、销售不符合标准的医用器材定罪，有值得商榷的地方。按照我国《刑法》规定，生产、销售不符合标准的医用器材罪，是指行为人生产不符合保障人体健康的国家标准、行业标准的医疗器械或者销售明知是不符合保障人体健康的国家标准、行业标准的医疗器械、足以严重危害人体健康的行为。此类犯罪主体，一般是指已经取得"医疗器械生产许可证"的企业；构成此类犯罪，应当具备两个基本条件：一是行为人生产的医疗器械不符合保障人体健康的国家标准、行业标准；二是使用该类产品足以严重危害人体健康。是否"足以"应当有检验检测结论或者认定意见。非法经营罪，是指未经许可经营专营、专卖物品或者其他限制买卖的物品，或者未经许可非法从事其他经营活动、其违法经营数额达到立案标准的行为。非法经营罪的主体主要是未经许可的单位或者个人。就本案来看，以生产不符合标准的医用器材罪定罪处罚，一是缺乏检验结论和认定意见；二是假如经检验，产品符合国家标准或者行业标准，就会处于两难境地。如果以非法经营罪定罪处罚，更符合案件实际。

(2) 关于公安机关提前介入。就目前法律、法规规定来看，食品药品监督管理部门认为案件涉嫌犯罪，可以向公安机关移送，这叫案件移送。但具体执法实践中，食品药品监督管理部门在案件初期调查过程中，发现案件线索重大，可能涉嫌犯罪，可以及时向公安机关通报案件线索，这叫线索通报。本案就是采取线索通报的办法，争取公安机关提前介入。与公安机关联合成立专案组，以公安机关的震慑力和法律制裁为后盾，并借助公安机关的刑侦手段，加之药监部门的专业技术为支撑，分工协作，密切配合，成功破获了本案，值得借鉴和推广。

以往涉刑案件的查办，食品药品监管部门完成前期外围调查，获得违法犯罪的初步证据后，再移送公安机关查办或联合办案，而行政执法手段的局限性，往往错失关键证据取得的最佳时机，还可能惊动犯罪嫌疑人销毁关键证据，最终加大案件侦办难度，甚至因无法查实关键证据而撤案。本案的查办，执法人员在调查初期，即充分认识到犯罪行为的复杂性和隐蔽性，积极转变思路，前期侦查与公安机关联合调查、密切配合，对3个窝点同时采取行动，锁定了各环节的犯罪证据，摧毁了整个犯罪链条，使得本案得以成功告破。

(3) 关于行政执法与刑事司法衔接问题。第一，食品药品监管部门向公安机关移送涉嫌犯罪案件前可否作出行政处罚。回答是肯定的。2001年7月9日国务院令第310号发布的《行政执法机关移送涉嫌犯罪案件的规定》第十一条规定："行政执法机关向公安机关移送涉嫌犯罪案件前已经作出的警告，责令停产停业，暂扣或者吊销许可证、暂扣或者吊销执照的行政处罚决定，不停止执行。依照行政处罚法的规定，行政执法机关向公安机关移送涉嫌犯罪案件前，已经依法给予当事人罚款的，人民法院判处罚金时，依法折抵相应罚金。"

第二，食品监督管理部门向公安机关移送涉嫌犯罪案件后，发现对当事人应当给予行政处罚的，还能不能对当事人作出行政处罚。回答仍然是肯定的。2015年12月22日国家食品药品监管总局、公安部、最高人民法院、最高人民检察院、国务院食品安全办《关于印发食品药品行政执法与刑事司法衔接工作办法的通知》（食药监稽〔2015〕271号）（以下简称《办法》）第十五条明确："对于尚未作出生效裁判的案件，食品药品监管部门依法应当作出责令停产停业、吊销许可证等行政处罚，需要配合的，公安机关、人民检察院、人民法院应当给予配合。对于人民法院已经作出生效裁判的案件，依法还应当由食品药品监管部门作出吊销许可证等行政处罚的，食品药品监管部门可以依据人民法院生效裁判认定的事实和证据依法予以行政处罚。食品药品监管部门认为上述事实和证据有重大问题的，应当及时向人民法院反馈，并在人民法院通过法定程序重新处理后，依法作出处理。"

第三，食品药品监督管理部门已经向公安机关移送的涉嫌犯罪案件，如果司法机关不追究当事人的刑事责任，食品药品监督管理部门还能不能对当事人作出行政处罚。回答也是肯定的。上述五部门《办法》对此有明确规定。五部门《办法》第十二条规定："食品药品监管部门对于不追究刑事责任的案件，应当依法作出行政处罚或者其他处理。食品药品监管部门向公安机关移送涉嫌犯罪案件前，已经作出的警告、责令停产停业、暂扣或者吊销许可证的行政处罚决定，不停止执行；向公安机关移送涉嫌犯罪案件时，应当附有行政处罚决定书。已经作出罚款行政处罚的，人民法院在判处罚金时依法折抵。未作出行政处罚决定的，原则上应当在公安机关决定不予立案或者撤销案件、人民检察院作出不起诉决定、人民法院作出无罪判决或者免予刑事处罚后，再决定是否给予行政处罚。"五部门《办法》第十三条规定："公安机关对发现的食品药品违法行为，经审查没有犯罪事实，或者立案侦查后认为犯罪事实显著轻微、不需要追究刑事责任，但依法应当予以行政处罚的，应当及时将案件移交食品药品监管部门。"

第三节　生产不符合产品技术要求的医疗器械案

一、要点概述

《医疗器械注册管理办法》规定，申请人或者备案人应当编制拟注册或者备案医疗器械的产品技术要求。第一类医疗器械的产品技术要求由备案人办理备案时提交食品药品监督管理部门。第二类、第三类医疗器械的产品技术要求由食品药品监督管理部门在批准注册时予以核准。产品技术要求主要包括医疗器械成品的性能指标和检验方法，其中性能指标是指可进行客观判定的成品的功能性、安全性指标以及与质量控制相关的其他指标。在我国上市的医疗器械应当符合经注册核准或者备案的产品技术要求。

二、典型案例

【案件事实】

2015年6月，某市食品药品监督管理局按照省食品药品监督管理局医疗器械监督抽样计划对辖区内一家医疗器械生产企业（以下简称当事人）生产的医用几丁糖液体敷料进行抽样，经省医疗器械检测所检验，酸碱度不符合注册产品技术要求。

该市食品药品监督管理局立即将不合格报告书送达当事人，并告知当事人对该报告若有异议，可于收到报告之日起7日内以书面方式向检验单位提出，并报告市食品药品监督管理局。

当事人收到医疗器械不合格报告2日后，向省医疗器械检测所提出复验要求。经复验，酸碱度不符合注册产品技术要求。

随后，该市食品药品监督管理局依法进行立案调查。

经查实，当事人共生产经检验不合格的医用几丁糖液体敷料9480瓶。该批产品公司留样50瓶，自检30瓶，该市食品药品监督管理局抽样30瓶，共销售了4950瓶，销售额为42000元，库存4420瓶，货值金额总计79503元。针对已销售产品，依据《医疗器械监督管理条例》第五十二条的规定，该市食品药品监督管理局责令当事人召回不符合注册产品技术要求的医用几丁糖液体敷料，当事人共召回不符合注册产品技术要求的医用几丁糖液体敷料920瓶，其他的已使用完毕。

【案件处理】

当事人生产不符合注册产品技术要求的医用几丁糖液体敷料的行为，违反了《医疗器械监督管理条例》第二十四条的规定。该市食品药品监督管理局按照《医疗器械监督管理条例》第六十六条的规定，对当事人作出如下行政处罚：①没收违法生产的医用几丁糖液体敷料5340瓶；②并处货值金额6倍罚款477018元。

【案件评析】

（1）关于货值金额计算。货值金额计算有两个问题。一是产品数量计算；二是产品价格确认。产品数量包括已经售出和没有售出的产品，其实就是以生产、经营的数量计算。我国《产品质量法》第四十九条、《药品管理法》第七十二条对此非常明确。关于产品价格计算问题，《药品管理法》第九十九条规定"本章规定的货值金额以违法生产、销售药品的标价计算；没有标价的，按照同类药品的市场价格计算"。2001年《最高人民法院、最高人民检察院关于办理生产、销售伪劣商品刑事案件具体应用法律若干问题的解释》（法释〔2001〕10号）第二条规定，货值金额以违法生产、销售的伪劣产品的标价计算；没有标价的，按照同类合格产品的市场中间价格计算。货值金额难以确定的，按照国家计划委员会（国家发展和改革委员会）、最高人民法院、最高人民检察院、公安部1997年4月22日联合发布的《扣押、追缴、没收物品估价管理办法》的规定，委托指定估价机构确定。2010年3月4日卫生部令第71号发布的、2010年5月1日施行的《餐饮服务食品安全监督管理办法》第四十五条规定："本办法所称货值金额，指餐饮服务提供者经营的食品的市场价格总金额。其中原料及食品添加剂按进价计算，半成品按原料计算，成品按销售价格计算。"本案中当事人共生产不合格医用几丁糖液体敷料9480瓶，该批产品公司留样50瓶，自检用去30瓶，某市食品药品监督管理局抽样30瓶，这110瓶没有计入货值金额是合理的。但公司主动召回的920瓶医用几丁糖液体敷料，属于已经售出的产品，应计入货值金额。

（2）关于当事人合法权益的保护。按照现行法律、法规规定，产品检验结果出来后，应当及时向当事人送达检验报告书，并告知当事人有申请复验的权利。当事人要求复检的，应当送交复检机构进行检验。复检机构出具的检验结论为终局结论。行政机关可依据复检结论作出行政处理决定。

为了加强医疗器械产品质量监督管理，规范医疗器械质量监督抽查检验工作，2013年10月11日国家食品药品监督管理总局组织修订了《医疗器械质量监督抽查检验管理规定》（食药监械监〔2013〕212号）（以下简称《规定》）。该《规定》明确：

第一，被抽样单位或标示生产企业（以下简称申请人）对检验结果有异议的，可以自收到检验报告之日起7个工作日内向具有相应资质的医疗器械检验机构提出复验申请，检验机构无正当理由不得推诿。逾期视为申请人认可该检验结果，检验机构将不再受理复验申请。

第二，申请人应当向复验机构提交复验申请表及需要说明的其他资料。监督抽验工作方案中规定不得复验的检验项目，复验申请不予受理。复验费用由申请人承担。

第三，复验机构接受复验申请后，应当通知原承检机构，原承检机构应当及时将样品及产品注册标准寄、送复验机构。复验应当按照监督抽验工作方案进行，复验机构出具的复验结论为最终检验结论。国家食品药品监督管理总局组织的监督抽验中，复验结束后，复验机构应当在2个工作日内将复验报告分别寄送申请人、原承检机构、抽样单位和标示生产企业所在地的省级食品药品监督管理部门；省级及省级以下食品药品监督管理部门组织的监督抽验中，复验报告及相关文件的送达应当按照各省监督抽验有关规定执行。

这里明确几个问题：一是复检申请提出的时限问题。当事人必须在接到检验报告之日起7个工作日内提出复检申请，逾期视为申请人认可该检验结果；本案当事人在接到检验报告之日的 2 日内就提出复检申请，是符合法定时限要求的。二是向谁提出复检申请。《规定》明确必须向具有相应资质的医疗器械检验机构提出复验申请；实践中有向食品药品监督管理部门提出复检申请的情况，收到复检申请的食品药品监督管理部门应当告知当事人向具有相应资质的医疗器械检验机构直接提出复检申请。食品药品监督管理部门可否转送复检申请，《规定》没有明确。三是有些检验项目不得申请复检。凡监督抽验工作方案中规定不得复验的检验项目，复验申请不予受理。四是复检费用由申请人承担。也就是说，不论复检结论是维持了原检验结论还是推翻了原检验结论，复检所需费用均由申请人承担。五是复检结论为终局结论。即使当事人不服，也不能再申请检验。这个规定恰似法院的两审终审制度。

第三章 医疗器械经营环节案例

第一节 经营未取得注册证的医疗器械案

一、要点概述

为了加强对医疗器械经营行为的监督管理，2014年6月27日，国家食品药品监管总局令第8号发布了《医疗器械经营监督管理办法》（以下简称《办法》）。该《办法》要求，医疗器械经营企业应当按照医疗器械经营质量管理规范要求，建立覆盖质量管理全过程的经营管理制度，并做好相关记录，保证经营条件和经营行为持续符合要求。医疗器械经营企业应当建立并执行进货查验记录制度。从事第二类、第三类医疗器械批发业务以及第三类医疗器械零售业务的经营企业应当建立销售记录制度。进货查验记录和销售记录信息应当真实、准确、完整。从事医疗器械批发业务的企业，其购进、贮存、销售等记录应当符合可追溯要求。进货查验记录和销售记录应当保存至医疗器械有效期后2年；无有效期的，不得少于5年。植入类医疗器械进货查验记录和销售记录应当永久保存。

医疗器械经营企业不得经营未经注册或者备案、无合格证明文件以及过期、失效、淘汰的医疗器械。

二、典型案例

案例1

【案件事实】

2015年3月16日，某市食品药品监督管理局接到举报，反映投诉人通过某知名商城网站购买的电子血压计未标注产品注册号，要求查处。

经查，该商城网站是由A公司开办的电子商务平台，取得了ICP备案号，具备"互联网药品信息服务资格证书"，未取得可以向个人消费者提供互联网医疗器械交易服务的资质。涉案产品实际经营者为B公司（以下简称当事人），当事人从C公司处购进产品，并使用A公司提供的第三方网络平台服务，将产品信息发布到该商城网站上，由当事人与消费者通过订立买卖合同、结算、配送产品、开具销售发票等行为开展经营活动。

经深入调查发现，提供第三方网络平台服务的A公司、当事人、供货商C公司均隶属于一知名电子商务集团公司旗下，均具有独立法人资质，且当事人是C公司的子公司。

经核实，涉案产品属于第二类医疗器械管理范畴，当事人经营该产品时，仅获得省食品药品监督管理局核发"医疗器械注册证"受理凭证，未实际取得"医疗器械注册证"，也未取得第二类医疗器械经营备案凭证。

随后，执法人员对当事人开展调查，发现当事人于2015年1月26日至2月15日从供货商C公司处，以525.00元/台的价格购进135台产品，于2015年2月2日至3月16日通过A公司开办的电子商务平台，以599.00元/台、699.00元/台的销售价格销售125台，于2015年2月6日至3月14日收到消费者退货28台。涉案违法所得共63303.00元，货值金额为89865.00元，执法人员现场查扣涉案产品38台。调查中发现，C公司向当事人销售涉案产品期间，未取得第二类医疗器械经营备案凭证，故当事人、C公司均存在经营未取得"医疗器械注册证"医疗器械行为，当事人还存在从没有医疗器械经营资质的企业购进医疗器械的违法行为。

【案件处理】

当事人经营未取得"医疗器械注册证"的产品同时,还存在从没有医疗器械经营资质的企业购进医疗器械的违法行为。其上述行为违反了《医疗器械监督管理条例》第四十条的规定,办案部门依据《医疗器械监督管理条例》第六十三条第一款的规定,作出如下行政处罚决定:①没收38台产品;②没收违法所得63303.00元;③处货值金额18倍的罚款1617570.00元。

【案件特点】

(1) 运用第三方网络平台进行医疗器械产品销售,是本案的重要特点之一。随着"互联网+"时代的到来,互联网电子商务,包括微商等移动互联网电子商务在医药经营领域迅速发展。但因互联网电子商务的主体虚拟性、交易巨量性、跨地域性和违法行为的多样性、隐蔽性,以及在交易中信息的严重不对称性,加之政策关注力度不够,法律规范力度不足,使互联网新兴业态药品医疗器械质量安全问题更加放大,举报投诉量呈大幅度增长。

(2) 对于这一新兴业态违法行为的查办,难点之一就在于违法主体的认定。因其经营理念、模式、手段及技术的颠覆性创新,与传统业态经营模式完全不同,固化的传统调查思路已不完全适应。传统业态经营模式往往强调集中式管理,将宣传、购进、销售角色集于一个主体,便于管理,易于垄断。而互联网电子商务的突出特点是互联网技术运用的专业性、购进产品多样性、销售手段高效性,因此,往往强调合作式经营,信息服务平台、购进、销售、物流不再集中于一个主体,规模再小的公司或者个人都可以根据其业务特点作为一个单独的主体参与其中,与其他主体合作共同完成一个产品的运营。很多大的知名电商也基于此种运作模式,成立集团公司,并设立具有独立法人资格的子公司分别承担信息服务平台、购进、销售、物流运营,这样既可以合作开展自营活动,也可以分别作为独立主体提供第三方服务,经营模式在主线上继承了传统经营思路,理念和手段却更加灵活。

此案涉及的三个公司,就是最典型的互联网电子商务运营模式下的产物。确认违法主体的关键是，明确违法行为是谁实施的以及实施的脉络，那么，资金往来、产品流向、经营发票、经营者声称都是表明经营行为主体的重要证据。此案中，A公司没有直接与消费者就该产品发生资金、产品往来，仅就平台使用服务与当事人发生业务往来，因此A公司不是本案的主体。C公司也没有直接与消费者就该产品发生资金、产品往来，其就该产品发生资金、产品往来内容，仅涉及其供货商D公司以及流向方当事人。尽管其销售给当事人没有获得利润，但因有资金、产品往来，因此是平价交易行为，不属于配送行为，因此C公司也不是本案的主体。针对消费者投诉的内容，与消费者直接产生联系的是当事人，对涉案产品订立买卖合同、结算、配送产品、开具销售发票都是以其名义开展的，因此当事人是本案的主体。

随着主体的确认，执法人员发现因为互联网电子商务合作式经营模式，每个环节都可能涉及不同的主体，发生串案的概率明显要高于传统经营模式，获取的证据更有利于互相印证。本案中，虽然排除了A公司、C公司在这个环节的主体责任，但也获取了他们在其他环节承担违法行为主体责任的证据，因此，办案单位也分别对C公司经营未取得"医疗器械注册证"产品违法行为、A公司超出互联网信息服务业务范畴在互联网提供医疗器械信息直接撮合当事人与消费者产生医疗器械网上交易行为进行了处罚。

【案件评析】

（1）关于违法主体的确认。本案例存在三个行为主体即A、B、C三个公司。从调查证据来看，A公司虽然取得了《互联网药品信息服务资格证书》，按照国家食品药品监督管理局2004年发布的《互联网药品信息服务管理办法》（包括医疗器械）规定，取得上述资质，只能通过互联网发布药品（医疗器械）服务信息，但不能直接从事药品（医疗器械）销售活动。为了加强药品（医疗器械）互联网交易服务管理，2005年9月29日国家食品药品监督管理局发布了《互联网药品交易服务审批暂行规定》，该规定明确，从事互联网药品（医疗器械）交易活动，必须经过食品药品监督管理部门批准。A公司没有经过批准，擅自从事互联网药品（医疗器械）交易活动，显然是违法的。

调查证实，当事人存在三个违法行为，一是未取得二类医疗器械经营备案凭证从事经营活动；二是经营未依法注册的二类医疗器械；三是从没有医疗器械经营资格的单位购进医疗器械。

C公司也存在两个违法行为，一是未取得二类医疗器械经营备案凭证从事经营活动；二是经营未依法注册的二类医疗器械。

（2）关于同一主体多种违法行为的认定与处理。本案另一个办案焦点是，当事人既存在经营未取得"医疗器械注册证"产品的违法行为，还存在从没有医疗器械经营资质的企业购进医疗器械的违法行为。对当事人的行为，是分别裁量、合并处罚，还是择一重行为从重处罚？

我国刑法理论有"数罪"与"牵连"的区分。"数罪"涉及的违法行为是出于不同的违法目的，实施的数个违法行为之间没有相互关系，如某药店销售假药与没有处方销售处方药两个违法行为，就属于"数罪"范畴，在自由裁量上应该每一罪分别裁量，合并处罚。"牵连"涉及的违法行为是出于一个违法目的，实施的数个违法行为之间有主从关系，即直接实现违法目的的行为是主行为，为实现违法目的实施的手段或过程行为是从行为，从行为不作为处罚主导，因此在自由裁量上采取从一重罪且从重处罚的原则。

就本案而言，当事人的两种违法行为存在法律意义上的牵连吸收关系，其目的就是要经营涉案产品，主行为是经营未取得"医疗器械注册证"第二类医疗器械，从没有医疗器械经营资质的企业购进医疗器械的实施手段属于牵连行为，是从行为。因此对当事人不应当按照两个违法行为分别裁量，合并处罚，而应当按照其中一个主行为从重处罚。

案例2

【案件事实】

2015年5月21日，某省食品药品监督管理局稽查局根据举报线索，在对某医疗设备有限公司（以下简称当事人）进行现场检查时，发现当事人销售无注册证的白细胞分化抗原CD4/CD8/CD3检测试剂。

调查证实，当事人在 2014 年 9 月 25 日前已经取得 "营业执照""医疗器械经营企业许可证"，在 2014 年 9 月 26 日取得白细胞分化抗原 CD4/CD8/CD3 检测试剂的 "进口医疗器械注册证"。

当事人自 2014 年 1 月至 9 月 25 日分两次销售白细胞分化抗原 CD4/CD8/CD3 检测试剂 169 盒，其中 2014 年 1 月 1 日至 5 月 31 日销售 130 盒，销售额 355450.43 元；2014 年 6 月 1 日至 9 月 25 日销售 39 盒，销售额 104373.33 元。

【案件处理】

办案单位认定当事人的行为构成销售无注册证的医疗器械，并分别违反了旧《医疗器械监督管理条例》（国务院令第 276 号）和新《医疗器械监督管理条例》（国务院令第 650 号），给予以下行政处罚：

（1）2014 年 1 月 1 日至 5 月 31 日，经营上述产品 130 盒，销售金额 355450.43 元。依据《医疗器械监督管理条例》（国务院令第 276 号）第三十九条规定，给予当事人以下行政处罚：①没收违法所得 355450.43 元；②并处违法所得 2 倍的罚款 710900.86 元。

（2）2014 年 6 月 1 日至 9 月 25 日，经营上述产品 39 盒，销售金额 104373.33 元，依据《医疗器械监督管理条例》（国务院令第 650 号）第六十三条规定，给予当事人以下行政处罚：①没收违法所得 104373.33 元；②并处货值金额 10 倍的罚款 1043733.30 元。

【案件评析】

本案值得注意的是，当事人销售的产品已经调查确认无注册证书，其经营行为是违法的，且其违法经营的行为横跨新、旧《医疗器械监督管理条例》。办案单位将其销售行为从新条例实施时间起算一分为二，即 2014 年 6 月 1 日前的销售行为适用旧条例予以处罚，2014 年 6 月 1 日后的销售行为适用新条例予以处罚。看似正确，实则值得商榷。

就案件事实来看，当事人销售同一种产品，肯定有先有后，应当认定为连续行为。正是这种连续行为导致其触犯了旧的《医疗器械监督管理条例》和新的《医疗器械监督管理条例》。对于当事人的这种连续行为，不应当人为分割为新、旧条例前后,并分别依据新、旧条例予以处罚。而应当按照新、旧条例的适用原则一并予以处罚。那么,本案当事人的违法行为究竟是适用旧的条例还是适用新的条例呢?前已述及,国家食品药品监管总局对此专门发出公告,即坚持从旧兼从轻原则,也就是说,原则上适用旧的条例,如果新的条例不认为违法或者处罚较轻的,适用新的条例。

在我国法律中,存在连续行为与持续(或继续)行为之分。如我国《行政处罚法》第二十九条规定:"违法行为在二年内未被发现的,不再给予行政处罚。法律另有规定的除外。前款规定的期限,从违法行为发生之日起计算;违法行为有连续或者继续状态的,从行为终了之日起计算。"那么,什么是连续状态呢?连续状态,是指当事人基于同一的或者概括的故意,连续实施性质相同的数个行为,触犯同一法条的违法行为。其基本特征如下:①连续状态必须是行为人基于同一的或者概括的故意。②必须实施性质相同的数个行为。③数次行为具有连续性。是否具有连续性,应从主客观两个方面进行判断。既要看行为人有无连续实施某种违法行为的故意,又要通过分析客观行为的性质、对象、方式、环境、结果等来判断是否具有连续性。④数次行为必须违反同一法条。以本案为例,当事人出于销售医疗器械以获得相应利益这样一个目的(概括的故意),从2014年1月以来一直从事销售无注册证的医疗器械,每次销售都违反了《医疗器械监督管理条例》禁止销售未取得医疗器械注册证的医疗器械这一规定。这个客观事实,完全符合上述法律规定的"连续状态"。对于连续状态的违法行为,不应当分别对每次行为进行处罚,而是按照同一行为予以处罚。假如本案当事人从2014年1月以来,先后共销售10次同一产品,能不能按照十次违法行为处理呢?回答是否定的。

法律上还有一种情形就是继续状态。继续状态也称持续状态,是指行为从着手实行到由于某种原因终止以前,一直处于不间断状态。比如非法拘禁行为,从实施非法拘禁之时开始到被公安机关解救被非法拘禁之人,其行为一直处于继续或持续状态。无证从事医疗器械生产经营活动,从开始到被食品药品监管部门发现就属于持续状态。连续状态与继续状态的主要区别在于其间是否存在停顿、中断情况。其间有停顿、中断状态，就是连续行为，其间没有停顿、中断状态就是持续或继续行为。

第二节 伪造医疗器械经营许可证案

一、要点概述

医疗器械经营许可证是国家有关部门依法发给申请人从事医疗器械经营活动的法定凭证。依法取得医疗器械经营许可证的单位和个人，说明其已经具备法律、法规规定的经营医疗器械的条件和标准，从而能够保障所销售的医疗器械的质量。

国家食品药品监督管理总局《医疗器械经营监督管理办法》规定，从事第三类医疗器械经营的企业，应当向所在地设区的市级食品药品监督管理部门申请"医疗器械经营许可证"；从事第二类医疗器械经营活动的，应当向所在地设区的市级食品药品监督管理部门备案。

任何单位和个人不得伪造、变造、买卖、出租、出借"医疗器械经营许可证"和医疗器械经营备案凭证。

二、典型案例

【案件事实】

2014年7月中旬，某食品药品监督管理局在开展医疗器械"五整治"专项行动中，发现向辖区一家医疗机构销售体外诊断试剂的某某科技有限公司（以下简称当事人），所提供的资质证件及票据中存在多处疑点：一是"医疗器械经营许可证"复印件中载明的企业地址与随货同行单上记载的地址不一致；二是嫌疑人留给医院的固定电话无法打通，且电话所显示的区域与企业注册地址不一致；三是嫌疑人给医院提供了换证前后的两份"医疗器械经营许可证"复印件，两者在许可证号与发证时间上存在矛盾。执法人员立即通过手机登录省食品药品监督管理局网站数据查询平台，未发现涉案企业经营资质信息，并且通过该复印件中载明的许可证号查询的结果是其他企业信息。

随后，在某市食品药品监督管理局的统一部署下，执法人员对相关医疗机构开展了暗查，了解到当事人的销售网络和办公场所、仓库及人员组成情况，掌握了其活动轨迹，并与铁路公安联系，掌握了涉案物品的收发货信息。历经一周的调查，最终锁定张某、李某为涉案主要嫌疑人，涉案当事人隐匿于某市一公寓楼内。当事人利用其伪造的药械经营许可证件，向医疗机构销售体外诊断试剂、采血针、十二导联心电图工作站、电解质分析仪、婴儿辐射保暖台等药品和医疗器械，货值金额共计51.21万元。

当事人伪造许可证及非法经营药械的行为，具有主观故意，涉嫌犯罪。2014年7月30日，食品药品监督管理局稽查执法人员配合公安机关，对当事人办公场所进行了搜查，现场查获电脑相关数据、发票、销售清单、出库单以及伪造的经营资质材料等与其经营行为相关的书证、物证。当日，该案主要嫌疑人之一李某被公安机关刑事拘留。

2014年8月，某市食品药品监督管理局组织各县（区）局，对该案所涉及的医疗机构开展全面调查，全力配合公安机关收集与涉案单位经营行为相关的购销协议、销售单据及发票、业务员身份证明材料、财务付款凭证、药械实物等证据材料。从掌握的证据显示，该案涉案总货值106万元。

【案件处理】

案件当事人伪造许可证及非法经营药械的行为，违反了《医疗器械监督管理条例》（国务院令第650号）第三十一条之规定，同时，其行为违反了《刑法》第二百二十五条、第二百八十条以及最高人民检察院、公安部《关于公安机关管辖的刑事案件立案追诉标准的规定（二）》之规定，涉嫌构成犯罪。2014年7月30日，某区公安分局对该案予以刑事立案。

【案件特点】

（1）造假手段科技化，仿真度高。当前，在药械经营活动中提供的相关经营资质材料多是复印件，极易被不法分子伪造、变造。本案案犯李某自行通过扫描设备，将其曾经工作过的某医疗器械公司的"医疗器械经营许可证"复印件扫描至电脑，并采用PS技术将企业名称、法定代表人、经营地址、经营范围等内容修改为涉案企业信息，所制作出来的伪证复印件从纸质表面难以辨别真伪。

（2）涉案人员职业化，善钻法律漏洞。本案主要嫌疑人李某、张某均具有大专以上学历，在某市多家医疗器械生产经营企业从事过销售行为，有着多年的从业经验，对医疗诊断用药械的采购、销售、售后服务整个经营流程，以及医疗机构采购药械的资质审核、验收入库、货款结算等程序非常清楚。李某在实施违法销售行为时惯用的手段是：以某医疗器械售后服务人员的身份与医疗机构接触，并提供免费的设备保养服务，从而取得医疗机构的信任后"自立山头"实施非法经营。再加上，《医疗器械监督管理条例》修订之前，缺乏"不得向无'医疗器械经营许可证'企业销售第三类医疗器械"之类的限制性条款，导致本案犯罪分子能够轻易地从相关医疗器械生产经营企业得到货源。

（3）销售对象小而偏，法律意识不强。本案中，当事人涉及的销售对象大多为个体诊所、计生服务站、大中专院校医务所等药监部门监管相对薄弱的单位，对这些单位的日常指导与业务培训还不够。这些医疗机构对供应商的资质把关不严，没有真正落实查验义务，从而让不法分子有机可乘。

【案件评析】

（1）本案的特点之一是行刑衔接得力。某市区食品药品监督管理分局在完成案件初查、锁定基本违法事实之后，立即商请检察院、公安机关介入，通报信息、研判案情，制定查办方案，并在后续案件刑事侦查过程中，全力协助公安机关调查取证，为案件的查处提供了技术支持、法律保障。

（2）本案第二个特点是构建"大稽查"工作格局。本案的及时高效告破，得益于某市食品药品监督管理局多年坚持实施的"大稽查"工作机制，市局统一协调、县区协作互动，不到10天全面完成20余家单位的调查取证工作，为公安机关的刑事侦查争取了时间，固定了证据。

(3) 本案第三个特点是充分利用数据平台辨别许可证真伪。在本案中，针对涉案企业的相关证件从表面上难以辨别真伪这一实际困难，食品药品监管部门的稽查执法人员通过认真解读案情，细致分析涉案资质证件及票据中存在的疑点，利用数据平台进行查询，最终查实涉案企业的资质证件及诸多票据系伪造、变造，从而为本案的侦破提供了关键性的证据支撑，为案件的成功破获打下坚实的证据基础。

第三节 未经许可经营医疗器械案

一、要点概述

国家食品药品监督管理总局令第8号发布的《医疗器械经营监督管理办法》规定，医疗器械的经营按照风险程度分类管理。经营第一类医疗器械不需要许可和备案；经营第二类医疗器械实行备案管理，但有些品种可以不用备案；经营第三类医疗器械实行许可管理。凡未经备案经营第二类医疗器械、未经许可经营第三类医疗器械，都是违法的。

二、典型案例

案例1

【案件事实】

某市食品药品监督管理部门根据群众举报，于2014年11月5日对一家销售医疗器械的个体工商户（以下简称当事人）进行监督检查，发现当事人卖场货柜有：①"彩色平光角膜接触镜"，产品未标示厂名、厂址、生产日期及注册证书编号等内容，数量150瓶；②"保视宁隐形眼镜护理液"：标示生产商为广州科甫眼镜有限公司，注册证号为国食药监械（准）字2008第3221360号，规格120mL，批号12082001，生产日期2013.08.20，有效期至201507，数量4瓶。当事人现场不能提供"医疗器械经营许可证"、产品相关合格证明材料及供货方相关资质证明材料。

调查证实，当事人未取得"医疗器械经营许可证"，于 2013 年 10 月从 C 市某精品店购进涉案产品，共购进彩色平光角膜接触镜 150 瓶、"保视宁"隐形眼镜护理液 5 瓶，至 2014 年 11 月 5 日销售了护理液 1 瓶。其中彩色平光角膜接触镜进价 12~18 元/瓶，销售价格 38~68 元/瓶不等；护理液进价 10 元/瓶，销售价格 38 元/瓶。当事人现场不能提供产品相关合格证明文件，也未依法留存购进票据、索取留存供货企业资质证明材料和建立购进验收记录及销售记录等。

【案件处理】

办案单位认为，当事人未取得"医疗器械经营许可证"，经营"彩色平光角膜接触镜"及"保视宁隐形眼镜护理液"的行为违反了《医疗器械监督管理条例》第三十一条之规定，但考虑当事人违法情节轻微，没有造成危害后果，且立即停止经营行为，依据《行政处罚法》第二十七条一款、《医疗器械监督管理条例》第六十三条第（三）项之规定，在责令其停止无证经营行为的同时，给予当事人以下行政处罚：①没收彩色平光角膜接触镜 150 瓶，保视宁隐形眼镜护理液 4 瓶；②没收违法所得 38 元；③并处 50000 元罚款。

【案件评析】

（1）关于涉案产品的类别。国家食品药品监督管理总局《关于装饰性彩色平光隐形眼镜按照医疗器械管理有关工作的通知》（国食药监械〔2012〕66 号）文件规定："自 2012 年 4 月 1 日起，装饰性彩色平光隐形眼镜纳入角膜接触镜监管范畴。未取得该类产品医疗器械注册证书，以及相应生产、经营资质证书的，不得生产和经营该类产品。"显然，"彩色平光角膜接触镜"应属于第三类医疗器械。

（2）关于个体工商户主体属性的认定。在实际办案过程中，往往遇到个体工商户是公民个人还是组织的问题。由于主体性质不同，所适用的法律也有差异。如果是公民个人，罚款听证数额标准就低；如果是法人或其他组织，罚款听证数额标准就高。如有的地方规定，对公民处罚款在 1000

元以上（含1000元），对法人或者其他组织处罚款在2万元以上（含2万元）的，当事人有权利要求听证。

那么，个体工商户究竟是公民个人还是组织？据《中华人民共和国民法通则》（以下简称《民法通则》）第二章可知，公民（自然人）包括个体工商户。2000年《国家工商行政管理局关于当场处罚中个体工商户是否可按"其他组织"对待问题的答复》（工商个字〔2000〕第12号）就把个体工商户划定为"其他组织"。2014年12月18日最高人民法院审判委员会第1636次会议通过的、2015年1月30日公布的《最高人民法院关于适用〈中华人民共和国民事诉讼法〉的解释》（法释〔2015〕5号）第五十二条规定，《中华人民共和国民事诉讼法》第四十八条规定的其他组织是指合法成立、有一定的组织机构和财产，但又不具备法人资格的组织，包括：①依法登记领取营业执照的个人独资企业；②依法登记领取营业执照的合伙企业；③依法登记领取我国营业执照的中外合作经营企业、外资企业；④依法成立的社会团体的分支机构、代表机构；⑤依法设立并领取营业执照的法人的分支机构；⑥依法设立并领取营业执照的商业银行、政策性银行和非银行金融机构的分支机构；⑦经依法登记领取营业执照的乡镇企业、街道企业；⑧其他符合本条规定条件的组织。这里显然没有将个体工商户列入其中。2011年发布、2016年修订的《个体工商户条例》明确，有经营能力的公民，依照本条例规定经工商行政管理部门登记，从事工商业经营的，为个体工商户。个体工商户可以个人经营，也可以家庭经营。从上述司法解释和行政法规规定来看，个体工商户应当属于公民个人。至于个体工商户有字号的，在确定违法主体时，应当以登记的字号为准，同时记明其个人信息。

案例2

【案件事实】

2016年7月28日，某区市场监督管理局接到群众举报称：辖区内一家医疗器械经营企业（以下简称当事人）利用集会授课、免费体验、免费发放礼品等形式，宣传其所售的高电位治疗机可以治疗高血压、心脏病等疾病。

接到举报的市场监督管理局高度重视，立即派出执法人员对当事人的总部金色水岸店、宣传体验店、金港花园店和售后服务中心金色名都店等多个门店进行突击检查，取得了其虚假宣传的主要证据，并于同日对当事人立案调查。

调查证实，当事人于2014年9月25日取得营业执照，于2015年7月27日取得医疗器械经营许可证。当事人经营的天喜科技高电位治疗机属三类医疗器械，注册号为国食药监械（准）字2014第3261125号，产品注册手续齐全，质量符合要求，医疗器械注册登记表及医疗器械广告审查表中使用范围为：适用于失眠、便秘、慢性疲劳综合征、慢性疼痛的辅助治疗。但当事人在宣传中声称其所售的高电位治疗机可以治疗高血压、心脏病等疾病，与医疗器械注册登记表及医疗器械广告审查表中的使用范围不符，存在虚假宣传行为。

经进一步调查发现，当事人于2015年7月销售2台机器，因其医疗器械经营许可证为2015年7月27日取得，无法确定该2台机器销售的具体日期。

为查明事实，执法人员前往涉案产品的生产厂家武汉天喜生物技术有限公司进行调查，在当地食品药品监督管理部门的配合下，该公司向执法人员提供了销往当事人的发货通知单，其中一张发货通知单显示当事人在2015年7月15日取得医疗器械经营许可证之前就采购了3台天喜科技高电位治疗机，由此证实当事人在取得医疗器械经营许可证之前应有经营医疗器械的行为，属于无证经营的违法行为。涉案货值金额2.7万元，违法所得2.7万元。

【案件处理】

办案单位认定当事人的虚假宣传行为违反了《中华人民共和国反不正当竞争法》（以下简称《反不正当竞争法》）第九条"经营者不得利用广告或者其他方法，对商品的质量、制作成分、性能、用途、生产者、有效期限、产地等作引人误解的虚假宣传。"依据《反不正当竞争法》第二十四条第一款规定对当事人的虚假宣传行为处以罚款3.3万元。

同时，对当事人未取得医疗器械经营许可证从事经营活动的行为，依据《医疗器械监督管理条例》第六十三条第一款第（三）项之规定，作出以下行政处罚：①罚款27万元；②没收违法所得2.7万元。

【案件评析】

（1）案件调查取证值得借鉴。本案当事人专门利用老年人关注健康、防范意识较差等特点，采用集会授课、免费体验、免费发放礼品等形式，对其所售的高电位治疗机进行夸大宣传。此类违法行为，一般经营者警惕性较高，现场不售卖产品，不发放宣传材料，给执法人员取证带来一定困难。本案办案单位针对这一特点，前期采用视频暗访的形式确定主要证据，并经精心策划，分别选取了当事人有代表性的体验店、公司总部、售后服务中心等虚假宣传点同时出击，使其措手不及。本案还有值得借鉴的地方是，办案人员发现一张发货通知单的时间有可能在当事人取得医疗器械经营许可证之前。所以顺藤摸瓜，一举证实其存在无证经营的违法事实。

（2）关于虚假宣传与违法广告。医疗器械经营活动中，往往存在对产品的宣传和广告。区分一般宣传和广告具有法律意义。如果是虚假宣传行为，就可能违反《反不正当竞争法》；如果是虚假广告，就可能违反《中华人民共和国广告法》（以下简称《广告法》）。那么什么是广告呢？广告，即广而告之之意。广告是为了某种特定的需要，通过一定形式的媒体，公开而广泛地向公众传递信息的宣传手段。广告有广义和狭义之分。广义广告包括非经济广告和经济广告，非经济广告指不以盈利为目的的广告，又称效应广告，如政府行政部门、社会事业单位乃至个人的各种公告、启事、声明等，主要目的是推广；狭义广告仅指经济广告，又称商业广告，是指以盈利为目的的广告，通常是商品生产者、经营者和消费者之间沟通信息的重要手段，或企业占领市场、推销产品、提供劳务的重要形式，主要目的是扩大经济效益。我国《广告法》所指的广告，是商品经营者或者服务提供者通过一定媒介和形式直接或者间接地介绍自己所推销的商品或者服务的商业广告活动。由此看来，广告与其他宣传的主要区别就在于是否通过一定媒介和形式开展宣传。本案当事人利用集会讲座的形式进行虚假宣传从而达到推销其产品的目的，显然不属于广告行为。办案单位依据《反不正当竞争法》对其处罚是正确的。

严格意义上讲，《反不正当竞争法》的实施主体是工商行政管理部门，食品药品监督管理部门没有实施该法律的权力，好在目前我国绝大多数基层执法部门都"二合一"或者"三合一"了，不存在实施主体问题了。假如食品药品监督管理部门独立设置，遇有此类案件应当移交工商行政管理部门处理。

案例3

【案件事实】

2016年3月，根据群众举报线索，某市食品药品稽查支队对辖区内一家保税店（以下简称当事人）进行检查，发现其经营二类医疗器械产品——避孕套，产品名称为"××001避孕套""××0.02超薄避孕套"，其外包装未发现有医疗器械注册证的任何信息，在国家食品药品监督管理总局网站数据库进口医疗器械栏也未查到该产品的注册信息。

调查发现，当事人共有8家加盟店，共查获其违法经营的未取得医疗器械注册证的进口第二类医疗器械5箱700余盒，涉案货值达5万余元。

调查证实，当事人从事第二类医疗器械经营活动未向所在地食品药品监督管理部门备案，经营购进上述产品没有查验供货者经营医疗器械的资质和医疗器械的合格证明文件，未建立进货查验记录制度，也没有建立销售记录制度。直接将购进产品批发给即墨、大同、新泰等加盟店。

【案件处理】

办案单位认定当事人存在下列违法事实：第一，未经备案从事第二类医疗器械经营活动；第二，购进涉案产品没有查验供货者的经营资质和医疗器械的合格证明文件；第三，没有建立并实施进货查验记录制度和销售记录制度。

认定当事人第一项行为违反了《医疗器械监督管理条例》第三十条"从事第二类医疗器械经营的，由经营企业向所在地设区的市级人民政府食品药品监督管理部门备案并提交其符合规定条件的证明资料。"依据《医疗器械监督管理条例》第六十五条之规定，责令当事人立即停止违法经营活动并限期向当地食品药品监督管理部门备案。

认定当事人的第二项行为违反了《医疗器械监督管理条例》第三十二条"医疗器械经营企业、使用单位购进医疗器械,应当查验供货者的资质和医疗器械的合格证明文件,建立进货查验记录制度。从事第二类、第三类医疗器械批发业务以及第三类医疗器械零售业务的经营企业,还应当建立销售记录制度"的规定,依据《医疗器械监督管理条例》第六十八条之规定,责令改正,给予警告。

【案件评析】

(1) 关于数个违法行为的处理。本案当事人存在三个违法行为,即未经备案从事第二类医疗器械经营活动,购进涉案产品没有查验供货者的经营资质和医疗器械的合格证明文件,没有建立并实施进货查验记录制度和销售记录制度,并分别违反了不同的法律条款。对于此类情形,应当分别处罚、合并执行。前已述及,如果当事人的违法行为存在牵连关系,就不应该按照数个行为分别处罚,而应当按照其中一个重行为从重处罚。

(2) 关于处罚顺序问题。所谓处罚顺序,就是法律、法规对处罚有顺序规定。如《医疗器械监督管理条例》第六十五条规定:"未依照本条例规定备案的,由县级以上人民政府食品药品监督管理部门责令限期改正;逾期不改正的,向社会公告未备案单位和产品名称,可以处1万元以下罚款。"还如《医疗器械监督管理条例》第六十八条规定:"有下列情形之一的,由县级以上人民政府食品药品监督管理部门和卫生计生主管部门依据各自职责责令改正,给予警告;拒不改正的,处5000元以上2万元以下罚款;情节严重的,责令停产停业,直至由原发证部门吊销医疗器械生产许可证、医疗器械经营许可证:①医疗器械生产企业未按照要求提交质量管理体系自查报告的;②医疗器械经营企业、使用单位未依照本条例规定建立并执行医疗器械进货查验记录制度的;③从事第二类、第三类医疗器械批发业务以及第三类医疗器械零售业务的经营企业未依照本条例规定建立并执行销售记录制度的……"这两个条款对处罚就有顺序规定,即一般情况下只有先责令限期改正或者警告,当事人存在拒不改正的情形时,才可以处以罚款或者其他处罚。当然，如果当事人的行为存在"情节严重"的情形，办案单位也可以直接给予其他行政处罚。

第四节 经营无合格证明文件的医疗器械案

一、要点概述

《医疗器械监督管理条例》（以下简称《条例》）第三十二条规定，医疗器械经营企业购进医疗器械，应当查验供货者的资质和医疗器械的合格证明文件，建立进货查验记录制度。《条例》第四十条同时规定，医疗器械经营企业不得经营未依法注册、无合格证明文件以及过期、失效、淘汰的医疗器械。

医疗器械合格证明，一般是指医疗器械生产企业出具的表明出厂的产品经质量检验合格的标识。进口医疗器械产品的合格证明，即境外生产企业对其产品合格出厂的有关文件或者标识。

医疗器械的有效期是根据相关标准和法规对产品做寿命老化试验，而确定的产品有效期。电子类的医疗器械的有效期一般是以关键元器件的寿命作为有效期。超过医疗器械产品标注的有效期，就是过期医疗器械。

失效医疗器械是指失去产品标准所确定效果的医疗器械。失效的医疗器械有可能是过期的医疗器械，也可能不是过期的医疗器械。两者不可混淆。

淘汰的医疗器械是指国家明令禁止生产、经营、使用的医疗器械。一般是那些不良反应严重、使用会对人体健康和生命安全造成危害的医疗器械、被国家有关部门明令禁止生产、经营、使用的医疗器械。淘汰的医疗器械并不是指医疗器械使用单位自身淘汰不用的医疗器械。

二、典型案例

【案件事实】

2014年8月,某食品药品监督管理部门接到举报称,某医疗器械有限责任公司(以下简称当事人)在甲型H1N1流感防控期间,冒充某市疾病预防控制中心及某市公共卫生监督所工作人员,通过网络直接从"香港××发展有限公司"购进,并向某市的13所学校及托幼机构销售"人体测温仪"共20台。当事人持有"医疗器械经营许可证",但不能提供所销售的产品"人体测温仪"的相关合格证明文件及产品供货方资质证明文件。当事人存在从非法渠道购进并销售无注册证书、无合格证明医疗器械"人体测温仪"的违法行为。

接到举报后,执法人员到当事人经营现场进行检查,发现当事人持有合法的"医疗器械经营许可证",未发现"人体测温仪"。经询问公司负责人李××,其承认销售过"人体测温仪"一事,提供了标示有"香港××发展有限公司"的B网发货单,但不能提供所销售的产品"人体测温仪"的相关合格证明文件及产品供货方资质证明文件。当事人共向某市第一中学等13所学校、托幼机构销售了20台(其中5台暂未付货款,已开发票还未报账)涉案"人体测温仪",销售价格为560~638元/台,实际获得违法所得8830元,货值金额11760元。

【案件处理】

某食品药品监督管理部门认定当事人的行为违反了《医疗器械监督管理条例》第四十条关于"医疗器械经营企业、使用单位不得经营、使用未依法注册、无合格证明文件以及过期、失效、淘汰的医疗器械"的规定,依照《医疗器械监督管理条例》第六十六条第(三)项之规定,责令当事人改正违法行为,给予当事人货值金额8倍罚款94080元的行政处罚。

【案件评析】

(1)关于产品的定性。本案涉案产品"人体测温仪",早在2003年国家食品药品监督管理局发布的《关于部分产品分类界定问题的通知》(国食药监械〔2003〕182号）就明确，"医用红外线人体测温仪"属于Ⅱ类医疗器械。涉案产品属于进口医疗器械，其合格证明文件应当有医疗器械生产企业表明产品质量管理体系规定的出厂放行要求的证明，如检验报告书、合格证等，以及《海关报关企业报关注册登记证书》《海关进出口货物收发货人报关注册登记证书》、进口医疗器械贸易合同、《海关进口货物报关单》（付汇证明联）及《入境货物检验检疫证明》等合法进口医疗器械相关资料。当事人不能提供涉案产品的证明文件，显然是违法的。

（2）关于货值金额的认定。在本案中，涉案产品未明码标价、未对普通大众销售，而是采取上门推销的方式向特定群体销售。销售价格不统一，部分产品尚未收费，该案货值金额如何计算？《医疗器械监督管理条例》及相关配套文件中均未有说明，《最高人民法院、最高人民检察院关于办理生产、销售伪劣商品刑事案件具体应用法律若干问题的解释》第二条第三款规定："货值金额以违法生产、销售的伪劣产品的标价计算；没有标价的，按照同类合格产品的市场中间价格计算。"办案人员采用已销售的涉案产品平均价为其销售单价，是有道理的。

（3）关于提供证据的时限要求。在本案调查过程中，当事人现场不能提供涉案产品的合格证明文件。当事人要求事后提供证明文件。执法人员考虑涉案物品查封扣押有一定时限，不能无限期拖延，所以要求当事人在20日内提供相关证据，否则以不能提供证据认定。虽然执法人员要求当事人限时提供相关证明文件不具有强制性，但实践中可以作为督促当事人尽快提供有关证据的一种取证方法。

第五节　医疗器械经营企业擅自变更库房地址案

一、要点概述

2014年国家食品药品监督管理总局发布的《医疗器械经营监督管理办

法》规定，从事第三类医疗器械经营活动，应当取得医疗器械经营许可证；"医疗器械经营许可证"有效期为5年，载明许可证编号、企业名称、法定代表人、企业负责人、住所、经营场所、经营方式、经营范围、库房地址、发证部门、发证日期和有效期限等。

医疗器械经营许可证中的事项发生变更的，应当向原发证部门提出变更申请，并提交相关资料。原发证部门批准同意的，才可以变更。变更事项包括许可事项和登记事项。医疗器械经营许可证的许可事项是指经营场所、经营方式、经营范围和库房地址。

第三类医疗器械是风险程度最高的医疗器械，所以从事第三类医疗器械经营活动，必须依法取得许可。许可内容就包括库房地址。为什么把库房地址也作为许可事项呢？因为有些医疗器械的贮存对温湿度有特殊要求。如果贮存库房达不到这些要求，就难以保障医疗器械的质量。擅自改变库房地址或者设立库房就会在一定程度上影响医疗器械的质量。正鉴于此，法律、行政法规把擅自改变库房地址或者擅自设立库房的行为列为违法行为。

二、典型案例

【案件事实】

2016年初，某市食品药品监督管理局执法人员在某医院检查时发现，该医院部分医疗器械购进票据显示供货单位为甲公司，公章名称却为乙公司。根据医院提供的线索，执法人员分别对甲、乙两家公司进行调查发现，甲公司与某医院有医疗器械业务往来，但甲公司委托乙公司负责配送部分医疗器械到某医院。

执法人员通过某市食品药品监管局行政审批系统查询到乙公司的许可证信息，于是，按照许可证信息对乙公司仓库地址进行检查，发现并未存放任何医疗器械，而是居民住处。执法人员又前往乙公司注册地址进行检查，发现现场存放有可脱弹簧圈等医疗器械产品40余件，旁边墙面上标有"仓库"字样。执法人员对现场房屋门牌、招牌、房屋内景等进行了拍照取证,并调取了公司快递单、营业执照、医疗器械经营许可证等证据材料。

因乙公司涉嫌擅自变更库房地址,某市食品药品监管局决定对乙公司立案调查。

2016年3月14日,执法人员对乙公司负责人何某、负责公司产品入库和出库登记的内勤人员张某进行了询问调查。根据何某、张某笔录,乙公司主要经营第二、第三类医疗器械,经营品种有史赛克的神经导丝、微导管,波科的可脱弹簧圈等。2014年12月底,乙公司在其仓库租赁合同到期以后,将仓库地址变更为公司注册地址,但一直没有向食品药品监管部门提出"医疗器械经营许可证"变更申请。此后,乙公司购进和销售的医疗器械都是以快递方式送到公司注册地址,再从该地址发出销售的产品。

【案件处理】

办案单位认定乙公司擅自变更医疗器械经营仓库地址的行为,违反了《医疗器械经营监督管理办法》第十七条第一款"许可事项变更的,应当向原发证部门提出'医疗器械经营许可证'变更申请,并提交本办法第八条规定中涉及变更内容的有关资料"的规定。按照《医疗器械经营监督管理办法》第五十四条第(二)项之规定,责令乙公司立即改正违法行为,并给予罚款20000元的行政处罚。

【案件评析】

(1) 变更许可事项必须经过批准。行政机关对某种行为之所以设定行政许可,就是通过设定相应的条件和标准,加强对该事项的监督管理。如果允许当事人随意变更许可事项,实际等同于许可并不存在。《医疗器械经营监督管理办法》规定,经营场所、经营方式、经营范围和库房地址发生变化,当事人必须向原发证部门提出变更申请。擅自变更构成违法,将受到法律制裁。

(2) 本案执法人员一查到底的认真态度值得学习借鉴。医疗器械经营企业在取得"医疗器械经营许可证"后,为了节约成本,擅自降低经营条件,变更经营场所或者库房地址的现象较为常见,尤其是那些经营品种单一、库存数量较少、经营场所和库房分设的企业,更加容易产生这种违法行为。在日常监管中，若不仔细比对许可证上的注册地址和实际经营地址，往往容易忽视这种违法行为。本案执法人员仅凭一张问题票据为线索，顺藤摸瓜，理清了某医院、甲公司、乙公司之间的关系，进而不辞辛苦、深入调查，发现了违法行为，值得肯定。通过此案，给我们以下启示：对于这类案件，有两个关键证据一定要取到：一是对公司注册的经营场所和库房地址、实际经营场所和库房地址等现场要进行拍照取证；二是对在实际经营场所产生的业务相关票据、物流单据等证据进行复印留存。此外，还要及时对相关人员进行询问调查，形成证据链条。

（3）关于证据的收集与固定。2014年4月28日国家食品药品监督管理总局令第3号发布的《食品药品行政处罚程序规定》第二十二条规定："办案人员应当依法收集与案件有关的证据。证据包括书证、物证、视听资料、证人证言、当事人陈述、检验报告、鉴定意见、调查笔录、电子数据、现场检查笔录等。"同时规定，调取的证据应当是原件、原物。调取原件、原物确有困难的，可以由提交证据的单位或者个人在复制品上签字或者加盖公章，并注明"此件由×××提供，经核对与原件（物）相同"的字样或者文字说明。在中华人民共和国领域外形成的证据，应当说明来源，经所在国公证机关证明，并经中华人民共和国驻该国使领馆认证，或者履行中华人民共和国与证据所在国订立的有关条约中规定的证明手续。境外证据所包含的语言、文字应当提供经具有翻译资质的机构翻译的或者其他翻译准确的中文译文。在中华人民共和国香港特别行政区、澳门特别行政区和台湾地区形成的证据，应当按照有关规定办理证明手续。就本案来看，执法人员收集的证据包括：书证——购货合同，物证——当事人销售的产品，现场检查笔录、询问调查笔录、现场所拍照片，等等。

第六节　许可证期满未获延续仍从事医疗器械经营活动案

一、要点概述

2014年10月1日起施行的《医疗器械经营监督管理办法》第十五条规定，"医疗器械经营许可证"有效期为5年。该办法第二十二条同时规定，"医疗器械经营许可证"有效期届满需要延续的，医疗器械经营企业应当在有效期届满6个月前，向原发证部门提出"医疗器械经营许可证"延续申请。原发证部门应当按照《办法》的规定对延续申请进行审核，必要时开展现场核查，在"医疗器械经营许可证"有效期届满前作出是否准予延续的决定。符合规定条件的，准予延续，延续后的"医疗器械经营许可证"编号不变。不符合规定条件的，责令限期整改；整改后仍不符合规定条件的，不予延续，并书面说明理由。逾期未作出决定的，视为准予延续。

该《办法》第五十五条规定，未经许可从事医疗器械经营活动，或者"医疗器械经营许可证"有效期届满后未依法办理延续、仍继续从事医疗器械经营的，按照《医疗器械监督管理条例》第六十三条的规定予以处罚。《医疗器械监督管理条例》（2014年6月1日起施行）第六十三条规定："有下列情形之一的，由县级以上人民政府食品药品监督管理部门没收违法所得、违法生产经营的医疗器械和用于违法生产经营的工具、设备、原材料等物品；违法生产经营的医疗器械货值金额不足1万元的，并处5万元以上10万元以下罚款；货值金额1万元以上的，并处货值金额10倍以上20倍以下罚款；情节严重的，5年内不受理相关责任人及企业提出的医疗器械许可申请：（一）生产、经营未取得医疗器械注册证的第二类、第三类医疗器械的；（二）未经许可从事第二类、第三类医疗器械生产活动的；（三）未经许可从事第三类医疗器械经营活动的。有前款第一项情形、情节严重的，由原发证部门吊销'医疗器械生产许可证'或者'医疗器械经营许可证'。"

二、典型案例

【案件事实】

2016年1月28日，某区食品药品监督管理局执法人员对某医疗器械有限公司（以下简称当事人）的经营场所进行现场检查。在检查其医疗器械注册证、采购发票、销售发票、产品购进验收记录、产品出库复核记录等票据时，查明当事人"医疗器械经营许可证"已经过期半年，仍继续从事第三类医疗器械产品销售。

调查证实，当事人于2015年7月1日，在"医疗器械经营许可证"有效期届满后未依法办理延续的情况下，仍继续从事第三类医疗器械产品微导管（国械注进20153773125）销售。至案发，当事人共违法销售上述微导管2根，涉案货值金额共计人民币7470元，违法所得3693.8元。

【案件处理】

办案单位认定当事人在"医疗器械经营许可证"已过期的情况下，仍继续从事第三类医疗器械产品的经营活动，其行为违反了《医疗器械经营监督管理办法》第二十二条第一款的规定。依据《医疗器械经营监督管理办法》第五十五条及《医疗器械监督管理条例》第六十三条第一款第（三）项规定，对当事人作出如下行政处罚：①没收违法所得人民币3693.8元；②罚款人民币5万元。

【案件评析】

（1）关于违法行为的确认。此类违法行为应当查明两个事实：一是"医疗器械经营许可证"已经超过有效期；二是行为人仍然从事第三类医疗器械的经营活动。本案执法人员就是抓住这个关键证据开展调查处理工作的。执法人员现场查获当事人的"医疗器械经营许可证"有效期是从2010年6月28日计算，至2015年6月27日到期。调查当日已经过期；同时，执法人员现场查证当事人在许可证超过有效期的情况下仍然销售微导管2根的事实。当场复印了当事人的"医疗器械经营许可证"、营业执照、法定代表人身份证明材料以及销售的医疗器械注册证、采购发票、销售发票、产品购进验收记录、产品出库复核记录等证据材料。这些做法值得学习和借鉴。

（2）关于检查应当关注的细节。对医疗器械经营企业的检查是市场监督管理中重要的环节之一，检查中要着重对一些细节进行关注。一是核实提供证件的真实性。对供货单位提供的医疗器械生产（经营）许可证、产品注册证等采取电话、函件、网上调查等方法对真实性进行核对。二是核对产品发票真实性。发票是最初记载和证明经济业务发生，明确权责的依据，是查处医疗器械是否存在违法违规行为的有效书证之一。核对时应当注意：供货单位发票是否是所在地市（县）的合法单位，发票监制章是否是县以上税务部门印制，批准字号是否是近年的，限额发票是否超过限额，发票抬头是否是被查单位，发票医疗器械名称、数量是否与收入库存单记录一致，发票是否是正本，与供货方企业提供证件是否一致，款项是否汇入供货单位等。

（3）针对此类问题应当采取的措施。发生此类违法行为因素可能很多，其中包括当事人不懂得法律要求而没有按时提出延续申请，也有当事人主观故意、抱有侥幸心理不按照法律规定时限提出延续申请，等等。针对这些情形，食品药品监督管理部门应当认真贯彻执行"谁执法谁普法"的原则，加大法制培训和宣传力度，教育医疗器械经营企业人员知法、懂法、守法，严格按照法律规定从事医疗器械经营活动，最大限度避免违法行为发生。

第四章 医疗器械使用环节案例

第一节 使用未依法注册的医疗器械案

一、要点概述

我国对医疗器械的监督管理主要分为注册、生产、经营和使用等环节。为加强医疗器械使用质量监督管理，保证医疗器械使用安全、有效，2015年9月29日，国家食品药品监督管理总局令第18号发布了《医疗器械使用质量监督管理办法》（以下简称《办法》）。该《办法》规定，医疗器械使用单位应当对医疗器械采购实行统一管理，由其指定的部门或者人员统一采购医疗器械，其他部门或者人员不得自行采购。

医疗器械使用单位应当从具有资质的医疗器械生产经营企业购进医疗器械，索取、查验供货者资质、医疗器械注册证或者备案凭证等证明文件。对购进的医疗器械应当验明产品合格证明文件，并按规定进行验收。对有特殊储运要求的医疗器械还应当核实储运条件是否符合产品说明书和标签标示的要求。

医疗器械使用单位应当真实、完整、准确地记录进货查验情况。进货查验记录应当保存至医疗器械规定使用期限届满后2年或者使用终止后2年。大型医疗器械进货查验记录应当保存至医疗器械规定使用期限届满后5年或者使用终止后5年；植入性医疗器械进货查验记录应当永久保存。医疗器械使用单位应当妥善保存购入第三类医疗器械的原始资料，确保信息具有可追溯性。

医疗器械使用单位不得购进和使用未依法注册或者备案、无合格证明文件以及过期、失效、淘汰的医疗器械。

二、典型案例

案例1

【案件事实】

2014年5月23日，食品药品监督管理部门执法人员对某医院（以下简称当事人）的药品、医疗器械使用情况进行日常监督检查时发现，当事人使用的"骨水泥"产品说明书中"产品性能结构及组成""适应症"与该产品《医疗器械产品注册登记表》表述不符。并查实，当事人已经将28人份用于临床。涉案货值为47040元，违法所得应为428089.42元。

发现疑点后，食品药品监督管理部门执法人员对当事人下发了公函，要求当事人依照相关法律、法规等规定于15日内提供该产品的相关合格证明文件。调查期间，当事人陆续提供了涉案产品的部分证明文件。同时，食品药品监督管理部门向当事人调取了该产品说明书、入库单、购进台账、手术室植入性/介入性器械使用登记本、产品实物、供货企业某医药有限公司相关资质证明材料复印件、《欧洲经济共同体78/25/EEC指令授权可用于医药产品染色的染色材料清单》等。

调查发现，一是产品说明书标识成分与产品注册证书"产品性能结构及组成"不符；二是产品追索标签标识产品有效期与产品注册标准不符；三是不能提供符合法定要求的产品检验报告书。当事人使用的产品涉嫌为未依法注册医疗器械产品。执法人员对当事人剩余的涉案产品1盒进行了查封扣押。

食品药品监督管理部门对当事人涉嫌使用未依法注册医疗器械的行为进行立案调查。针对涉案产品购进、使用涉及当事人的相关科室（病历室、手术室、器械科、财务科等）的相关人员进行了调查取证。同时，向当事人使用的涉案产品供货企业某医药有限公司及其供货商某医疗用品有限公司、涉案产品售后代理机构某医药科技（北京）有限公司相关人员进行调查询问，并做了笔录，调取了相关证明文件。

【案件处理】

办案单位认为当事人已构成使用未依法注册医疗器械"骨水泥"的违法行为，于2014年8月11日对当事人下达了《行政处罚事先告知书》和《听证告知书》，并告知了其利害关系人。2014年8月14日，某医疗用品有限公司委托相关人员，从两个方面进行了陈述申辩：第一，对于此案"无注册证"的定性不准确；第二，请求给予其公司一次整改机会。随后当事人提出了听证申请，并提交了《行政处罚听证申请书》，当天，食品药品监督管理部门对当事人下达了《听证通知书》，并告知了某医药有限公司等相关利害关系人。

2014年8月22日依法举行听证会。听证会中，当事人及利害关系人提出以下观点：一是利害关系人某医药科技（北京）有限公司提出《医疗器械产品注册登记表》中注明的成分系翻译错误，实际上应为说明书中标示成分，并提供了售后代理机构某医药科技（北京）有限公司的一份说明；二是利害关系人某医药有限公司代理人提出《国家食品药品监督管理局关于答复违法所得计算问题的函》（国食药监法〔2004〕337号）的回复不能作为该案违法所得计算的依据；三是利害关系人某医药有限公司代理人关于违法所得计算，提出用《医疗器械监督管理条例》（国务院令第650号）规定的货值金额代替《医疗器械监督管理条例》（国务院令第276号）中所指的违法所得，并只能用旧条例进行处罚。

食品药品监督管理部门根据当事人在听证会上所提意见重新进行了合议。合议认为：①《医疗器械注册证书》、注册产品标准是经国家食品药品监督管理部门审批、复核的法定文件，利害关系人不能提供审批复核机构纠正文件，其说明不予采信；②虽然《行政法规制定程序条例》（国务院令第321号）第三十一、三十二、三十三条规定国务院或国务院法制机构有权对行政法规作出解释，但是依据《全国人大常委会关于加强法律解释工作的决议》"三、不属于审判和检察工作中的其他法律、法令如何具体应用的问题，由国务院及主管部门进行解释"的规定，对上述意见不予采信。

2014年8月22日，食品药品监督管理部门按照《国务院关于加强食品等产品安全监督管理的特别规定》第五条第一款、《医疗器械监督管理条例》（国务院令276号）第二十六条第三款、《医疗器械监督管理条例》（国务院令650号）第四十条、《医疗器械注册管理办法》（国家食品药品监督管理局令第16号）第三十四条、第四十八条规定，定性当事人行为属于使用未依法注册的医疗器械行为。依据《医疗器械监督管理条例》（国务院令650号）第六十六条第（三）项及《某市食品药品监督管理局自由裁量权基准》规定，在责令当事人改正的同时，依法给予当事人以下行政处罚：①没收剩余违法产品；②处货值金额5倍罚款235200元。

【案件特点】

（1）本案是一起典型的医疗机构使用未依法注册的进口植入性医疗器械产品的违法案件。该类产品问题的发现具有一定的困难，一是"骨水泥"作为高风险、高值医疗器械，大部分医疗机构为了减轻资金压力，基本是随进随用，没有库存，监管人员很难见到实物，即使见到产品实物，如不善于从产品的说明书和标签及产品特殊性质出发去寻找疑点，案源发现也十分困难；二是对于植入性医疗器械，即使依据产品在临床的使用规范进行追溯性标记抽查，因大多数追溯性标记没有强制性规范要求，另大多数使用者不规范操作，案件查证难度也会很大。

（2）本案在证据收集方向上值得借鉴。虽然《医疗器械注册管理办法》（局令第16号）第四十八条规定"……产品说明书、标签、包装标识等内容与医疗器械注册证书限定内容不同的，由县级以上（食品）药品监督管理部门依照《医疗器械监督管理条例》关于无医疗器械注册证书的处罚规定予以处罚。"但是，执法人员仍然调取了产品注册标准、产品出厂检验、《中华人民共和国海关进口货物报告单》付汇证明联复印件及经所在国公证机关证明，并经中华人民共和国驻该国使领馆认证的产品出厂检验报告书等，证实了产品存在实质上的改变。

【案件评析】

（1）关于法律适用问题。从本案调查取证的过程以及后续引用法律、法规认定违法行为的情况可以看出，当事人使用未经注册的医疗器械行为横跨新、旧《医疗器械监督管理条例》。因此，存在对当事人违法行为是适用旧条例还是适用新条例的问题。这个问题在新条例实施前，国家食品药品监督管理总局专门发出公告，要求按照从旧兼从轻原则处理，即原则上按照旧条例处理，但新条例不认为违法或者处罚较轻的，适用新的条例处理。2000年施行的《医疗器械监督管理条例》第四十二条规定："违反本条例规定，医疗机构使用无产品注册证书、无合格证明、过期、失效、淘汰的医疗器械的，或者从无'医疗器械生产企业许可证''医疗器械经营企业许可证'的企业购进医疗器械的，由县级以上人民政府药品监督管理部门责令改正，给予警告，没收违法使用的产品和违法所得，违法所得5000元以上的，并处违法所得2倍以上5倍以下的罚款；没有违法所得或者违法所得不足5000元的，并处5000元以上2万元以下的罚款；对主管人员和其他直接责任人员依法给予纪律处分；构成犯罪的，依法追究刑事责任。"2014年施行的《医疗器械监督管理条例》第六十六条规定，使用未依法注册的医疗器械的，由县级以上人民政府食品药品监督管理部门责令改正，没收违法生产、经营或者使用的医疗器械；违法生产、经营或者使用的医疗器械货值金额不足1万元的，并处2万元以上5万元以下罚款；货值金额1万元以上的，并处货值金额5倍以上10倍以下罚款；情节严重的，责令停产停业，直至由原发证部门吊销医疗器械注册证、医疗器械生产许可证、医疗器械经营许可证。就对使用未经注册的医疗器械这个违法行为的责任追究来看，两个条例相比，旧条例的处罚相对轻一些。办案单位依据新条例作出行政处罚决定，值得商榷。

（2）关于办案程序问题。本案办案机构在作出行政处罚决定前，向当事人同时下达了行政处罚事先告知书和听证告知书，这是对的。有人理解，符合听证条件的案件，就不用同时下达行政处罚事先告知书了，只下达听证告知书就可以了，这是不符合国家食品药品监督管理总局《食品药品行政处罚程序规定》规定的。还有行政处罚听证会由谁主持召开——是办案机构还是本机关法制机构？听证结束必须写出听证意见，但听证意见能不能作为行政处罚的依据？这些问题各地理解和规定不一，值得进一步统一和完善相关制度。

实践当中对于办案程序问题存在模糊认识。其实，法律意义上的程序，主要指顺序、形式和时限。顺序就讲究先后，如行政机关在作出行政处罚决定前必须告知当事人作出处罚的事实、证据、理由和依据，如果事先没有实施这个告知行为而直接作出行政处罚决定，就是程序违法；形式也可以理解成方式，凡是法律、法规和规章明确要求的方式，行政执法机关必须按照此种方式作为，否则也是程序违法。比如，行政机关作出行政处罚决定，必须是书面形式，如果采用口头方式就是程序违法。还比如，送达法律文书遇有当事人拒绝接受这种情况，执法人员可以找到两位见证人到场，在送达回执上写明情况并由见证人签名，将法律文书留置当事人住处就视为送达。如果没有见证人到场，将法律文书放置当事人住处，就构成程序违法，此种送达行为不能成立。时限也是程序的主要内容。违反了法定时限，就是违反了法律程序。比如，法律规定采取先行登记保存这个强制措施，行政机关必须在7日内作出处理决定。如果7日内没有作出处理决定，就是违反法定程序。再比如，采取查封扣押的行政强制措施，其期限是30日。如果30日内案件不能作出处理决定，可以再延长30日。假如延长30日仍然不能作出处理决定，就必须解除查封扣押措施，否则构成程序违法。

(3) 关于对进口医疗器械的监管问题。进口及政府招标采购的医疗器械，一直是监管的薄弱环节。进口医疗器械因海关、质监与食品药品监管部门间法规要求不统一，衔接不畅，一直是监管难点；通过政府招标采购的医疗器械，往往因相关要求的难协调，而易被监管人员忽视。该类案件办理应以产品为轴心，按环节顺序核查，寻找突破点。

(4) 关于植入性医疗器械的监管问题。从本案办理反映出当前植入性医疗器械法规规范的缺陷，大多数医疗机构使用者不了解追溯性标记的作用，患者权益有时难以得到保障。为了解决这些问题，2015年10月21日国家食品药品监督管理总局令第18号发布的《医疗器械使用质量监督管理办法》第十四条规定："医疗器械使用单位对植入和介入类医疗器械应当建立使用记录，植入性医疗器械使用记录永久保存，相关资料应当纳入信息化管理系统，确保信息可追溯。"

（5）关于对医疗器械使用环节的监督管理问题。上述《办法》对医疗器械使用单位使用医疗器械提出许多要求。这些要求包括：

第一，医疗器械使用单位应当建立医疗器械使用前质量检查制度。在使用医疗器械前，应当按照产品说明书的有关要求进行检查。使用无菌医疗器械前，应当检查直接接触医疗器械的包装及其有效期限。包装破损、标示不清、超过有效期限或者可能影响使用安全、有效的，不得使用。

第二，医疗器械使用单位应当建立医疗器械维护维修管理制度。对需要定期检查、检验、校准、保养、维护的医疗器械，应当按照产品说明书的要求进行检查、检验、校准、保养、维护并记录，及时进行分析、评估，确保医疗器械处于良好状态。对使用期限长的大型医疗器械，应当逐台建立使用档案，记录其使用、维护等情况。记录保存期限不得少于医疗器械规定使用期限届满后5年或者使用终止后5年。

第三，医疗器械使用单位应当按照产品说明书等要求使用医疗器械。一次性使用的医疗器械不得重复使用，对使用过的应当按照国家有关规定销毁并记录。

第四，医疗器械使用单位可以按照合同的约定要求医疗器械生产经营企业提供医疗器械维护维修服务，也可以委托有条件和能力的维修服务机构进行医疗器械维护维修，或者自行对在用医疗器械进行维护维修。医疗器械使用单位委托维修服务机构或者自行对在用医疗器械进行维护维修的，医疗器械生产经营企业应当按照合同的约定提供维护手册、维修手册、软件备份、故障代码表、备件清单、零部件、维修密码等维护维修必需的材料和信息。由医疗器械生产经营企业或者维修服务机构对医疗器械进行维护维修的，应当在合同中约定明确的质量要求、维修要求等相关事项，医疗器械使用单位应当在每次维护维修后索取并保存相关记录；医疗器械使用单位自行对医疗器械进行维护维修的，应当加强对从事医疗器械维护维修的技术人员的培训考核，并建立培训档案。

第五，医疗器械使用单位发现使用的医疗器械存在安全隐患的，应当立即停止使用，通知检修；经检修仍不能达到使用安全标准的，不得继续使用，并按照有关规定处置。

第六，医疗器械使用单位之间转让在用医疗器械，转让方应当确保所转让的医疗器械安全、有效，并提供产品合法证明文件。转让双方应当签订协议，移交产品说明书、使用和维修记录档案复印件等资料，并经有资质的检验机构检验合格后方可转让。受让方应当参照本办法第八条关于进货查验的规定进行查验，符合要求后方可使用。不得转让未依法注册或者备案、无合格证明文件或者检验不合格，以及过期、失效、淘汰的医疗器械。

第七，医疗器械使用单位接受医疗器械生产经营企业或者其他机构、个人捐赠医疗器械的，捐赠方应当提供医疗器械的相关合法证明文件，受赠方应当参照有关进货查验的规定进行查验，符合要求后方可使用。

案例2

【案件事实】

2015年6月，食品药品监督管理部门执法人员对某医院（以下简称当事人）进行检查中发现当事人正在使用的医疗器械"×××型前列腺场效消融仪"电源连接不符合医用电气安全标准要求，产品铭牌上无执行标准编号，当事人不能提供该医疗器械的注册证及相关合格证明文件。经立案调查证实，当事人使用的"×××型前列腺场效消融仪"注册证限定内容与说明书、标签标示内容不符，电源连接及标签不符合GB9706.1要求，属使用未依法注册和不符合强制性标准的医疗器械行为。

现场检查发现当事人使用的医疗器械"×××型前列腺场效消融仪"，标识注册证号：国食药监械（准）字2005第325×××1号；生产日期：200907；制造商：某电子技术有限责任公司。

执法人员分别对当事人的法定代表人、负责人及购进、使用等相关人员进行询问，做了询问笔录，并要求当事人提供相关资料。当事人向食品药品监督管理部门提供了使用该设备的使用记录、医疗收费清单、处方、设备的购进台账、使用情况说明、医疗器械注册证、某医疗器械有限公司的"医疗器械经营许可证"、购进该设备的收据、×××型前列腺场效消融仪使用说明书等相关资料。

调查期间，涉案产品生产企业某电子技术有限责任公司注册经理许某某向食品药品监督管理部门提供该设备的情况说明、法人授权委托书、新的使用说明书、带来准备更换的新标签等相关资料。执法人员对许某某进行调查，制作询问调查笔录1份、《关于×××型前列腺场效消融仪使用的情况说明》1份。

经查，当事人从某医疗器械有限公司购进"×××型前列腺场效消融仪"一台，安装完成，正式使用。涉案产品注册证上，注册日期：2005年3月1日；产品适用范围：用于治疗前列腺增生和前列腺炎；产品标准：YZB/国××××—2004。注册证到期后，涉案医疗器械获得新的注册证：国食药监械（准）字2009第325×××2号；产品适用范围：用于前列腺增生的治疗和前列腺炎的理疗；产品标准：YZB/国××××—2008。当事人使用的"×××型前列腺场效消融仪"标签标示的生产日期为2009年7月，标示注册证已过期；涉案产品标签未标示执行标准编号，当事人及生产企业也不能依法提供涉案产品检验报告书；且随机使用说明书在安装的电源线连接标示：电源线为三芯电缆，（L）、（N）、（G）三线合成的电缆，整机功率≤500W；而产品上标签标示产品为Ⅰ类，功率≤500W，网电源连接中，当事人的供电插座为两孔（一接触铜片被扳曲）。国食药监械（准）字2009年第325×××2号的医疗器械生产制造认可表中的温度测量、控制范围44℃~47℃和68℃~70℃；而新使用说明书中的为42℃~47℃和68℃~70℃，电源线为三芯电缆，相（L）、中（N）、地（G）三线合成的电缆，整机功率不大于550W。另当事人使用记录显示治疗控制温度为42℃~44℃。因产品说明书、标签标示的治疗控制参数、功率等与注册证书不符，且电源连接不符合国家标准，从实际治疗过程来看，不仅属于标签标示不符合强制性标准，产品相关技术要求也发生改变，涉案产品应属未依法办理许可事项变更的行为，应按未取得医疗器械注册证的情形查处。

经查，在涉案器械从安装完成到查封期间，当事人不定期开展"关爱男性健康，构建和谐社会"活动，免费给患者治疗，经统计，该医院共治疗534例病人，其中180例为试机检验，为患者免费治疗309例，收费治疗45例，收费标准是150元/人次，产生违法所得6750元。

【案件处理】

食品药品监督管理部门依据国家食品药品监督管理局《关于2005年医疗器械注册证书延期事宜的通知》（国食药监办械〔2009〕18号）规定："2005年获准注册的境内第三类医疗器械，凡已正式受理医疗器械重新注册申请的，原医疗器械注册证书在重新注册审批期间可以继续使用。在重新注册审批结果明确后，生产企业应当凭新核发的医疗器械注册证书作为产品合法上市的批准证明文件。生产企业应当严格按照国家有关标准和规定组织生产。"认定当事人使用的医疗器械注册证书过期，且说明书、标签中的器械功率及产品治疗参数与注册证不符，电源连接不符合强制性安全标准，产品属于未依法注册的医疗器械。

食品药品监督管理部门依据《医疗器械监督管理条例》第六十六条第（三）项之规定，在当事人责令改正的同时，作出如下行政处罚决定：①没收违法产品"×××型前列腺场效消融仪"；②处25000元罚款。

【案件评析】

（1）如何对大中型医疗电气设备类医疗器械进行监管，特别是如何对在用大中型医疗器械进行监管，一直是监管一线的难点。本案是从涉案医疗器械未按要求进行安装并使用开展核查。医用电气的安装作为技术标准内容之一，与器械安全有效有直接关系，且这种不规范行为往往是制假售假者存在的通病。在用医用电气设备的监管，目前监管部门最直接的是从强制性标准、产品技术要求及相关合格证明文件等资料着手，以此为突破口，进行深挖。

对大中型医疗器械进行质量检验，往往存在一定难度，相关法规也还没有具有可操作性的规定，从渠道、随附文件等核查方式进行监管必须建立在法规及标准的强制性要求上，才具有实际意义。如《医疗器械监督管理条例》第十四条规定："已注册的第二类、第三类医疗器械产品，其设计、原材料、生产工艺、适用范围、使用方法等发生实质性变化，有可能影响该医疗器械安全、有效的，注册人应当向原注册部门申请办理变更注册手续；发生非实质性变化，不影响该医疗器械安全、有效的，应当将变化情况向原注册部门备案。"《医疗器械注册管理办法》第四十九条第二款"产品名称、型号、规格、结构及组成、适用范围、产品技术要求、进口医疗器械生产地址等发生变化的，注册人应当向原注册部门申请许可事项变更"等应是监管人员的核查方向。

(2) 大中型医用电气类医疗器械种类多、内部结构复杂、原理过于专业，涉及电学、医学、物理学、化学等多个领域。在监管实践中，要求监管人员具有较高的理论和实践经验，具备敏锐的观察力和高度的责任感，还须做到耐心细致，锲而不舍，才能在监管中取得实效。从该案可见：一是熟悉产品强制性标准、注册或备案的产品技术要求的基本要求，才能寻找到合理的切入点。如从涉案产品铭牌（标签）的Ⅰ类到发现电源连接没有接地、到可能产品不符合GB9706.1标准。二是要对医疗机构购进、使用产品的流程以及医疗管理规范、医疗机构相关管理规章制度等比较熟悉，才能顺利收集采购申请、合同签订、安装装配、操作培训、维修及售后服务等各方面的文件材料，查清来龙去脉，了解产品相关知识及技术参数、安全控制关键等实现对产品的综合了解把握，取得实证，排除干扰。如案件调查中，涉案产品生产企业带来新的铭牌及产品说明书，准备更换。铭牌的更换只是减少了现场检查的疑点，不能掩盖电源连接不符合安全标准、使用时技术参数、说明书标示技术参数与"医疗器械注册证"及器械额定功率等的变化。三是按照法规要求，围绕质量，紧紧抓住涉及产品安全性的实质性变化，收集证据，证实违法行为。

(3) 从本案的案由来看，显然是有意规避了不符合强制性标准的规定。

主要是因为《标准化法实施条例》"处理有关产品是否符合标准的争议,以本条规定的检验机构的检验数据为准"的规定,执法人员对产品明显不符合强制性标准的依据存有疑义。《最高人民法院关于民事诉讼证据的若干规定》规定:众所周知的事实,根据法律规定或者已知事实和日常生活经验法则能推定出的另一事实,当事人有相反证据足以推翻的除外,当事人无须举证证明。办案单位的做法和执法人员的睿智值得借鉴。

案例3

【案件事实】

在国家食品药品监督管理总局"打击制售和使用注射用透明质酸钠专项行动"和公安机关"打击药品违法犯罪雷霆行动"期间,某地食品药品监督管理分局执法人员通过获取行业内人员提供的内幕消息以及前期网络线索排查,现场检查发现某市整形美容门诊部(以下简称当事人)使用的注射用修饰透明质酸钠凝胶(商标名:A牌)产品无中文标签标识,且该单位现场无法提供上述注射用修饰透明质酸钠凝胶的产品注册证等相关证明资料。

经查,当事人使用的全外文包装产品(商标名:A牌)为未依法注册的第三类医疗器械注射用修饰透明质酸钠凝胶。当事人于2015年9月起从某微信供货商(微信号"s××××1990")处购进7支上述涉案产品并用于填充物注射手术,其于2015年9月至2016年2月期间使用6支,被办案单位现场查扣1支,共计货值金额12688元。同时,查实当事人有未建立并执行医疗器械进货查验制度、未妥善保存购进第三类医疗器械原始资料的违法行为。

【案件处理】

当事人的行为违反了《医疗器械监督管理条例》第三十二条第一款、第三十七条第一款、第四十条之规定,办案单位依据《医疗器械监督管理条例》第六十六条第(三)项、第六十八条第(二)项、第(七)项规定,在责令当事人改正其违法行为的同时,给予当事人如下行政处罚:①警告;②没收违法产品注射用修饰透明质酸钠凝胶(商标名:A牌)1支;③罚款102772.80元。

【案件评析】

(1) 关于医疗器械使用单位。2014年6月1日实施的《医疗器械监督管理条例》专门就医疗器械使用单位作出明确规定。该条例第七十六条第二款规定:"医疗器械使用单位,是指使用医疗器械为他人提供医疗等技术服务的机构,包括取得医疗机构执业许可的医疗机构,取得计划生育技术服务机构执业证的计划生育技术服务机构,以及依法不需要取得医疗机构执业许可证的血站、单采血浆站、康复辅助器适配机构等。"本案当事人是整形美容门诊部,属于应当取得医疗机构执业许可证的单位。

(2) 关于违法行为的认定。本案当事人存在三个违法行为,一是使用未经注册的第三类医疗器械;二是未建立并执行医疗器械进货查验制度;三是未妥善保存购进第三类医疗器械原始资料。《医疗器械监督管理条例》第三十二条规定,医疗器械使用单位购进医疗器械应当查验供货者的资质和医疗器械的合格证明文件,建立进货查验记录制度。记录事项包括:①医疗器械的名称、型号、规格、数量;②医疗器械的生产批号、有效期、销售日期;③生产企业的名称;④供货者或者购货者的名称、地址及联系方式;⑤相关许可证明文件编号等。该条例第三十七条规定:"医疗器械使用单位应当妥善保存购入第三类医疗器械的原始资料,并确保信息具有可追溯性。"调查证实,本案当事人明显违反了上述规定。对于上述违法行为,该条例有相应处罚规定,但有顺序,即先责令改正,给予警告;拒不改正的,才可以给予罚款处罚。办案单位对第一项违法行为给予罚款处罚,对后两项违法行为责令改正、给予警告,是合乎法律规定的。

(3) 值得学习借鉴的办案经验。

一是锁定线索,深挖细究。该案是执法人员在网络平台巡查时发现某整形美容门诊有过"超低价玻尿酸限时反馈用户"抢购活动,怀疑其有使用违法产品的行为。执法人员随即现场检查,在该门诊发现部分品牌玻尿酸的包装空盒及全外文标示的"A牌2号"玻尿酸一盒,当事人无法出示产品注册证及购进来源等相关资料,并狡辩称只是该院将前几年使用过的产品进行展示,现已停止使用。面对僵局,执法人员毫不气馁,一方面仔细查看企业的仓库、药房、冰箱，不错过一个角落；另一方面对该院近两年来的大量病历记录、手术记录、电脑收费记录等资料逐一核查，不放过任何蛛丝马迹。最终通过护士站一本《留观病人登记本》"手术项目"中的"玻尿酸注射隆鼻"名称，顺藤摸瓜，找出就诊注射玻尿酸美容病人的门诊病历，并突查医院财务室收费处电脑上的"营收情况明细表"，终于查实当事人在2015年9月至2016年2月期间多次使用玻尿酸为病人进行填充物注射手术的事实。

二是政企合作，助力取证。本案涉案违法产品仅为全外文标示的"A牌2号"玻尿酸一盒，外观与进口瑞蓝牌玻尿酸十分相似。该整形美容门诊多次使用玻尿酸为病人进行填充物注射手术，是否就是使用的上述产品？而上述产品是否为假冒知名品牌的进口美容注射产品？都有待执法人员进一步查实。为确认涉案产品，执法人员主动联系A牌玻尿酸××代理商等国际贸易（××）有限公司，委托其对涉嫌违法产品进行真伪鉴定。在某国际贸易（××）有限公司和生产商××某B公司的全力配合下，最终确认涉案产品并非生产商瑞典某B公司产品。中国总代理商也从未进口过该产品。办案单位委托××市南方公证处翻译公证，外包装上外文的为"A牌玻尿酸"，其使用目的为用于面部组织填充。由此，当事人使用未依法注册的第三类医疗器械注射用修饰透明质酸钠凝胶的违法事实确凿。办案单位与企业的良好沟通合作，为本案的调查取证和产品定性提供了良好助力。

第二节 使用无合格证明的医疗器械案

一、要点概述

医疗器械产品是直接涉及人体健康和生命安全的特殊产品，研制、生产、经营和使用都有特殊要求。医疗器械产品出厂销售必须附有检验检测合格报告及其他合格证明文件，医疗器械经营企业和使用单位在购进医疗器械时，必须查验相关合格证明文件，并留存一定时间。《医疗器械监督管理条例》和《医疗器械使用质量监督管理办法》都明确规定，医疗器械经营企业、使用单位不得经营、使用无合格证明文件的医疗器械。

那么什么是医疗器械的合格证明呢？医疗器械合格证明一般是指医疗器械生产企业出具的表明出厂的产品经质量检验合格的标识。进口医疗器械产品的合格证明，即境外生产企业对其产品合格出厂的有关文件或者标识。2004年国家食品药品监督管理局医疗器械监管司对吉林省食品药品监督管理局《关于对进口医疗器械产品合格证明界定有关问题的紧急请示》的复函（食药监械函〔2004〕99号）中提道："关于医疗器械的合格证明，《条例》及配套规章中未对其形式有所规定。进口产品的合格证明，即境外生产企业对其产品合格出厂的有关文件或者标识。"

二、典型案例

【案件事实】

2014年8月18日，某省食品药品监督管理局投诉举报中心收到举报称：辖区内多家医院、疾控中心等购进并使用无合格证明的医疗器械，该医疗器械由某市一家技术发展有限公司使用套证（powercube body）向上述医疗器械使用单位提供。

经查，涉案产品发现如下疑点：①与"医疗器械注册证"载明内容不符的问题。②无合格证明的问题。③《受理通知书》真实性问题。④标签和包装标识问题。⑤进口问题。

2014年10月22日，某省食品药品监督管理局稽查局向国家食品药品监督管理总局稽查局上报《关于明确肺功能测试系统查处意见的请示》。

2014年12月29日，国家食品药品监督管理总局稽查局下发《关于查处肺功能测试系统的通知》（食药监稽便函〔2014〕449号），明确："①对于经销商私自加装的组件，且该组件在产品使用过程中发挥一定的临床功能，有可能影响医疗器械安全有效的，该产品视为未经注册产品；②在医疗机构提供的中标文件中出现3个受理时间（分别为2010年1月4日、6月17日、9

月2日）不同的标示国家食品药品监督管理局行政受理服务中心下发的受理通知书，受理通知书中均备注为：原医疗器械注册证号为国食药监械（进）字2006 第2210009 号及国食药监械（进）字2006 第210043 号。经核实，受理时间为2010 年9 月2 日的受理通知书为总局行政受理服务中心下发，其他的受理通知书为变造的。对于产品具有合法的受理通知书，明确产品重新注册已受理的，原产品注册证依旧有效。对于受理通知书为变造的，且产品注册证已过有效期的，该产品视为未经注册产品。对于涉嫌变造受理通知书的，移交相关部门另行处理。"2015 年1 月7 日，国家食品药品监管总局稽查局再次就有关问题下发《关于肺功能测试系统查处的补充通知》。

按照国家食品药品监督管理总局的回复意见，某省食品药品监督管理局开始在全省部署对涉嫌经营、使用未经注册、无合格证明的肺功测试仪系列案开展立案查处工作。经查证，涉案单位分别为6 家医疗器械经营企业和医疗机构。

【案件处理】

调查证实，6 家医疗器械经营企业的违法行为，已经超过2 年时间。食品药品监督管理部门依据《行政处罚法》第二十九条第一款的规定，对上述6 家企业免予行政处罚，但分别对经营企业负责人进行警戒约谈。

办案单位分别对6 家医疗机构立案查处，涉案货值金额为1982475 元。

对涉案部队医院，根据《医疗器械监督管理条例》（国务院令第650 号）第七十九条的规定、《行政处罚法》第二十条规定，移交给军队卫生主管部门进行处理。

对产品涉及生产商（外省）某某科技发展有限公司，移交其所在地食品药品监督管理局处理。

【案件评析】

（1）关于涉案产品的定性。本案的核心问题是产品定性。原产品经过注册许可，应当是合法产品。出现问题是生产商私自添加"支气管激发试验"软件功能模块，导致超注册范围违规使用，从而有可能影响原已注册的肺功能仪的安全有效。对于此类擅自加装配件行为，是否就认定为未经注册的产品，办案单位遇到难题。经两次请示国家食品药品监管总局最终确认涉案产品为未经注册产品，从而办结了涉案货值过亿元的肺功测试仪系列案。

(2) 关于不予处罚的情形。我国《行政处罚法》第二十九条规定："违法行为在2年内未被发现的，不再给予行政处罚。法律另有规定的除外。前款规定的期限，从违法行为发生之日起计算；违法行为有连续或者继续状态的，从行为终了之日起计算。"本案认定6家医疗器械经营企业的违法行为超过了2年，所以没有给予行政处罚。这是符合上述法律规定的。如果上述企业的违法行为有连续或者继续状态的，那就从行为终了之日起计算。所谓"连续"状态，是指行为人在一定时间内多次从事同一性质的违法行为，如2013年5月有销售上述产品的违法行为，2013年10月又有上述同类违法行为，2014年6月又发生同类违法行为。所谓"继续"状态，是指行为人实施违法行为后，该行为或者后果不间断存在的一种状态，如从非法渠道购进未经注册的医疗器械后，该行为就会处于不间断违法状态，直到被执法部门发现之日，也就是行为终了之日。

(3) 关于案件管辖。本系列案涉及违法行为主体多个，包括军队医院、外省企业等。按照有关法律、法规和规章规定，食品药品监督管理部门办案机构负责办理其辖区和职责范围内的违法主体的违法行为案件。《医疗器械监督管理条例》第七十九条规定，军队医疗器械使用的监督管理，由军队卫生主管部门依据本条例和军队有关规定组织实施。为此办案机构将涉及军队医院的违法案件移交军队有关部门处理。同时，案件还涉及其他省市区的医疗机构，办案机构也将案件移交其他省市区处理。这些做法符合国家食品药品监督管理总局令第3号发布的《食品药品行政处罚程序规定》。该规定第十三条规定："食品药品监督管理部门发现案件不属于本部门管辖的，应当及时移送有管辖权的食品药品监督管理部门或者相关行政管理部门处理。受移送的食品药品监督管理部门应当将案件查处结果及时函告移送案件的食品药品监督管理部门；认为移送不当的，应当报请共同的上一级食品药品监督管理部门指定管辖，不得再次移送。"

第三节　使用过期医疗器械案

一、要点概述

医疗器械，是直接或者间接用于人体的仪器、设备、器具、体外诊断试剂及校准物、材料以及其他类似或者相关的物品，对疾病的诊断、预防、监护、治疗或者缓解有着重要的作用。因此，医疗器械的质量安全和风险控制就显得至关重要。

医疗器械的质量直接决定其安全、有效。为保证医疗器械的质量安全，医疗器械往往确定有保质期。一般说来，在保质期内的医疗器械，其质量是有保证的；超过保质期的医疗器械，其质量是难以保证的，使用会对人体健康和生命安全造成一定的损害后果。鉴于此，我国《医疗器械监督管理条例》明确要求，医疗器械经营企业、使用单位不得经营、使用过期的医疗器械。为严厉打击使用过期医疗器械的违法行为，该《条例》第六十六条规定，对于经营、使用过期医疗器械的，由县级以上人民政府食品药品监督管理部门责令改正，没收违法生产、经营或者使用的医疗器械；违法生产、经营或者使用的医疗器械货值金额不足1万元的，并处2万元以上5万元以下罚款；货值金额1万元以上的，并处货值金额5倍以上10倍以下罚款；情节严重的，责令停产停业，直至由原发证部门吊销医疗器械注册证、医疗器械生产许可证、医疗器械经营许可证。

二、典型案例

案例1

【案件事实】

2016年5月23日，某区食品药品监督管理局执法人员对某医院（以下简称当事人）药品、医疗器械使用情况进行检查时，在当事人药房医疗器械合格区货架上发现外科纱布敷料（纱布块）30袋，该产品标示注册证号为鲁食药监械（准）字2007第2640129号，生产厂家为曹县华鑫卫生材料有限公司，生产批号为2011年4月20日，保质期为5年。

经查，上述医疗器械系药房工作人员张某于2016年2月18日从药库领用至药房，因药房养护人员刘某未按照规定定期对药房内的药品、医疗器械的使用情况进行检查，导致上述医疗器械超出有效期。执法人员现场发现《某医院药品、医疗器械检查养护记录》1本，该记录显示养护记录登记至2016年1月16日。当事人涉嫌使用过期医疗器械的行为违反了《医疗器械监督管理条例》第四十条的规定，执法人员对上述医疗器械采取扣押的强制措施。

2016年5月25日，当事人单位负责人、药库负责人李某以及药房负责人刘某来到某区食品药品监督管理局接受调查。当事人单位负责人提供了单位的"医疗机构执业许可证"，药库负责人李某提供了向某医疗器械有限公司的采购凭证一张、上述医疗器械入库验收单一张以及出库单一张，证实上述医疗器械采购渠道、入库验收、出库等程序合法。药房负责人刘某称上述医疗器械从药库内领至药房后，一直未对患者使用。

调查证实，当事人于2015年8月6日从某市某医疗器械有限公司采购外科纱布敷料（纱布块）30袋，采购价格为2元/袋。至执法人员检查时止，上述医疗器械已经超出有效期，造成如此结果的原因是当事人未及时将过期的医疗器械进行处理，仍存放于药房医疗器械合格区的货架上，处于待用状态。上述过期医疗器械使用价格为3元/袋，货值金额90元。

【案件处理】

办案单位认定当事人的上述行为违反了《医疗器械监督管理条例》第四十条"医疗器械经营企业、使用单位不得经营、使用未依法注册、无合格证明文件以及过期、失效、淘汰的医疗器械"的规定，依据《医疗器械监督管理条例》第六十六条第一款第（三）项之规定，对当事人作出如下行政处罚：①没收外科纱布敷料（纱布块）30袋；②罚款20000元。

【案件评析】

（1）关于使用过期医疗器械事实的认定。医疗器械的使用行为包括医疗器械的购进、验收、储存、管理、养护、调配、使用于人体的全部诊疗过程。本案虽无直接证据证明当事人将过期医疗器械使用于人体，但该院未按照《医疗器械监督管理条例》《医疗器械使用监督管理办法》的要求，定期对药房内的药品、医疗器械进行养护检查，导致医疗器械超出有效期后仍与合格的医疗器械放置一处，在储存、管理和养护医疗器械的环节存在失当和疏漏，有使用的意图和使用的准备，存在将过期医疗器械使用于患者身体的风险，明显背离保障公众生命健康的宗旨。由此可以认定该院存在使用过期医疗器械的行为。

（2）关于货值金额的计算。因《医疗器械监督管理条例》中未规定货值金额的计算方法，参照《中华人民共和国产品质量法》的规定，货值金额是指当事人违法生产、销售产品的数量（包括已售出的和未售出的产品）与其单件产品标价的乘积。当事人使用的过期医疗器械未单独计费，综合该医疗器械的采购价格及对当事人的调查，认定上述医疗器械的使用价格为3元/袋，货值金额为90元。

案例2

【案件事实】

2015年，××县食品和市场监督管理局在对辖区内某镇××医院（以下简称当事人）进行例行检查时发现该医院化验室存放在用试剂的铁皮柜内有超过有效期的试剂，遂对该批试剂进行了扣押，并认为当事人的过期试剂与有效试剂混同存放的行为是在使用过期医疗器械。

【案件处理】

××县食品和市场监督管理局认定当事人使用过期医疗器械，对其作出（××）食药监药行罚决〔2015〕2002号行政处罚决定：①没收过期医疗器械；②罚款20000元。

当事人不服，向××县人民政府提出行政复议，××县人民政府作出×政复决字〔2016〕5号行政复议决定，维持了××县食品和市场监督管理局的行政处罚决定。

当事人对行政复议决定不服,向ＸＸ县人民法院提起诉讼,要求撤销行政处罚决定书和行政复议决定书。

ＸＸ县人民法院经审理认为:实施行政处罚,是为了纠正违法行为,对违反行政管理秩序的行为作出相应的行政处罚,既是对法律的维护,亦是对不遵守法律秩序的行为的一种合法的规范,本案ＸＸ县食品和市场监督管理局对辖区内某镇ＸＸ医院的行为依法定程序进行了检查、询问、听证和审批等必要的法定程序,作出的行政处罚无违法的情形,其行为证据确凿,适用法律、法规正确,符合法定程序,依法应予支持。ＸＸ县人民政府的行政复议决定符合法定程序,应予支持。依据《中华人民共和国行政诉讼法》第六十九条的规定,ＸＸ县人民法院判决:驳回当事人的诉讼请求。

当事人不服ＸＸ县人民法院作出的上述行政判决,向ＸＸ市中级人民法院提起上诉称:当事人虽存在存放过期医疗器械行为,但并未使用,无不良后果,根据相关法律规定,没有造成任何后果可不予处罚。且涉案试剂本身为淘汰后待上级安排处置的医疗器械,被上诉人ＸＸ县食品和市场监督管理局对法律规定做扩大化解释,其在没有证据证明当事人使用该试剂的情况下,推定上诉人使用该试剂,并作出处罚决定,认定事实不清,证据不足。被上诉人ＸＸ县食品和市场监督管理局对当事人处罚过程中召开听证会系由其自身组织,程序违法。被上诉人ＸＸ县人民政府未组织复议审理,径行作出行政复议决定,程序违法。综上,原审判决认定事实不清,适用法律不当,请求依法改判。

被上诉人ＸＸ县食品和市场监督管理局未作答辩。

被上诉人ＸＸ县人民政府答辩称:根据《中华人民共和国行政复议法》第二十二条的规定,"行政复议原则上采取书面审查的办法,但是申请人提出要求或者行政复议机关负责法制工作的机构认为有必要时,可以向有关组织和人员调查情况,听取申请人、被申请人和第三人的意见。"当事人未向复议机关提出相关要求,复议机关也认为没有必要组织复议审理,故复议机关作出的行政复议决定书认定事实清楚、证据充分、程序合法，符合法律规定。一审法院判决认定事实清楚、适用法律正确，请求驳回上诉、维持原判。

××中级人民法院经审理查明事实与一审判决认定的事实一致，予以确认。××中级人民法院另查明，××县食品和市场监督管理局系继续行使原××县食品药品监督管理局职权的行政机关。

××中级人民法院认为，医疗器械是指直接或者间接用于人体的仪器、设备、器具、体外诊断试剂及校准物、材料以及其他类似或者相关的物品。根据《医疗器械监督管理条例》第三十四条第一款"医疗器械使用单位应当有与在用医疗器械品种、数量相适应的贮存场所和条件"、第三十六条有关"医疗器械使用单位对需要定期检查、检验、校准、保养、维护的医疗器械，应当按照产品说明书的要求进行检查、检验、校准、保养、维护并予以记录，及时进行分析、评估，确保医疗器械处于良好状态，保障使用质量"的规定，以及××县卫生局《过期药品、器械报损销毁制度》的规定，医疗器械的使用单位，应当具备相应的贮存场所和条件，并应定期检查、维护；对于过期的医疗器械应单独存放，并履行相应的报损销毁程序进行销毁，防止流入社会，危害人民群众健康。本案中，当事人作为一级医疗机构，对于医疗器械疏于管理，违背医疗器械管理基本常识，将超过有效期的试剂与正常使用的试剂混同存放；并且在被上诉人××县食品和市场监督管理局例行检查时，不能提供涉案过期试剂的相关记录和报损销毁手续，为医疗或者诊断埋下安全隐患，不可避免地增加误诊、错诊的发生概率，故被上诉人××县食品和市场监督管理局对该混同存放行为认定为使用过期的行为并予以处罚，认定事实清楚，证据确凿。根据《中华人民共和国行政复议法》第二十二条"行政复议原则上采取书面审查的办法，但是申请人提出要求或者行政复议机关负责法制工作的机构认为有必要时，可以向有关组织和人员调查情况，听取申请人、被申请人和第三人的意见"，被上诉人××县人民政府作出行政复议决定的程序合法。原审判决驳回上诉人的诉讼请求正确，应予维持。××中级人民法院依照《中华人民共和国行政诉讼法》第八十六条、第八十九条第一款第（一）项的规定，判决驳回上诉，维持原判。

案例3

【案件事实】

2015年4月1日，××市市场监督管理局（以下统称办案单位）在检查过程中发现，辖区一家医院（以下简称当事人）西药房基本药物区药柜内摆放的8根价值96元的一次性使用胃管和一只价值12.6元的一次性使用输氧面罩，已超过了有效期。

【案件处理】

办案单位认为，当事人的上述行为涉嫌使用过期、失效的医疗器械，并于同日立案调查。经过相关程序后，6月3日，办案单位作出行政处罚决定书，认定当事人涉嫌使用过期、失效医疗器械的行为违反了《医疗器械监督管理条例》第四十条的规定，依据《医疗器械监督管理条例》第六十六条第（三）项的规定，责令医院改正违法行为，并决定没收案涉医疗器械和罚款2万元。

当事人不服，向××市人民政府申请复议，但被维持原处罚决定。

当事人仍然不服，向××县人民法院提起行政诉讼。法庭上，当事人辩称，药房存放过期、失效的医疗器械行为，不是使用行为，医院使用医疗器械时，会严格执行药房的"四查十对"和护士的"三查九对"制度，以杜绝使用过期、失效的医疗器械，案涉一次性医疗器械并未实际使用。

××县人民法院审理认为，行政机关作出行政处罚时所认定的事实应当是清楚确定的，而案涉处罚决定认定原告涉嫌使用过期、失效医疗器械，"涉嫌"只是可能性，被告以不确定的事实作为行政处罚的前提，属于事实不清。

《医疗器械监督管理条例》并未对"医疗器械使用"的含义作出类似规定，但该条例第三十九条规定，食品药品监督管理部门和卫生计生主管部门依据各自职责，分别对使用环节的医疗器械质量和医疗器械使用行为进行监督管理。这表明医疗器械的"使用环节"与医疗器械的"使用行为"是两个不同的概念。同时，按照《医疗器械经营监督管理办法》第六十二条规定，贮存行为应当认定为经营行为。根据上述两则文件，均无法推断"医疗器械使用"包含贮存医疗器械的行为。在法无明文规定的情况下，两被告将当事人在使用环节发生的医疗器械质量问题认定为医疗器械使用行为违法，属于行为性质认定不当。

被告办案单位将《医疗器械监督管理条例》第六十六条第（三）项所规定"经营、使用无合格证明文件、过期、失效、淘汰的医疗器械"的"使用"理解为"使用环节"，并依据该条进行处罚，属于适用法律不当。

综上，法院认为办案单位作出的行政处罚决定书应予撤销，如××人民政府作出的行政复议决定书内容系维持原行政行为，也应一并撤销。

一审宣判后，两被告均不服，提起上诉。

××中级人民法院审理认为，如办案单位从立案查处至处罚前的告知直至作出的处罚决定中均使用了"涉嫌"二字，反映了上诉人在处罚过程中也仅是认定当事人的行为具有使用过期、失效医疗器械行为的可能和嫌疑。被诉处罚决定有违《行政处罚法》规定的行政处罚应当认定事实清楚的基本原则。据此，××中级人民法院驳回上诉，维持原判。

【案件评析】

（1）关于证据与事实认定。上述三个案例，基本事实都是医疗器械使用单位将过期医疗器械与合格医疗器械混放，监督管理部门都认定当事人使用过期医疗器械并予以行政处罚，但结果却大不相同。第一个没有发生行政复议和行政诉讼，行政处罚决定自然生效；第二个尽管发生行政复议和行政诉讼，得到上级机关和人民法院支持，第三个却遭到人民法院的否定。问题出自何处，确实值得沉思。

行政处罚决定必须事实认定清楚、行为定性恰当、适用法律准确。《行政处罚法》第三十条规定，公民、法人或者其他组织违反行政管理秩序的行为，依法应当给予行政处罚的，行政机关必须查明事实；违法事实不清的，不得给予行政处罚。本案例中，在法律没有规定的情况下，被告在行为性质认定上出现偏差尚可理解，但在事实认定上应当清楚。案涉处罚决定认定当事人涉嫌使用过期、失效医疗器械，所谓"涉嫌"，字面含义是指有跟某件事情发生牵连的嫌疑，即被怀疑有某种行为的可能性。如××市场监督管理局以这种可能性，也就是以不确定的事实作为行政处罚的前提，显然属于事实查明不清。案例2中，监督管理部门通过以下证据证明当事人存在使用过期医疗器械的事实：一是将过期医疗器械与合格医疗器械混合存放；二是在××县食品和市场监督管理局例行检查时，当事人不能提供涉案过期试剂的相关记录和报损销毁手续，为医疗或者诊断埋下安全隐患，不可避免地会增加误诊、错诊的发生概率；三是当事人自己制定的文件明确规定，不得将过期医疗器械与合格医疗器械混放。

案例2、案例3的不同结果，给我们很多启示。表面看来，案例3执法部门在行政处罚决定书中使用了"涉嫌"二字，给人的印象是主观推定。实质来看，主要是证据出了问题。案例3的证据只能证明当事人将过期医疗器械与合格医疗器械混合存放，但没有证据证明当事人确实使用过期的医疗器械。这种证据叫作"孤证"。在没有其他证据辅证的情况下，这种证据显得空乏无力，存在推定之嫌。所以其行政处罚决定被人民法院所撤销。假如办案单位所取得的证据能够回答下列问题：①当事人总共购进多少医疗器械？②当事人在医疗器械有效内使用了多少？③超过保质期的医疗器械有多少，这些过期医疗器械有无使用情况，能否一一说明，如果当事人主张部分销毁，那么销毁的记录是否存在，销毁的见证人是谁？销毁程序符不符合有关规定？等等。这些事实弄清楚了，证据就应该是确实充分了。

关于行政处罚听证会的组织。我国《行政处罚法》第四十二条规定："行政机关作出责令停产停业、吊销许可证或者执照、较大数额罚款等行政处罚决定之前，应当告知当事人有要求举行听证的权利；当事人要求听证的，行政机关应当组织听证。当事人不承担行政机关组织听证的费用。听证依照以下程序组织：（一）当事人要求听证的，应当在行政机关告知后3日内提出；（二）行政机关应当在听证的7日前，通知当事人举行听证的时间、地点；（三）除涉及国家秘密、商业秘密或者个人隐私外，听证公开举行；（四）听证由行政机关指定的非本案调查人员主持；当事人认为主持人与本案有直接利害关系的，有权申请回避；（五）当事人可以亲自参加听证,也可以委托一至二人代理;(六)举行听证时,调查人员提出当事人违法的事实、证据和行政处罚建议;当事人进行申辩和质证;(七)听证应当制作笔录;笔录应当交当事人审核无误后签字或者盖章。"

行政处罚听证程序是我国行政处罚法设定的一个特别程序。所谓特别,一方面,只有涉及责令停产停业、吊销许可证或者执照、较大数额罚款等行政处罚,才告知当事人有要求听证的权利;另一方面,假如当事人放弃听证要求,则该程序也就不存在了。如果当事人要求听证,由谁来组织听证会呢?上述法律明确,由作出行政处罚决定的机关组织听证会。就当前食品药品监督管理部门内部机构设置来看,大体分为行政许可机构、行政检查机构和行政处罚机构即稽查办案机构。那么稽查办案机构办理案件,同时可以组织行政处罚听证会吗?各地情况不同,有的由稽查机构组织行政处罚听证会,有的由政策法规机构组织行政处罚听证会。国家食品药品监督管理总局在其《食品药品行政处罚程序规定》对此也没有作出限制性规定。因此,稽查办案机构是可以组织行政处罚听证会的。但有一点,法律是明确的,即听证由行政机关指定的非本案调查人员主持。也就是说案件调查人员绝对不允许主持该案件的行政处罚听证会。

(2)关于行政复议的审查方式问题。我国《行政复议法》第二十二条规定:"行政复议原则上采取书面审查的办法,但是申请人提出要求或者行政复议机关负责法制工作的机构认为有必要时,可以向有关组织和人员调查情况,听取申请人、被申请人和第三人的意见。"当前,我国行政复议机关审理行政案件的方式主要有两种,一是书面审查,即根据申请人的申请材料和被申请人的答辩意见进行审查,从而作出行政复议决定;二是听证方式,即通过听证会的方式听取双方意见,从而作出行政复议决定。按照法律规定,行政复议机关审查案件原则上采取书面审查方式。只有申请人提出要求或者行政复议机关负责法制工作的机构认为有必要时,才可以向有关组织和人员调查情况,听取申请人、被申请人和第三人的意见。案例中当事人认为行政复议机关没有采用听证方式审理复议案件违反法定程序是没有法律依据的。

第五章 医疗器械违法广告案例

第一节 严重欺骗和误导消费者案

一、要点概述

医疗器械产品的特殊性,决定了医疗器械产品广告必须加以严格管制。为了保证医疗器械广告的真实、合法、科学,2009年国家工商行政管理总局、卫生部、国家食品药品监督管理局联合发布了《医疗器械广告审查发布标准》(以下简称《广告标准》)。该《广告标准》明确,下列产品不得发布广告:①食品药品监督管理部门依法明令禁止生产、销售和使用的医疗器械产品;②医疗机构研制的在医疗机构内部使用的医疗器械。

《广告标准》对医疗器械广告提出了具体的要求:①医疗器械广告中有关产品名称、适用范围、性能结构及组成、作用机理等内容应当以食品药品监督管理部门批准的产品注册证明文件为准。②医疗器械产品注册证明文件中有禁忌内容、注意事项的,应在广告中标明"禁忌内容或注意事项详见说明书"。③医疗器械广告中必须标明经批准的医疗器械名称、医疗器械生产企业名称、医疗器械注册证号、医疗器械广告批准文号(但经审批的医疗器械广告在广播电台发布时,可以不播出医疗器械广告批准文号)。广告仅出现医疗器械产品名称的,应标明医疗器械注册证号。④医疗器械广告中不得以任何非医疗器械产品名称代替医疗器械产品名称进行宣传。

⑤推荐给个人使用的医疗器械产品广告，必须标明"请仔细阅读产品说明书或在医务人员的指导下购买和使用"。⑥医疗器械广告中涉及改善和增强性功能内容的，必须与经批准的医疗器械注册证明文件中的适用范围完全一致，不得出现表现性器官的内容。

《广告标准》要求，医疗器械广告中有关适用范围和功效等内容的宣传应当科学准确，不得严重欺骗和误导消费者，如违反科学规律，明示或暗示包治百病、适应所有症状的；含有"安全""无毒副作用""无效退款""无依赖""保险公司承保"等承诺性用语，含有"唯一""精确""最新技术""最先进科学""国家级产品""填补国内空白"等绝对化或排他性的用语；声称或暗示该医疗器械为正常生活或治疗病症所必需等内容的；含有明示或暗示该医疗器械能应付现代紧张生活或升学、考试的需要，能帮助改善或提高成绩，能使精力旺盛、增强竞争力、能增高、能益智；含有"家庭必备"或者类似内容的；含有评比、排序、推荐、指定、选用、获奖等综合性评价内容的；含有表述该产品处于"热销""抢购""试用"等内容的。

二、典型案例

案例1

某药械有限责任公司生产的"胡三帖"，其广告宣称"700年的国药秘传""只需三贴的神奇功效震撼了整个医学界""只需三贴，疼痛和不适完全消失""20分钟起效，2小时显效""一是迅速消除疼痛，二是消炎，三是破除粘连，消除水肿"，严重欺骗和误导消费者。

案例2

20××年××月××日，国家食品药品监管总局向社会发布了8起医疗器械违法广告。

一是××生物科技有限公司生产的医疗器械"热磁疗贴"。该产品在其广告中宣称"两副药腰腿灵活治骨病，骨病治一个好一个，祛除病根"等。

二是××医疗器械有限公司生产的医疗器械"眼贴"。该产品广告宣称

"快速营养滋润视神经,激活眼部细胞活力,帮助代谢物排出,顽固的眼疾可逐渐恢复;多年白内障,三周期眼明亮"等。

三是××健康产业有限公司生产的医疗器械"妇女外用抗菌器(泡腾片)"。该产品广告宣称"阴道炎一个周期就能好,再难治的妇科病三个周期也能治好;治一个好一个,对各类炎症均有疗效"等。

四是××生物科技有限公司生产的医疗器械"远红外腰椎痛消贴"。该产品广告宣称"配方奇、浓度高、见效快,两个礼拜,坐立走灵活自如,是治疗坐骨神经的特效药"等。

五是××医药科技有限公司生产的医疗器械"清凉膜膏"。该产品广告宣称"快速消除皮肤痒、痛、酸、麻无力等症状,从根本上消除静脉曲张和脉管炎;不手术不截肢,3周期告别静脉曲张、脉管炎"等。

六是××医疗器械有限公司生产的医疗器械"电极贴片"。该产品广告宣称"可快速熔解突出物和钝化骨刺,迅速解除关节和腰腿疼痛,一般7天左右见效,3~4个疗程康复"等。

七是××苗家药业有限公司生产的医疗器械"静电理疗膜"。该产品广告宣称"一个疗程,关节积液疼痛基本消失,3个疗程康复,对各种原因引起的足跟部疼痛效果显著"等。

八是××药业有限公司生产的医疗器械"清鼻护理液"。该产品广告宣称"治鼻炎,闻闻就好,老鼻炎,只需一服药就能见效,终身只需一服药就能祛根"等。

第二节 含有不科学表示功效的断言和保证案

一、要点概述

《广告标准》要求,医疗器械广告中有关适用范围和功效等内容的宣传应当科学准确,不得出现含有表示功效的断言或者保证的;不得说明有效率和治愈率的；不得与其他医疗器械产品、药品或其他治疗方法的功效和安全性对比；不得含有无法证实其科学性的所谓"研究发现""实验或数据证明"等方面的内容；不得违反科学规律，明示或暗示包治百病、适应所有症状的；不得含有"唯一""精确""最新技术""最先进科学""国家级产品""填补国内空白"等绝对化或排他性的用语等内容。

二、典型案例

案例1

××电子有限公司生产的"紫环牌低中频多功能治疗仪（颈椎治疗仪）"适用于颈椎病、肩周炎、腰椎间盘突出症、慢性腰肌劳损、关节炎、风湿痛等的物理治疗，而该产品广告却宣称"功效我承诺，疗效你做主，零风险治疗你的颈椎病，患者与公司签约，白纸黑字见证功效（免费试用15天，认定无效可全额退还押金）"等，当中含有不科学地表示功效的断言和保证。

案例2

××医疗设备有限责任公司生产的"B系列白癜风治疗仪"适用于皮肤科及整容，特别是白癜风的治疗，而该产品广告却宣称"患者一般通过一次治疗1小时左右，一周后即有正常色素形成，短期内可恢复正常肤色，可使大面积白斑消退，不复发"等，当中含有不科学地表示功效的断言和保证。

案例3

××膏业有限责任公司生产的"安眠降压治疗器（广告中标示名称：寒水石药王枕）"适用于失眠、高血压、颈椎病及头痛、头昏、多梦、颈部疼痛等症状，而该产品广告却宣称"老中医动员全家换用寒水石枕头、著名医学家推荐寒水石药王枕""寒水石药王枕简直神了，我那老头子枕上都没十天，就睡得快，睡得香，还不做梦了""安全无依赖性，多病同治"等，当中含有大量不科学地表示功效的断言和保证。

第三节 利用患者名义作证明案

一、要点概述

《广告标准》特别强调，医疗器械广告中不得含有利用医药科研单位、学术机构、医疗机构或者专家、医生、患者的名义和形象作证明的内容；不得含有军队单位或者军队人员的名义、形象。不得利用军队装备、设施从事医疗器械广告宣传；不得含有涉及公共信息、公共事件或其他与公共利益相关联的内容，如各类疾病信息、经济社会发展成果或医疗科学以外的科技成果；医疗器械广告中不得含有医疗机构的名称、地址、联系办法、诊疗项目、诊疗方法以及有关义诊、医疗（热线）咨询、开设特约门诊等医疗服务的内容；不得在未成年人出版物和频道、节目、栏目上发布；不得以儿童为诉求对象，不得以儿童的名义介绍医疗器械。

二、典型案例

案例1

××医疗器械有限公司生产的"眼全息近视治疗仪（眼保姆）"适用于青少年假性近视、混合性近视的治疗和预防，缓解视疲劳引起的眼部不适、干涩、酸胀痛、视物不能持久等症状，而该产品广告却宣称"……孩子不用妈妈督促，每天都能治疗三五次，三个月后，孩子的视力已经恢复到了1.0……孩子就像变了个人，眼睛美丽、清澈，变得更加自信""坚持使用眼保姆能做到，轻度近视1~2个月可恢复视力，中度近视3~4个月可达到理想状态，高度近视5~6个月让孩子远离近视，视力恢复后，每天保健1~2次可保持视力不反弹"等，当中含有大量不科学地表示功效的断言和保证，并含有利用患者的名义、形象作证明的内容。

案例2

××科技有限公司生产的"爱尼光循环治疗仪（广告中标示名称：超级光鼻炎治疗仪）"适用于治疗高黏血症和高脂血症、缺血性心脑血管疾病及鼻炎，而该产品广告却宣称"小伙子兴奋地说：神了，我自小就得了鼻炎，10多年了，我没指望能有多好，只要让我能呼吸顺点就行，还真是行，脑子都是清亮的""使用20分钟，鼻腔舒爽，不干不痒不流涕；使用三天，鼻内微循环改善，头晕头痛症状消失，呼吸顺畅……鼻黏膜功能全面恢复，免疫体系能力增强，鼻腔环境优化，鼻炎不再轻易复发"等，当中含有不科学地表示功效的断言和保证，并含有利用患者的名义、形象作证明的内容宣传。

案例3

××药业有限公司生产的"耳功能恢复给药器"适用于治疗各种耳道疾病时给药用，而该产品广告却宣称"30分钟后耳部有发热、发胀感，30天休眠、死亡的毛细胞被新生细胞所代替，耳聋耳鸣、耳性眩晕症状明显改善，60天至90天，离子通道完全打通，毛细胞得到全面的养护""用过的患者都说挺好使，谁也没有想到，这么一塞一服，几十年的耳鸣停了，耳聋好了"，严重超出了食品药品监督管理部门批准的适应范围，含有不科学地表示功效的断言和保证，并含有利用患者的名义作证明的内容。

第六章 医疗器械涉罪案例

第一节 生产不符合标准的医用器材罪

一、要点概述

我国《刑法》第一百四十五条规定:"生产不符合保障人体健康的国家标准、行业标准的医疗器械、医用卫生材料,或者销售明知是不符合保障人体健康的国家标准、行业标准的医疗器械、医用卫生材料,足以严重危害人体健康的,处三年以下有期徒刑或者拘役,并处销售金额百分之五十以上二倍以下罚金;对人体造成严重危害的,处三年以上十年以下有期徒刑,并处销售金额百分之五十以上二倍以下罚金;后果特别严重的,处十年以上有期徒刑或者无期徒刑,并处销售金额百分之五十以上二倍以下罚金或者没收财产。"这里有两个罪名,一是生产不符合标准的医用器材罪,该罪的犯罪构成是行为人实际生产了不符合保障人体健康的国家标准、行业标准的医疗器械、医用卫生材料,而且足以严重危害人体健康。只有同时符合这两个条件,才构成犯罪。二是销售不符合标准的医用器材罪,该罪的构成条件有三个,即行为人实际销售了不符合保障人体健康的国家标准、行业标准的医疗器械、医用卫生材料,且主观上是明知的,且所销售的医疗器械足以严重危害人体健康。实际办案过程中,"足以"的认定,可以是检验检测机构出具的检验检测结果,也可以是食品药品监管部门组织专家论证后出具的认定意见。

二、典型案例

【案件事实】

有群众举报，胥某某、方某夫妇在未取得"医疗器械生产企业许可证"的情况下，以"M口腔医疗集团"的名义生产加工未经依法注册的金属烤瓷修复体（烤瓷牙、钢牙）等第二类医疗器械。

某市食品药品监管局经组织排摸，发现在当地经济开发区一民宅二楼有人在无证组织生产加工金属烤瓷修复体（义齿），且在一楼设置有门禁，不认识的人员不允许进入。

食品药品稽查支队与当地公安机关一起对该窝点进行突击检查，现场发现有10多名工人正在生产加工金属烤瓷修复体，并发现有大量的义齿订制单、原材料、生产设备、烤瓷炉和部分生产完成的义齿，执法人员依法对生产设备、生产原料和产品进行查扣。对当事人生产的金属烤瓷修复体（烤瓷牙、钢牙）成品进行了抽验。公安部门现场对负责人胥某某进行了控制，并对其他工作人员进行了突击审查。

调查证实，当事人胥某某、方某夫妇在未取得"医疗器械生产企业许可证"的情况下，以"M口腔医疗集团"的名义在该窝点生产加工未经依法注册的金属烤瓷修复体（烤瓷牙、钢牙）等第二类医疗器械产品，并专门注册了销售网站，印制了假冒××（上海）口腔医疗集团的产品外包装，通过网络渠道并以快递、业务员上门等方式销售到多地，截至案发时已生产销售的上述第二类医疗器械金属烤瓷修复体（烤瓷牙、钢牙）金额达60余万元。

经医疗器械检验机构检验，当事人生产的金属烤瓷修复体（烤瓷牙、钢牙）产品不符合牙科金属烤瓷修复体行业标准（YY0621-2008）规定。

【案件处理】

由于该案涉案货值较大，食品药品监督管理局以非法经营罪移送公安机关。后经检验机构检测，当事人生产的医疗器械产品不符合强制性行业标准，涉嫌违反了《刑法》第一百四十五条的规定，办案单位以生产不符合标准的医用器材罪移送公安机关。公安机关已对该案侦查终结，移送检察机关审查起诉。

【案件特点】

（1）产品具有较强的欺骗性。当事人注册了销售网站，以"M 口腔医疗集团"的名义，通过网络、快递等渠道销售违法产品，使使用者和消费者误认为是上海的合法产品，具有较强的欺骗性。

（2）销售渠道具有较强的隐蔽性。当事人通过网络、快递等渠道销售，业务员也是单线联系，将产品销售到多地，点多面广，增加了办案人员取证的难度。

【办案启示】

（1）公安机关提前介入是办好此案的有力保障。本案中，某市食品药品监管局充分利用与公安机关的联络协作机制，提前与公安机关进行沟通，与公安机关商讨突击检查方案及其细节，进入现场后，由公安民警对相关人员进行控制。有利于食品药品监督管理部门采取行政强制措施查封扣押生产工具、原材料等，同时公安机关的提前介入，使采取行政强制措施的物品能及时移交，降低了行政成本。

（2）及时固定证据是办好此案的前提基础。本案中，因执法人员在进入现场前做到了分工明确，对哪些证据需要及时固定心中有数，因此在分头进行调查取证，特别是对各类台账、订单、电脑数据等电子证据都在现场进行及时的固定。防止了违法分子乘乱销毁数据或隐匿相关凭证的情况，避免了案件后续办理取证困难。

（3）及时进行技术鉴定是办结此案的有力支撑。本案中，由于及时对违法生产的产品及原材料进行抽验，并及时出具检验报告书和鉴定书，最终，公安机关根据产品不合格检验报告书，以生产不符合保障人体健康的国家标准、行业标准的医疗器械罪定案，为案件的定性起到了强有力的技术支撑作用。

【案件评析】

(1) 关于案件定性。《医疗器械监督管理条例》明确规定，生产销售第二类医疗器械应当取得许可。本案当事人在没有取得"医疗器械生产许可证"的情况下，擅自生产加工第二类医疗器械——金属烤瓷修复体，违反了上述规定，应当定性为未经许可从事第二类医疗器械生产活动。

(2) 关于涉罪定性。本案当事人未经许可从事第二类医疗器械生产活动，可能同时触犯两个法条，涉及两个罪名，即《刑法》第一百四十五条生产不符合标准的医用器材罪和第二百二十五条非法经营罪。《最高人民检察院、公安部关于公安机关管辖的刑事案件立案追诉标准的规定（二）》第七十九条第（八）款规定"从事其他非法经营活动，具有下列情形之一的：个人非法经营数额在5万元以上或者违法所得数额在1万元以上的；单位非法经营数额在50万元以上或者违法所得数额在10万元以上的"，应当以非法经营罪立案。本案当事人非法生产销售金额超过60万元，以此罪追究其刑事责任是可以的。事实上办案单位也是按照此罪名向公安机关移送的。但经对涉案产品检验检测，其产品不符合国家标准，司法机关以当事人涉嫌构成《刑法》第一百四十五条规定的生产不符合标准的医用器材罪审查起诉。非法经营罪与不符合标准的医用器材罪两者的区别，前已说明，不再赘述。对于法条竞合情形，司法实践是从一重罪定罪处罚。

(3) 关于产品召回。只要案件确定是不合法产品，就应当由产品生产、销售者主动召回产品或者由食品药品监管部门责令其召回产品。办案机构应当将产品流向告知相关省市县局，以便及时控制产品，防止造成不良后果。

第二节 非法经营罪

一、要点概述

我国《刑法》第二百二十五条专门规定了非法经营罪。共确定了四种情形，其中包括未经许可经营法律、行政法规规定的专营、专卖物品或者其他限制买卖的物品以及其他严重扰乱市场秩序的非法经营行为。行为人非法经营医疗器械，虽然不属于专营、专卖和限制买卖的物品，但有可能涉及其他严重扰乱市场秩序的非法经营行为。2010年5月7日，《最高人民检察院、公安部关于公安机关管辖的刑事案件立案追诉标准的规定（二）》明确："个人非法经营数额在5万元以上，或者违法所得数额在1万元以上的，单位非法经营数额在50万元以上，或者违法所得数额在10万元以上的，或者虽未达到上述数额，但两年内因同种非法经营行为受过二次以上行政处罚，又进行同种非法经营行为以及其他情节严重的情形，都可以按照非法经营罪立案。"

二、典型案例

案例1

【案件事实】

某市食品药品监督管理局接到某医疗器械生产企业举报，怀疑某市某医院使用的射频等离子体手术系统为假冒产品。接举报后，市食品药品监督管理局即对该医院进行了突击检查，在该医院手术室发现标示某医疗器械公司生产的射频等离子体手术系统一台。该医院提供的医疗器械注册证显示上述产品为第三类医疗器械，但上述注册证号在国家总局网站数据查询中未能查到相关信息，上述产品铭牌也未标示"医疗器械生产许可证"号及医疗器械注册证号，该产品涉嫌未经注册非法生产。执法人员现场查封了上述产品，并对该医院相关人员展开了调查，调查结果显示上述射频等离子体手术系统是该医院疼痛科主任张某通过网络从一自称某医疗器械公司销售人员的男子陈某处购进，购进价格为17.5万元，货款以现金形式支付。

通过调查了解到陈某为××市人，并提取到陈某的手机号码，但未掌握陈某的身份证号码等详细信息，且其手机号码未实名登记。在对医院检查的同时，某市食品药品监督管理局立即向产品标示生产企业所在地发函协查，经当地区食品药品监督管理局协查确认，上述射频等离子体手术系统不是某医疗器械公司生产。某市食品药品监管局即对某医院涉嫌使用未经注册医疗器械和陈某涉嫌无证生产、销售假冒医疗器械进行立案调查，某市食品药品监管局在取得陈某涉嫌无证生产、销售假冒射频等离子体手术系统的初步证据后，鉴于涉案金额较大，涉嫌构成犯罪，商请公立机关提前介入，联合办案，对陈某展开秘密调查。公安机关通过多种侦查手段查到其身份信息，联合调查组顺线追踪，多方守候，最终查到其生产假冒医疗器械的窝点位于某市某小区。最后在窝点将陈某成功抓获。

在制假窝点现场还查获尚未销售的假冒射频等离子体手术系统5台，并提取到该制假窝点的销售台账。

办案人员根据陈某的供述和查获的销售台账查明，陈某在被抓获前共生产假冒射频等离子体手术系统11台，涉案金额达200余万元，产品先后销往多地的医疗机构。陈某用于生产假冒射频等离子体手术系统的配件，一部分是从网上购买的，另一部分是从医疗器械展览会购买的。其通过互联网发布虚假广告，向全国各地销售假冒射频等离子体手术系统。其明知生产第三类医疗器械需要"医疗器械生产许可证"和医疗器械注册证，故意伪造某合法医疗器械公司资质证明及医疗器械注册证，并开具虚假销售发票。

【案件处理】

本案当事人在未取得医疗器械生产许可和产品注册许可的情况下，非法生产销售射频等离子体手术系统，涉案货值金额达200余万元，销售金额达100余万元，公安机关依据《刑法》第二百二十五条的规定，以当事人涉嫌构成非法经营罪为由移送同级人民检察院。陈某已于2014年9月26日被批准逮捕。

案例2

【案件事实】

央视"3·15晚会"曝光了××义齿技术研究有限公司用废钢料制造义齿、用旧牙刷清洁义齿的黑幕，引发了巨大的社会反响。某省食品药品监督管理局会同某市市场监督管理局立即部署开展义齿及相关产品专项执法检查行动。

通过排查，获悉刘某某无证生产义齿相关线索，考虑到该地下义齿加工场一般采用来样加工形式、人员都是××籍（较团结）、义齿产品体积小易携带、客户分散的实际情况，为彻底端掉该窝点及上下线链条，专案组决定先进行秘密侦查，等时机成熟再抓捕。

经过两个月的跟踪侦查，6月2日傍晚，专案组联合冲击刘某某的地下工厂，但现场只有少量的机器设备、电脑等。执法人员对刘某某开展了攻心战，据刘某某交代，在辖区所排查时就将大部分的机器设备、材料搬到了居民楼的住所里。6月3日凌晨，专案组执法人员马不停蹄地赶往刘某某的出租屋，缴获了生产设备（石膏18包，自动烤瓷炉2台，微波炉1台，齿科藻酸盐印模材料6桶，压缩机2台，活动义齿24盒，合成树脂牙4盒，红蜡片21盒，工作台灯11支，打印机1台，成品长片2箱，成品牙套46个，牙套制作设备1台，牙科模型蜡14盒，抛光齿轮23个，TITA烤瓷粉包材1箱，成品VITA粉83瓶，薄蜡片41盒，合成树脂牙12盒，抛光机1台，打蜡抛光机1台）、相应的账本1箱、送货单2箱、电脑1台等。

刘某某交代其自2016年3月开始无证生产义齿，违法所得20余万元；进一步交代并指认了其非法销售未经注册义齿的医疗机构。

【案件处理】

公安机关经过侦查，认为刘某某无证生产义齿的行为，构成《刑法》第二百二十五条"违反国家规定，有下列非法经营行为之一，扰乱市场秩序，情节严重的，处五年以下有期徒刑或者拘役，并处或者单处违法所得一倍以上五倍以下罚金；情节特别严重的，处五年以上有期徒刑，并处违法所得一倍以上五倍以下罚金或者没收财产：（一）未经许可经营法律、行政法规规定的专营、专卖物品或者其他限制买卖的物品的"中非法经营罪，对刘某某依法刑事拘留。目前该案已经进入公诉阶段。

同时，某某区食品药品监督管理局对刘某某案中涉及的8家牙科门诊部予以行政处罚。

【案件评析】

（1）关于违法主体。本案违法主体有两个，一是当事人陈某非法生产、销售第三类医疗器械；二是医疗机构使用未依法注册的医疗器械。前者涉嫌犯罪，由司法机关处理，后者的违法行为，应当由食品药品监督管理部门依据《医疗器械监督管理条例》第六十六条之规定予以处罚。

（2）关于违法事实。本案当事人之一陈某，存在以下违法事实：一是伪造医疗器械生产许可证、医疗器械注册证书；二是未经许可从事第三类医疗器械生产活动，且货值金额200多万元；三是开具虚假销售发票。对于第一种违法行为，行为人应当承担行政责任，办案单位可以依据《医疗器械监督管理条例》第六十四条规定予以处罚；对于第二种违法行为，按照"个人非法经营数额在5万元以上或者违法所得数额在1万元以上的，单位非法经营数额在50万元以上或者违法所得数额在10万元以上的"的立案标准，办案单位应当以非法经营罪移送同级公安机关。对于第三种违法行为，食品药品监督管理部门可以移送税务部门进行处理。

案例3

【案件事实】

某省局接到举报，反映C公司未取得医疗器械注册证，接受某光学科技有限公司委托，生产"优倍视视康仪"。这些产品已经销往全国多个省份和直辖市，涉及2家经销商、300余家实体门店和A网、B网等多家网店。

经查，C公司是SZ市医疗器械生产企业，持有"医疗器械生产许可证"，生产范围为Ⅱ类6826物理治疗及康复设备，有效期至2016年3月21日，具有眼部磁疗治疗仪的"医疗器械注册证"。

某市食品药品监管局对C公司产品经销商——SZ市某医疗科技有限公司进行检查，查获"爱乐看视康仪"121台。该产品标示生产商为C公司，使用说明书标示"本仪器通过观赏远、近运动的视频图像方式，对使用者眼内外肌综合锻炼，可预防近视，辅助治疗假性近视"，但未标示医疗器械注册证号。根据该产品的形态和标示的功能来看，其符合医疗器械定义，按照《医疗器械分类目录》，应定为第二类医疗器械（分类编码：6826）。

某市食品药品监管局对上述"爱乐看视康仪"予以查封扣押，并进行了抽检，结果不符合医疗器械国家标准。

经进一步调查证实，C公司接受SZ市某医疗科技有限公司委托，生产了"爱乐看视康仪"（型号：ilook660），全部销售给SZ市某医疗科技有限公司，销售货值人民币12.1万元，该产品未取得"医疗器械注册证"。同时，还发现C公司接受某公司委托生产了"好视力视康仪"（型号：HSL-660），接受某光学科技有限公司委托生产了"优倍视视康仪"（型号：YBS-660），自行生产了"智聪视康仪"（型号：WEM-660）。这些产品与"爱乐看视康仪"一样，均未取得"医疗器械注册证"，但在说明书上标示了医疗器械的功能。该公司入库单显示，共生产了"爱乐看视康仪"（型号：ilook660）203台，"好视立视康仪"（型号：HSL-660）447台，"优倍视视康仪"（型号：YBS-660）352台，"智聪视康仪"（型号：WEM-660）72台，合计1074台，按照A网、B网显示的零售价3280元/台计算，上述产品货值金额共计3522720元。

检查还发现，"视力训练仪"20台，产品标示生产商为C公司，外包装标示了"视力训练，数码针灸，消除眼疲劳"，说明书标示了"视力训练、数码模拟针灸、智能选穴"，但未标示医疗器械注册证号。根据产品名称和功能表述，该产品符合医疗器械定义，按照《医疗器械分类目录》，应定为第二类医疗器械（分类编码：6826）。某市食品药品监管局对上述"视力训练仪"及相关资料、电脑主机予以查封扣押，并对产品进行了抽检，结果不符合医疗器械国家标准。

经查，该公司入库单显示，其生产了"视力训练仪"3035台，增值税专用发票显示，销售了"视力训练仪"1802台，按照A网同类产品平均价1000元/台计算，货值金额共计3035000元。

此案共涉及全国多个省份和直辖市、6家以上经销商、300余家门店及A网、B网等多家主流互联网销售平台。涉案产品数量4109台，涉案货值金额6557720元。从A网销售记录看，一个网店的"视康仪"销量超过162台，货值金额531360元；一个网店的"视力训练仪"销量271台，货值金额 271000 元。

检查同时发现，C 公司涉嫌接受 SZ 市某医疗科技公司委托，生产无证医疗器械"爱乐看视康仪"。

【案件处理】

当事人 C 公司生产的上述"视康仪""视力训练仪"属于第二类医疗器械，但均未取得"医疗器械注册证"，涉嫌违反了《医疗器械监督管理条例》第八条的规定。因货值金额较大，严重违反医疗器械管理制度，扰乱医疗器械市场秩序，涉嫌构成《刑法》第二百二十五条规定的非法经营罪。同时，上述"视康仪""视力训练仪"经抽检不符合医疗器械国家标准，涉嫌违反了《医疗器械监督管理条例》第二十四条的规定。因货值金额较大，涉嫌构成《刑法》第一百四十五条规定的生产不符合标准的医用器材罪。

某市食品药品监管局将案件移送同级公安机关。公安机关已经正式立案，刑拘了该公司法定代表人和品质部经理 2 人，并追究该公司及相关人员的刑事责任。

【案件特点】

（1）社会危害性大。涉案产品"视康仪""视力训练仪"将消费群体定位为青少年，主要用于视力训练，治疗近视，但该产品未经注册且抽检不合格，其安全性、有效性均难以保障，可能会引发不确定风险，对青少年的身体健康产生危害，加之上述产品在市场上大范围出现，严重侵犯了国家对医疗器械的管理制度，扰乱了正常的医疗器械市场秩序，破坏了公平竞争的市场环境。

（2）涉及面广、货值金额大，此案涉及全国多个省份和直辖市、6 家以上经销商、300 余家门店及 A 网、B 网等多家主流互联网销售平台。从掌握证据来看，涉案产品数量 4109 台，涉案货值金额 6557720 元。

（3）产品定性难。案件当事人一直坚称自己生产的"视康仪""视力训练仪"是普通电子产品，而非医疗器械，仅用于视力保健。虽然上述产品在外包装、使用说明书上标示了一些医疗器械的功能用语，但能否以此界定其为医疗器械，需要深入研究、科学分析，才能作出正确结论。在兄弟药监部门的协查函中,多次要求对该产品性质作出认定,说明该产品性质的复杂性和疑难性。

(4) 调查方向确定难。从投诉举报材料来看,案件影响范围广、货值金额大,某市食品药品监管局从网络和实体店两方面分别对相关产品进行了摸底调查,发现确实存在举报反映的情况,但对整个案值、产品性质、产品质量情况难以估计,因此对案件是行政违法行为还是刑事犯罪行为,涉及哪些罪名难以作出判断,影响调查方向的确定。

(5) 违法行为隐蔽。在调查时,C公司提出,他们在此事中只是充当加工者的角色,只负责生产提供产品裸机,外包装和使用说明书都是委托方自行印刷、自行包装,且在此过程中没有留存生产记录、检验记录、销售记录。责任不清晰、原始记录缺失、违法行为极为隐蔽,这些都给执法带来了较大困难。

【案件评析】

(1) 关于本案产品属性和类别界定。本案当事人对其生产、销售的产品,主张是普通电子产品,并非医疗器械。因此,对于产品属性的界定就成了本案的焦点问题之一。我国《医疗器械监督管理条例》第七十六条对医疗器械作出明确的定义。就该案产品来看,其产品名称、说明书和标签等的功能表述,以及网络销售描述和消费者购买使用情况,产品使用预期目的等,足以证明符合医疗器械的定义,将产品确定为医疗器械没有问题。

既然产品确定为医疗器械,那么到底属于哪类医疗器械又成为焦点问题之一。我国《医疗器械监督管理条例》将医疗器械分为三类。第一类医疗器械实行产品备案管理,第二类、第三类医疗器械实行产品注册管理。本案产品"视康仪""视力训练仪"经界定属于第二类医疗器械,生产该类产品需要取得注册证书。调查证实,当事人并未取得注册证书,其擅自生产行为显然是违法的。

(2) 关于产品检验。检验报告是案件查办最有力的证据之一,但是监管实践中某种医疗器械能否进行检验和适用哪种标准检验,需要综合判断。如本案产品需要检验,如果产品未标明执行标准,必须还要明确产品的品种类别,只有明确了产品品种类别才能依据相关国家或行业强制性标准进行检验。

(3) 关于违法行为的确定。本案首先确定产品属于第二类医疗器械,然后对当事人是否取得医疗器械注册证书进行调查核实。经调查,当事人未取得医疗器械注册证书,所以其生产行为是违法的;在确定产品是医疗器械且明确属于哪个类别的情况下,对其产品、依据相关标准进行检验,检验结果不合格。所以,确认当事人有两个违法行为,即生产销售未取得注册证的第二类医疗器械和生产销售不符合国家标准的医疗器械。

(4) 关于违法主体的确认。本案有两个主体。一是委托方,二是被委托方即受托方。《医疗器械监督管理条例》第二十八条规定:"委托生产医疗器械,由委托方对所委托生产的医疗器械质量负责。受托方应当是符合本条例规定、具备相应生产条件的医疗器械生产企业。委托方应当加强对受托方生产行为的管理,保证其按照法定要求进行生产。"如果委托方违反此规定,应当按照《医疗器械监督管理条例》第六十六条规定予以处罚。由于管辖原因,本案未就委托方处理情况进行交待,只是对本案当事人处理情况作出说明。

第三节 侵犯注册商标案

一、要点概述

我国《刑法》第二百一十三、二百一十四、二百一十五条规定了侵犯商标罪,共三个罪名,即假冒注册商标罪,销售假冒注册商标的商品罪和非法制造、销售非法制造的注册商标罪。侵犯商标罪,是指从事工商活动的单位或者个人违反商标管理法规,不经注册商标所有人的许可,在同一种商品上使用与其注册商标相同的商标,而且获取的非法利益较大或者有其他严重情节的犯罪。一般情况,非法经营数额在 5 万元以上或者违法所得数额在 3 万元以上，或者假冒两种以上注册商标，非法经营数额在 3 万元以上或者违法所得在 2 万元以上，或者有其他严重情节，就以侵犯商标罪立案处理。

二、典型案例

案例1

【案件事实】

某市食品药品监督管理局联合公安机关对某市居民楼租房进行检查，捣毁"OMRON 欧姆龙"电子血压计制假窝点 1 个。现场查获标示"OMRON 欧姆龙"的电子血压计上臂式（已贴标签、面板）300 个、组装好的上臂式电子血压计 266 个、半成品 320 台、扇形臂式带 1440 个、包装盒 20000 个、说明书 20000 本、合格证 15000 份、标贴 5500 个、塑料配件及电源适配器等产品一批，涉案货值 159 万元。涉案产品包装盒、说明书、标签均标注有"OMRON 欧姆龙；制造商：××有限公司，×食药监械（准）字 2010 第 2200106 号"，现场未见"医疗器械生产许可证"及"医疗器械注册证"，该窝点负责人也无法提供以上两种证件。

执法人员现场制作执法文书、对涉案物品认真逐一登记并经涉案人员当场签名确认。为防止证据材料的遗失，扣押的涉案物品由公安机关指定地点存放。为进一步证明犯罪嫌疑人生产的标示为"OMRON 欧姆龙"的电子血压计为假冒的产品，食品药品监督管理部门函请××市食品药品监督管理局进行协查，××市食品药品监督管理局复函证实涉案产品电子血压计为假冒的"OMRON 欧姆龙"产品。

经初步调查，本案货值金额约 57.4 万元，当事人的行为涉嫌构成犯罪，食品药品监督管理部门移送同级公安机关并抄送检察机关。经公安机关进一步侦查，该案涉案金额达 159 万元。

【案件处理】

公安机关对 5 名犯罪嫌疑人进行了刑事拘留，逮捕 2 人。检察机关以涉嫌侵犯注册商标罪向人民法院提起诉讼。

【案件评析】

(1) 关于涉嫌犯罪案件移送。为了保证行政执法机关向公安机关及时移送涉嫌犯罪案件，依法惩罚破坏社会主义市场经济秩序罪、妨害社会管理秩序罪以及其他犯罪，保障社会主义建设事业顺利进行，2001年7月4日国务院第42次常务会议通过、并于2001年7月9日以国务院令第310号发布了《行政执法机关移送涉嫌犯罪案件的规定》。该规定明确了以下事项：

第一，行政执法机关在依法查处违法行为过程中，发现违法事实涉及的金额、违法事实的情节、违法事实造成的后果等，根据刑法关于破坏社会主义市场经济秩序罪、妨害社会管理秩序罪等罪的规定和最高人民法院、最高人民检察院关于破坏社会主义市场经济秩序罪、妨害社会管理秩序罪等罪的司法解释以及最高人民检察院、公安部关于经济犯罪案件的追诉标准等规定，涉嫌构成犯罪，依法需要追究刑事责任的，必须依照本规定向公安机关移送。

第二，行政执法机关在查处违法行为过程中，必须妥善保存所收集的与违法行为有关的证据。行政执法机关对查获的涉案物品，应当如实填写涉案物品清单，并按照国家有关规定予以处理。对易腐烂、变质等不宜或者不易保管的涉案物品，应当采取必要措施，留取证据；对需要进行检验、鉴定的涉案物品，应当由法定检验、鉴定机构进行检验、鉴定，并出具检验报告或者鉴定结论。

第三，行政执法机关对应当向公安机关移送的涉嫌犯罪案件，应当立即指定2名或者2名以上行政执法人员组成专案组专门负责，核实情况后提出移送涉嫌犯罪案件的书面报告，报经本机关正职负责人或者主持工作的负责人审批。行政执法机关正职负责人或者主持工作的负责人应当自接到报告之日起3日内作出批准移送或者不批准移送的决定。决定批准的，应当在24小时内向同级公安机关移送；决定不批准的，应当将不予批准的理由记录在案。

第四，行政执法机关向公安机关移送涉嫌犯罪案件，应当附有下列材料：①涉嫌犯罪案件移送书；②涉嫌犯罪案件情况的调查报告；③涉案物品清单；④有关检验报告或者鉴定结论；⑤其他有关涉嫌犯罪的材料。

第五，公安机关对行政执法机关移送的涉嫌犯罪案件，应当在涉嫌犯罪案件移送书的回执上签字；其中，不属于本机关管辖的，应当在24小时内转送有管辖权的机关，并书面告知移送案件的行政执法机关。

第六，公安机关应当自接受行政执法机关移送的涉嫌犯罪案件之日起3日内，依照刑法、刑事诉讼法以及最高人民法院、最高人民检察院关于立案标准和公安部关于公安机关办理刑事案件程序的规定，对所移送的案件进行审查。认为有犯罪事实，需要追究刑事责任，依法决定立案的，应当书面通知移送案件的行政执法机关；认为没有犯罪事实，或者犯罪事实显著轻微，不需要追究刑事责任，依法不予立案的，应当说明理由，并书面通知移送案件的行政执法机关，相应退回案卷材料。

行政执法机关接到公安机关不予立案的通知书后，认为依法应当由公安机关决定立案的，可以自接到不予立案通知书之日起3日内，提请作出不予立案决定的公安机关复议，也可以建议人民检察院依法进行立案监督。作出不予立案决定的公安机关应当自收到行政执法机关提请复议的文件之日起3日内作出立案或者不予立案的决定，并书面通知移送案件的行政执法机关。移送案件的行政执法机关对公安机关不予立案的复议决定仍有异议的，应当自收到复议决定通知书之日起3日内建议人民检察院依法进行立案监督。

第七，行政执法机关对公安机关决定立案的案件，应当自接到立案通知书之日起3日内将涉案物品以及与案件有关的其他材料移交公安机关，并办结交接手续；法律、行政法规另有规定的，依照其规定。

第八，公安机关对发现的违法行为，经审查，没有犯罪事实，或者立案侦查后认为犯罪事实显著轻微，不需要追究刑事责任，但依法应当追究行政责任的，应当及时将案件移送同级行政执法机关，有关行政执法机关应当依法作出处理。

第九，行政执法机关违反本规定，逾期不将案件移送公安机关的，由本级或者上级人民政府，或者实行垂直管理的上级行政执法机关，责令限期移送，并对其正职负责人或者主持工作的负责人根据情节轻重，给予记过以上的行政处分；构成犯罪的，依法追究刑事责任。行政执法机关违反本规定，对应当向公安机关移送的案件不移送，或者以行政处罚代替移送的，由本级或者上级人民政府，或者实行垂直管理的上级行政执法机关，责令改正，给予通报；拒不改正的，对其正职负责人或者主持工作的负责人给予记过以上的行政处分；构成犯罪的，依法追究刑事责任。

这里特别强调四点：①凡是涉嫌犯罪的案件，食品药品监督管理部门必须向同级公安机关移送，不可以罚代刑。②凡是需要向公安机关移送的涉嫌犯罪案件，食品药品监督管理部门应当立即指定2名或者2名以上行政执法人员组成专案组专门负责，核实情况后提出移送涉嫌犯罪案件的书面报告，报经本机关正职负责人或者主持工作的负责人审批。③食品药品监督管理部门决定移送的，必须在24小时内向同级公安机关移送。如果延期移送，发生犯罪嫌疑人逃跑、自杀、串供、毁灭证据等情形，要追究相关责任人员的法律责任。④在向同级公安机关移送涉嫌犯罪案件的同时要抄送同级人民检察院，以便发挥人民检察院的立案监督作用。

(2) 关于案件协助调查。所谓案件协助调查，是指食品药品监督管理部门在执法办案过程中，需要其他不相隶属的食品药品监督管理部门，对药品和医疗器械、某个特定企业或某个行政相对人及其行为进行核查确认，并出具与案件调查取证有关材料的过程。案件协助调查的基本方式是向涉案单位或事项所在地的食品药品监督管理部门发出协助调查函件，由接受函件的食品药品监督管理部门调查完毕后回函说明或者证明。为进一步规范药品、医疗器械监督执法工作，保证药品、医疗器械稽查执法工作准确、高效，加大对药品、医疗器械违法违规案件的查处力度，2010年12月23日国家食品药品监督管理总局印发了《案件协助调查管理规定》（国食药监稽〔2010〕486号）。该规定明确了以下事项：

第一，对跨省（区、市）进行同级之间协助调查的案件，承办案件的食品药品监督管理部门可以直接向具有管辖权的同级食品药品监督管理部门提出协查请求；对跨省（区、市）需要向省食品药品监督管理部门进行不同层级之间协助调查的案件，可由副省级省会城市、计划单列市以上食品药品监督管理部门向具有管辖权的省（区、市）食品药品监督管理部门提出协助调查请求。提出机关不得随意或假借办案的名义提出协助调查要求。

第二，案件协助调查要遵守案件查办及公文管理的有关规定。提出案件协助调查的请求，要经案件承办部门研究决定，部门负责人批准并加盖机关印章发出。案件协助调查，应向涉案地具有管辖职能的食品药品监督管理部门提出，制作协助调查函应符合以下要求：①有明确的协助调查理由；②有明确的协助调查内容和需确认的事项；③应附有协助调查必需的资料，如相关文件、实物、图片等；④应有明确的联系方式和联系人。

第三，根据案件查办的需要，提出机关派人直接到承办机关接洽协助调查相关事宜的，应按照属地管辖和不得超越管辖辖区执法的原则，由承办机关为主开展调查等相关工作，同时应符合食品药品监督管理有关管辖、移送的规定。

第四，提出机关未接到承办机关的复函，可直接向承办机关查询，也可以向承办机关的上级食品药品监督管理部门反映或建议督办。

第五，承办机关收到协助调查函后，有责任进行核查并复函。承办机关在进行案件协助调查过程中，必须符合案件调查有关法律法规的要求和规定。承办机关的复函应经本机关负责人批准，并加盖机关印章回复。复函要符合以下要求：①对于能够确认的事项，应有明确的答复意见；②对于超出本机关职能的协助调查函，应于3个工作日内将函件退回；对不符合协助调查要求的内容，应说明原因；③复函应附调查中获取的相关证据和资料。承办机关一般应自接到协助调查函之日起，15个工作日内完成协助调查工作并函复调查结果。特殊情况需要延长的，要告知提出机关并说明情况。承办机关不应根据被调查单位或个人的自行判断复函，应保证协助调查结果准确并符合法律法规的有关规定。

第六，承办机关在协助调查工作中发现有违反药品监管法律、法规、规章规定的，除函告提出机关外，还应按规定对本辖区所发生的违法行为依法查处。

关于案件协助调查特别强调两点：一是案件协助调查可以采取局面函件形式，办案单位也可以直接派员到相关地区调查，但应按照属地管辖和不得超越管辖辖区执法的原则，由承办机关为主开展调查等相关工作，同时应符合食品药品监督管理有关管辖、移送的规定；二是承办机关一般应当自接到协助调查函之日起，15个工作日内完成协助调查工作并函复调查结果。这里的工作日不包含法定节假日。

案例2

【案件事实】

2013年底，某省局接到A公司举报，反映标示某省B公司（以下简称当事人）生产的一类医疗器械"一辰北药木酢贴"在食品药品监管部门审批过程中，并未申报含有"电气石"成分，但却添加了未获批准成分的电气石，并公然进行生产和销售，侵犯了A公司的商标权、专利权。该产品首批已经生产成品200件，销往××市、××市、××市、××市等地。其中在××市的销售额约41.28万元，该产品的销售者为×××省人高某。

某省局对此高度重视，立即派出执法人员对B公司当事人进行了现场检查。当事人称，高某与该公司曾系合作关系，2013年3月由高某负责提供"木酢贴"项目的生产技术配方和销售，当事人负责产品的生产加工，2013年3月B公司获得了生产该产品的医疗器械注册证。在此期间当事人因接到××市某公司发来的律师函，称当事人注册的"一辰北药木酢贴"侵犯了A公司的商标权、专利权（木酢已经被A公司注册成为商标）。当事人根据这一情况与高某终止了合作关系。高某将之前购买设备和生产木酢贴的原材料从当事人处取回。经协查证实，高某确实向××市销售了上述产品10箱（每箱24盒），销售价格3240元/箱，货值30余万元。

通过上述情况，执法人员认为高某存在非法生产医疗器械的重大嫌疑。鉴于本案涉及案值较大，某省食品药品监管局与某市公安局刑侦支队成立联合专案组共同查办此案。经过两个月的缜密侦查，掌握了该团伙的人员构成和产销假医疗器械的窝点、销售渠道等充分证据,在主要犯罪嫌疑人回到××后,通过联合执法一举打掉了高某团伙。查获假"一辰北药木酢贴"成品134盒,半成品2万余贴、全自动灌装机一台、自动塑封机一台、电子秤、木酢粉原料、外包装、内包装卷材、内包装袋、线型低密度聚乙烯树脂、销售专用章、销售台账及财务账本、资质证明材料等物品,按木酢粉原料215公斤折算成品的货值金额800余万元。

经查,在当事人与高某停止合作后,高某将设备搬到××区的民宅内,雇用人员继续生产"一辰北药木酢贴",高某以自己成立的生物科技有限公司名义雇用刘某组织销售团队,对"一辰北药木酢贴"进行推广、销售。另聘用张某负责销售的记录、送货、发货、收货款等事宜。

【案件处理】

公安机关以行为人高某、张某的行为涉嫌触犯《刑法》第二百一十三条规定的假冒注册商标罪,犯罪嫌疑人刘某的行为涉嫌触犯《刑法》第二百一十四条规定的销售假冒注册商标的商品罪,移送检察院审查起诉,依法追究刑事责任。

【案件特点】

该案是由企业举报产品侵犯知识产权引出的案源,是一起典型的非法生产、销售医疗器械的违法案件。某省局办案思路十分清晰,先通过前期调查、协查,认定高某已经脱离了当事人这个合法的躯壳,在该产品合法生产主体(当事人)不知情、不认可的情况下,依然私自生产、销售该产品,违法证据充分、明确。再通过与公安机关的协作,查清生产窝点、团伙成员、销售流向等证据,最终形成了清晰而又完整的证据链条,将涉案人员一网打尽。

【案件评析】

本案是一起食品药品监管部门认真对待企业举报线索、成功破获的非法生产、销售医疗器械的典型案件。在实际执法过程中,食品药品监管部门接到的举报线索和信息纷繁驳杂,其中可能存在着大量的误导性信息,这对稽查人员综合分析和追根溯源的能力提出了很高的要求。在本案中,食品药品监管部门在这一方面展现了很高的执法素养和能力,执法人员在接到 A 公司的投诉举报后,在经过认真细致的调查后,排除了被举报对象当事人的违法嫌疑,准确锁定案件的真正嫌疑人高某,并在和公安机关的通力合作下,及时固定案件的主要证据,最终成功将这一制假售假的犯罪团伙一网打尽。

纵观本案的整个侦破过程,食品药品监管部门在接到 A 公司举报当事人生产的产品侵犯其知识产权的投诉后,没有以不属于本部门的职权范围为由推卸责任,而是认真听取其意见,同时及时组织执法人员到相关企业现场核实情况,在细致分析案情的基础上,最终查实在合法生产主体(当事人)不知情的情况下,真正的犯罪嫌疑人高某等人私自违法生产、销售假冒的医疗器械。食品药品监管部门的执法人员在重视举报的基础上,同时又不拘泥于举报反映的情况,而是通过细致研判,积极主动调查、追根溯源,成功侦破了这起以生产、销售伪劣产品为表现的侵犯注册商标的案件。

第七章 食品药品行政处罚文书样本

本章收录的典型食品药品行政处罚文书样本，顺序及文书名称如表7.1所示。

表7.1 文书样本序号与名称

序号	文书名称	序号	文书名称
1	案件来源登记表	18	解除查封(扣押)决定书
2	立案审批表	19	责令改正通知书
3	询问调查笔录	20	案件调查终结报告
4	现场检查笔录	21	案件合议记录
5	(先行登记保存物品)审批表	22	案件集体讨论记录
6	先行登记保存物品通知书	23	听证告知书
7	(先行登记保存)物品清单	24	听证通知书
8	先行登记保存物品处理决定书	25	听证笔录
9	封　条	26	听证意见书
10	(解除先行登记保存物品)审批表	27	行政处罚事先告知书
11	解除先行登记保存物品通知书	28	陈述申辩笔录
12	查封(扣押)审批表	29	陈述申辩复核意见书
13	查封(扣押)决定书	30	行政处罚决定审批表
14	查封(扣押)物品清单	31	行政处罚决定书
15	查封(扣押)延期审批表	32	没收物品凭证
16	查封(扣押)延期通知书	33	没收物品处理清单
17	解除查封(扣押)审批表	34	送达回执

续表

序号	文书名称	序号	文书名称
35	履行行政处罚决定催告书	40	涉嫌犯罪案件移送审批表
36	行政处罚强制执行申请书	41	涉嫌犯罪案件移送书
37	检验(检测、检疫、鉴定)告知书	42	查封(扣押)物品移交通知书
38	行政处罚结案报告	43	(　　)副页
39	案件移送书	44	撤案审批表

1. 案件来源登记表

（×）食药监×案源〔××××〕×号

案件来源：□监督检查　　☑投诉/举报　　□上级交办　　□下级报请
　　　　　　□监督抽验　　□移送　　　　□其他

当事人：××市××有限公司

地址：×市×区×街×号　　　　　　　邮编：××××××

法定代表人（负责人）/自然人：×××　　联系电话：×××

法定代表人（负责人）/自然人身份证号码：×××

登记时间：××××年××月××日××时××分

基本情况介绍：（负责人，案发时间、地点，重要证据，危害后果及其影响等）

　　××××年××月××日，接到自然人××举报。

　　××市××有限公司从××××年××月起，有生产一次性使用无菌注射器的行为，且已经销售，根据其对该公司接触后了解，该公司并未取得有关部门批准其生产医疗器械的许可，现予以举报，请药品监督部门尽快处理此事。

记录人：×××（签字）

××××年××月××日

处理意见：

　　请（局稽查处）尽快调查、了解、核实此线索，如属实立案处理。

负责人：×××（签字）

××××年××月××日

2. 立案审批表

案　由：×市××有限公司涉嫌无证生产一次性使用无菌医疗器械案
当事人：×××　　　　　　　　法定代表人（负责人）：×××
地　址：×××　　　　　　　　联系方式：×××
案件来源：×××

案情摘要：

　　××××年××月××日，接到举报，称×市××有限公司从×年×月份起，无证生产一次性使用无菌注射器，×月×日下午，我们对该公司进行现场检查，在该公司的成品库房内发现标示为××市××有限公司生产，医疗器械注册证号为××药管械（试）字××××第××××，生产企业许可证号为×药管械生产许××××第××，规格为×××的一次性使用无菌注射器××××支和该公司的销售记录一本。其法定代表人现场未能提供出该公司的"医疗器械生产企业许可证"，我们与行政审批处沟通核实，确定其没有办理过"医疗器械生产企业许可证"。我们已对上述医疗器械及有关证据进行先行登记保存处理。

　　经初步审查，当事人的行为涉嫌违反了《医疗器械监督管理条例》第××条第××款的规定，申请予以立案。

　　　　　　　　　　　　　　　　　经办人：×××、×××（签字）
　　　　　　　　　　　　　　　　　××××年××月××日
　　　　　　　　　　　　　　　　　承办部门负责人：×××（签字）
　　　　　　　　　　　　　　　　　××××年××月××日

审批意见：

　　同意立案，本案由××部门承办。

　　　　　　　　　　　　　　　　　分管负责人：×××（签字）
　　　　　　　　　　　　　　　　　××××年××月××日

3. 询问调查笔录

第×页，共×页

案　　由：×市××有限公司涉嫌无证生产一次性使用无菌医疗器械案
调查地点：×市××有限公司办公室
被调查人：×××　　职务：法定代表人　　民族：×身份证号：×××
工作单位：×××　　联系方式：×××　　地址：×××
调查人：×××、×××　　记录人：×××　监督检查类别：医疗器械生产
调查时间：××××年××月××日××时××分至××时××分

　　我们是×市食品药品监督管理局的执法人员×××、×××，执法证件名称、编号是××××××，请你过目。

　　问：你是否看清楚？

　　答：看清楚了。

　　我们依法就你单位无证生产一次性使用无菌医疗器械的有关问题进行调查，请予配合。依照法律规定，对于调查人员，有下列情形之一的，必须回避，你也有权申请调查人员回避：（1）系当事人或当事人的近亲属；（2）与本案有直接利害关系；（3）与当事人有其他关系，可能影响案件公正处理的。

　　问：你是否申请调查人员回避？

　　答：不申请。

　　问：你有如实接受调查的法律义务，如有意隐匿违法行为或故意作伪证将承担法律责任，你是否明白？

　　答：听明白了。

　　调查记录：

　　问：你叫什么名字？在什么单位工作？任何职务？

　　答：我叫×××，在××有限公司工作，是该公司的法定代表人。

　　问：××××年××月××日我局执法人员在你单位成品库房内发现的标示为沈阳××有限公司生产，医疗器械注册证号为辽药管械（试）字

××××第××××，生产企业许可证号为辽药管械生产许××××第××号，规格为××的一次性使用无菌注射器××××支是否为你单位生产？

答：是我单位生产的。

问：你单位是否具有"医疗器械生产企业许可证"？

答：我单位尚未取得"医疗器械生产企业许可证"，现正在办理过程中。

问：现场检查过程中发现的注射器包装上的生产许可证号等标识是怎么回事？

答：是我们按照合格产品的标识自己仿造的。

问：请将你单位生产这批注射器的情况详细说明一下。

答：我单位原来是生产消毒用品的，因产品在市场上销路不好，经过市场调研发现一次性使用无菌医疗器械的销售市场比较兴旺，于是准备在原有产品的基础上，增设无菌医疗器械的生产，想以此增强企业效益，并带动原有产品更好发展。

问：你们从什么时间开始生产无菌医疗器械的，目前共生产了多少，是否已经对外销售？

答：我们从今年×月份开始生产无菌医疗器械，每月生产一批，每批是×××支，目前共生产×批，前×批已经全部销售出去了，第×批还剩余××××支被你们发现了。

问：销售出去的×××支都销往什么单位了，是否有销售记录？

答：有销售记录，这×××支都销售给了××医院，目前该医院货款还没有完全付清。

问：单支的销售价格是多少？

答：××元/支。

问：你单位是否还生产过其他医疗器械？

答：没有了。

问：对上述记录是否有什么异议或者还有什么需要补充？

答：没有。

以下空白。

以上内容我看过，情况属实。

被调查人签字：×××　　　　　　执法人员签字：×××、×××

　×××ｘ年××月××日　　　　　　××××年××月××日

注：调查笔录经核对无误后，被调查人在笔录上逐页签字或者按指纹，并注明对笔录真实性的意见。笔录修改处，应由被调查人签字或者按指纹。调查人应在笔录上签字。

4. 现场检查笔录

第×页，共×页

检查事由：×市××有限公司涉嫌无证生产一次性使用无菌医疗器械案
被检查单位（人）：×市××有限公司
检查地点：××有限公司办公室
法定代表人（负责人）：××××　联系方式：×××
检查人：×××、×××　记录人：×××　监督检查类别：医疗器械生产
检查时间：××××年××月××日××时××分至××时××分

　　我们是××食品药品监督管理局的执法人员×××、×××，执法证件名称、编号是：×××、×××。

　　我们在你单位法定代表人（职务）×××（姓名）陪同下进行现场检查。依照法律规定，对于检查人员，有下列情形之一的，应当自行回避，你也有权申请检查人员回避：（1）系当事人或当事人的近亲属；（2）与本案有直接利害关系；（3）与当事人有其他关系，可能影响案件公正处理的。

　　是否申请调查人员回避：是☐，否☑；签字：<u>不申请</u>。

　　现场检查记录：

　　××××年××月××日，我局根据群众举报对××有限公司进行现场检查，经核对该公司的营业执照等资质材料，确认该公司为医疗器械经营企业。在该公司成品库房的货架上发现标示为××有限公司生产，医疗器械注册证号为×药管械（试）字××××第××××号，生产企业许可证号为×药管械生产许××××第××号，规格为××的一次性使用无菌注射器×××支和该公司的销售记录一本。现场向该公司索要"医疗器械生产企业许可证"，该公司现场未能提供，我局执法人员经请示主管领导批准，将在该公司成品库房内发现的×××支一次性使用无菌注射器和销售记录予以先行登记保存处理。检查现场该公司的法定代表人马某某在场，有关情况待进一步处理。

以下空白。

被检查人：×××　　职务：法定代表人　　××××年××月××日

见证人：×××　　身份证号码：×××　　××××年××月××日

执法人员：×××、×××　　　　　　　　××××年××月××日

5.（先行登记保存物品）审批表

案件名称：×市××有限公司涉嫌无证生产一次性使用无菌医疗器械案
审批事项：先行登记保存物品
报请审批的理由及依据：

先行登记保存物品种类：

标示为×市××有限公司生产，医疗器械注册证号为×药管械（试）字××××第××号，生产企业许可证号为×药管械生产许××××第××号，规格为×××的一次性使用无菌注射器×××支和该公司的销售记录一本。

根据《中华人民共和国行政处罚法》第三十七条第二款规定，拟对该单位（人）上述物品予以登记保存。

保存地点：×市食品药品监督管理局仓库。
保存条件：常温保存。

附件：《物品清单》

案件承办人：×××、×××（签字）
××××年××月××日

承办部门意见：

同意。

负责人：×××（签字）
××××年××月××日

6. 先行登记保存物品通知书

（××）食药监×登保〔××××〕×号

×市××有限公司：

根据《中华人民共和国行政处罚法》第三十七条第二款规定，我局决定对你（单位）的一次性使用无菌注射器×××支和该公司的销售记录一本［见（××）食药监×登保〔××××〕×号《先行登记保存物品清单》］予以登记保存。

保存地点：×市食品药品监督管理局仓库。
保存条件：常温保存。
保存期限：七日。

附件：（××）食药监×登保〔××××〕×号《先行登记保存物品清单》

（公　　章）
××××年××月××日

7. （先行登记保存）物品清单

文书文号：×××　　　　　　　　　　　　　　第×页，共×页

当事人：×市××有限公司　　地址：×市×区×街×号

品名	标示生产企业或经营单位	规格	生产批号或生产日期	数量	单价	包装	备注
一次性注射器	×市××有限公司	×××	××××第××	×××	××		
（以下空白）							
其他物品							

上述物品品种、数量经核对无误。

当事人签字：×××　　　　　　执法人员签字：×××、×××

　×××年××月××日　　　　　×××年××月××日

8. 先行登记保存物品处理决定书

(××)食药监×登保处〔××××〕×号

×市××有限公司：

依据《中华人民共和国行政处罚法》第三十七条第二款的规定，本机关对××××年××月××日(××)食药监×登保〔××××〕×号《先行登记保存物品通知书》中《先行登记保存物品清单》载明的物品，作出以下处理决定：
......

附件:(××)食药监×登保处〔××××〕×号《先行登记保存物品处理清单》

(公　章)
××××年××月××日

9. 封　　条

×××食品药品监督管理局封条

（印章）

年　月　日

10.(解除先行登记保存物品)审批表

案件名称:×市××有限公司涉嫌无证生产一次性使用无菌医疗器械案
审批事项:解除先行登记保存物品
报请审批的理由及依据:

  该企业在执法人员对涉嫌违法物品进行先行登记保存后的第三天,出具了合法"医疗器械生产企业许可证"及相关产品生产许可证。

  根据《食品药品监督行政处罚程序规定》第六条规定,拟对该单位(人)有关物品予以解除先行登记保存。

  解除先行登记保存物品种类:

  ……

  附件:《解除先行登记保存物品清单》

案件承办人:×××、×××(签字)

××××年××月××日

承办部门意见:

部门负责人:×××(签字)

××××年××月××日

审批意见:

分管负责人:×××(签字)

××××年××月××日

11. 解除先行登记保存物品通知书

(×)药解保通〔××××〕××号

×市××有限公司：

我局于××××年××月××日,以《先行登记保存物品通知书》[(×)登保通〔××××〕××号]中,对《先行登记保存物品清单》所列物品予以登记保存,现予以全部(或部分)解除登记保存。

附件:《解除先行登记保存物品清单》

（公　章）

××××年××月××日

12. 查封(扣押)物品审批表

(×)械查扣审〔2016〕×号

案　　由:×市××有限公司涉嫌无证生产一次性使用无菌医疗器械案
当事人:×市××有限公司　　　　法定代表人(负责人):×××
地　　址:××市××区××街××号　联系方式:××××

　　根据《医疗器械监督管理条例》第××条规定,该单位(人)涉嫌无证生产的一次性使用无菌医疗器械拟予以查封(扣押)。

　　查封(扣押)物品保存地点:×市食品药品监督管理局仓库。
　　查封(扣押)物品保存条件:常温保存。

承办人:×××、×××
××××年××月××日

审批意见:

　　同意采取查封(扣押)措施。

主管领导:×××
××××年××月××日

13. 查封(扣押)决定书

(××)食药监×查扣〔××××〕×号

当事人：×市××有限公司　　法定代表人(负责人)：×××
地　　址：××市××区××街××号　　联系方式：×××

根据《医疗器械监督管理条例》第××条、《食品药品行政处罚程序规定》第二十七条的规定，你单位(人)×市××有限公司涉嫌(存在)无证生产一次性使用无菌医疗器械问题，现决定对你单位(人)的有关物品/场所予以查封(扣押)。

查封(扣押)物品保存地点/场所地点：×市食品药品监督管理局理局仓库

查封(扣押)物品期限：自××××年××月××日至××××年××月××日。

查封(扣押)物品保存条件：常温保存。

本决定书附(××)食药监×查扣〔××××〕×号《查封(扣押)物品清单》。

你单位可以对本决定进行陈述和申辩。

如不服本决定，可在接到本决定书起60日内依法向省(市)食品药品监督管理局或者××区人民政府申请行政复议，也可以于6个月内依法向××区人民法院起诉。

(公　　章)
××××年××月××日

14. 查封(扣押)物品清单

文书文号：×××　　　　　　　　　　　　　　　　第×页，共×页

当事人：×市××有限公司　　　　地　址：×市×区×街×号

品名	标示生产企业或经营单位	规格	生产批号或生产日期	数量	单价	包装	备注
一次性注射器	×市××有限公司	×××	××××第××	5000	××		
(以下空白)							
其他物品							

上述物品品种、数量经核对无误。

　　当事人签字：×××　　　　　　执法人员签字：×××、×××

　　　　××××年××月××日　　　　　　××××年××月××日

15. 查封（扣押）延期审批表

案件名称：×市××有限公司涉嫌无证生产一次性使用无菌医疗器械案

审批事项：延长查封（扣押）期限

报请审批的理由及依据：

　　本案案情复杂，根据《中华人民共和国行政强制法》第二十五条规定，申请延长查封（扣押）期限三十天。

　　附件：×××

　　　　　　　　　　　　　案件承办人：×××、×××（签字）
　　　　　　　　　　　　　　　　××××年××月××日

承办部门意见：

　　　　　　　　　　　　　　　部门负责人：×××（签字）
　　　　　　　　　　　　　　　　××××年××月××日

审批意见：

　　　　　　　　　　　　　　　分管负责人：×××（签字）
　　　　　　　　　　　　　　　　××××年××月××日

16. 查封（扣押）延期通知书

（×）食药监×查扣延〔××××〕×号

当事人：×市××有限公司　　法定代表人（负责人）：×××
地　　址：×市×区×街×号　　联系方式：×××

根据《中华人民共和国行政强制法》第二十五条的规定，因×××（原因），我局决定对（××）食药监×查扣〔××××〕×号《查封（扣押）决定书》中所查封（扣押）的物品延长查封（扣押）期限，自××××年××月××日起延长至××××年××月××日。对查封（扣押）的场所、设施和财物，应当妥善保存，不得使用、销毁或者擅自转移。当事人不得擅自启封。

你单位可以对本决定进行陈述和申辩。

如不服本决定，可在接到本决定书之日起60日内依法向×××（上一级）食品药品监督管理局或者×××人民政府申请行政复议，也可以于6个月内依法向×××人民法院起诉。

（公　　章）

××××年××月××日

17. 解除查封（扣押）审批表

案件名称：×市××有限公司涉嫌无证生产一次性使用无菌医疗器械案

审批事项：解除查封（扣押）

报请审批的理由及依据：

该企业在执法人员对涉嫌违法物品进行先行登记保存后的第八天，出具了合法"医疗器械生产企业许可证"及相关产品生产许可证。

根据《食品药品监督行政处罚程序规定》第三十条规定，拟对该单位（人）有关物品予以解除查封（扣押），解除查封（扣押）种类：

……

附件：《解除查封（扣押）物品清单》

案件承办人：×××、×××（签字）

××××年××月××日

承办部门意见：

部门负责人：×××（签字）

××××年××月××日

审批意见：

分管负责人：×××（签字）

××××年××月××日

18. 解除查封（扣押）决定书

（×）械解查〔××××〕××号

×市××有限公司：

我局于××××年××月××日，以《查封（扣押）通知书》（×）查扣通〔××××〕××号中，对《查封（扣押）物品清单》所列物品予以查封（扣押），现予以全部（或部分）解除查封（扣押）。

附件：《查封（扣押）物品清单》

（公　章）

××××年××月××日

19. 责令改正通知书

（×）食药监×责改〔××××〕×号

×市××有限公司：

经查，你（单位）涉嫌无证生产一次性使用无菌医疗器械的行为，违反了《医疗器械监督管理条例》第××条规定。

根据《食品药品行政处罚程序规定》第三十四条规定，责令你（单位）立即改正。改正内容及要求如下：

立即停止无证生产一次性使用无菌医疗器械违法行为。

（公　　章）

××××年××月××日

20. 案件调查终结报告

案由：×市××有限公司涉嫌无证生产一次性使用无菌医疗器械案
当事人：×市××有限公司
法定代表人（负责人）：×× 性别：× 年龄：×× 联系方式：×××
地址：××市××区××街××号
委托代理人：××× 性别：× 年龄：×× 职务：×××
联系方式：×××
工作单位：××× 地址：×××
案件承办人：×××、××× 部门：××× 职务：×××

1. 违法事实

××××年××月××日，我局接到群众举报，称×市××有限公司从今年××月起有无证生产医疗器械的行为，××月××日下午，我局执法人员对该公司进行现场检查，在该公司的成品库房内发现标示为×市××有限公司生产，医疗器械注册证号为×药管械（试）字××××第×××号，生产企业许可证号为×药管械生产许××××第××号，规格为××的一次性使用无菌注射器×××支和该公司的销售记录一本。其法定代表人现场未能提供该公司的"医疗器械生产企业许可证"，经请示主管领导批准，我们对上述医疗器械和有关证据进行先行登记保存处理。

××××年××月××日，我局对×市××有限公司涉嫌无"医疗器械生产企业许可证"生产一次性使用无菌医疗器械的行为进行立案处理。××××年××月××日，我局执法人员对该公司法定代表人马某某进行了本案有关情况的调查，经调查得知，该公司原来是生产消毒类用品的企业，因市场销路问题，企业效益一直不好，经过市场调研，该公司认为一次性使用无菌医疗器械在医疗机构中的销售市场很好，于是从××××年××月起开始生产一次性使用无菌医疗器械，但该公司至今，尚未取得"医疗器械生产企业许可证"，其"医疗器械生产企业许可证"处于办理过程中。截至目前，该公司共生产一次性使用无菌注射器×××支，其中×

××支以××元/支的单价销售给了某医疗机构，剩余×××支被我局执法人员在现场检查过程中发现并给予先行登记保存处理，该公司提供了该×××支医疗器械的销售记录。

2. 证据材料

（1）《现场检查笔录》一份，证明无证生产行为，生产数量、价格。

（2）《先行登记保存物品通知书》及《（先行登记保存）物品清单》各一份，证明无证生产行为，生产数量、价格。

（3）涉嫌无"医疗器械生产企业许可证"生产的一次性使用无菌注射器外包装，证明无证生产行为。

（4）《调查笔录》一份，证明无证生产行为，生产数量、价格。

3. 拟决定行政处罚的依据、内容及建议

×市××有限公司无"医疗器械生产企业许可证"生产的一次性使用无菌注射器的行为违反了《医疗器械监督管理条例》第××条的规定，依据《行政处罚法》第二十三条的规定，责令×市××有限公司立即停止无"医疗器械生产企业许可证"生产一次性使用无菌医疗器械的行为，根据《医疗器械监督管理条例》第××条的规定，提出行政处罚建议如下：

①没收违法生产的一次性使用无菌注射器×××支；

②没收违法所得×××元；

③并处违法所得×××元的××倍罚款×××元。

案件承办人：×××、×××（签字）

××××年××月××日

21. 案件合议记录

第×页，共×页

案由：×市××有限公司无证生产医疗器械案
当事人：×市××有限公司
合议时间：××××年××月××日　主持人：×××　　地点：×××
合议人员：×××、×××、×××　记录人：×××
案情介绍：×××

1. 本案有关事实情况

××××年××月××日，我局接到群众举报，称×市××有限公司从今年××月起有无证生产医疗器械的行为，××月××日下午，我局执法人员对该公司进行现场检查，在该公司的成品库房内发现标示为×市××有限公司生产，医疗器械注册证号为×药管械（试）字××××第×××号，生产企业许可证号为×药管械生产许××××第××，规格为××的一次性使用无菌注射器×××支和该公司的销售记录一本。其法定代表人现场未能提供该公司的"医疗器械生产企业许可证"，我们与行政审批处沟通核实，确定其没有办理过"医疗器械生产企业许可证"，经请示主管领导批准，我们对上述医疗器械和有关证据进行先行登记保存处理。

××××年××月××日，我局对×市××有限公司涉嫌无"医疗器械生产企业许可证"生产一次性使用无菌医疗器械的行为进行立案处理。××××年××月××日，我局执法人员对该公司法定代表人马某某进行了本案有关情况的调查，经调查得知，该公司原来是生产消毒类用品的企业，因市场销路问题，企业效益一直不好，经过市场调研，该公司认为一次性使用无菌医疗器械在医疗机构中的销售市场很好，于是从××××年××月起开始生产一次性使用无菌医疗器械，但该公司至今，尚未取得"医疗器械生产企业许可证"，其"医疗器械生产企业许可证"处于办理过程中。截至目前，该公司共生产一次性使用无菌注射器×××支，其中×××支以××元/支的单价销售给了某医疗机构，剩余×××支被我局执法人员在现场检查过程中发现并给予先行登记保存处理，该公司提供了该×

××支医疗器械的销售记录。

2. 证据

（1）《现场检查笔录》一份，证明无证生产行为，生产数量、价格。

（2）《先行登记保存物品通知书》及《（先行登记保存）物品清单》各一份，证明无证生产行为，生产数量、价格。

（3）涉嫌无"医疗器械生产企业许可证"生产的一次性使用无菌注射器外包装，证明无证生产行为。

（4）《调查笔录》一份，证明无证生产行为，生产数量、价格。

3. 拟决定行政处罚的内容及依据

×市××有限公司无"医疗器械生产企业许可证"生产的一次性使用无菌注射器的行为违反了《医疗器械监督管理条例》第××条的规定，依据《中华人民共和国行政处罚法》第二十三条的规定，责令×市××有限公司立即停止无"医疗器械生产企业许可证"生产一次性使用无菌医疗器械的行为，根据《医疗器械监督管理条例》第××条的规定，拟对×市××有限公司无"医疗器械生产企业许可证"生产一次性使用无菌医疗器械的行为作出以下行政处罚决定：

①没收违法生产的一次性使用无菌注射器×××支；

②没收违法所得×××元；

③并处违法所得×××元的××倍罚款×××元。

4. 讨论记录

甲：听了具体执法人员的案情汇报，我认为此案依据准确，事实清楚，证据确凿，程序规范，没有滥用职权之处，同意执法人员提出的处罚建议。

乙：……

丙：……

5. 合议意见

同意执法人员提出的处罚建议。

主持人：×××（签字）　　　　记录人：×××（签字）

合议人员：×××、×××、×××……

××××年××月××日

22. 案件集体讨论记录

第×页，共×页

案由：×市××有限公司无证生产医疗器械案
当事人：×市××有限公司
讨论时间：××××年××月××日　　　　地　点：×××
主持人：×××　　　汇报人：×××　　记录人：×××
参加人：×××

主要违法事实：

××××年××月××日，我局接到群众举报，称×市××有限公司从今年××月起有无证生产医疗器械的行为，××月××日下午，我局执法人员对该公司进行现场检查，在该公司的成品库房内发现标示为×市××有限公司生产，医疗器械注册证号为×药管械（试）字××××第×××号，生产企业许可证号为×药管械生产许××××第××号，规格为××的一次性使用无菌注射器×××支和该公司的销售记录一本。其法定代表人现场未能提供出该公司的"医疗器械生产企业许可证"，我们与行政审批处沟通核实，确定其没有办理过"医疗器械生产企业许可证"。经请示主管领导批准，我们对上述医疗器械和有关证据进行先行登记保存处理。

××××年××月××日，我局对×市××有限公司涉嫌无"医疗器械生产企业许可证"生产一次性使用无菌医疗器械的行为进行立案处理。××××年××月××日，我局执法人员对该公司法定代表人马某某进行了本案有关情况的调查，经调查得知，该公司原来是生产消毒类用品的企业，因市场销路问题，企业效益一直不好，经过市场调研，该公司认为一次性使用无菌医疗器械在医疗机构中的销售市场很好，于是从××××年××月起开始生产一次性使用无菌医疗器械，但该公司至今，尚未取得"医疗器械生产企业许可证"，其"医疗器械生产企业许可证"处于办理过程中。截至目前，该公司共生产一次性使用无菌注射器×××支，其中×××支以××元/支的单价销售给了某医疗机构，剩余×××支被我局执法人员在现场检查过程中发现并给予先行登记保存处理，该公司提供了该×××支医疗器械的销售记录。

《现场检查笔录》一份，《先行登记保存物品通知书》及《（先行登记保存）物品清单》各一份，证明涉嫌无"医疗器械生产企业许可证"。《调查笔录》一份，证明无证生产行为、生产数量、价格。

拟决定行政处罚的内容及依据：

×市××有限公司无"医疗器械生产企业许可证"生产一次性使用无菌注射器的行为违反了《医疗器械监督管理条例》第××条的规定，依据《中华人民共和国行政处罚法》第二十三条的规定，责令×市××有限公司立即停止无"医疗器械生产企业许可证"生产一次性使用无菌医疗器械的行为，根据《医疗器械监督管理条例》第××条的规定，拟对×市××有限公司无"医疗器械生产企业许可证"生产一次性使用无菌医疗器械的行为作出以下行政处罚决定：

①没收违法生产的一次性使用无菌注射器×××支；

②没收违法所得×××元；

③并处违法所得×××元的××倍罚款×××元。

讨论记录：

甲：听了具体执法人员的案情汇报，我认为此案依据准确，事实清楚，证据确凿，程序规范，没有滥用职权之处，同意执法人员提出的处罚建议。

乙：……

丙：……

丁：……

戊：……

决定意见：

同意执法人员提出的处罚建议。

主持人：×××（签字）　　　　记录人：×××（签字）

参加人员：×××、×××、×××……

××××年××月××日

23. 听证告知书

(××)食药监×听告〔××××〕×号

×市××有限公司：

你（单位）涉嫌无证生产一次性使用无菌医疗器械的行为，违反了《医疗器械监督管理条例》第××条规定。

依据《医疗器械监督管理条例》第××条规定，拟对你（单位）进行以下行政处罚：1.×××；2.×××；3.×××。

根据《中华人民共和国行政处罚法》第四十二条的规定，你（单位）有权要求举行听证。

如你（单位）要求听证，应当在收到本告知书后3日内告知我局。逾期视为放弃听证权利。

地　　址：×××

邮政编码：×××

联系电话：×××

联 系 人：×××

（公　章）

××××年××月××日

24. 听证通知书

（××）食药监×听通〔××××〕×号

×市××有限公司：

你（单位）于××××年××月××日向本局提出听证申请，根据《中华人民共和国行政处罚法》第四十二条规定，本局决定于××××年××月××日××时××分，在×××（地点）公开（不公开）举行听证会。请你（单位）法定代表人或委托代理人准时出席。不按时出席听证，且事先未说明理由，又无特殊原因的，视为放弃听证权利。

委托代理听证的，应当在听证举行前向本局提交听证代理委托书。

本案听证主持人：×××　　　　　　　　记录员：×××

根据《中华人民共和国行政处罚法》第四十二条的规定，你如申请主持人回避，可在听证举行前向本局提出回避申请并说明理由。

地　　　址：×××
邮政编码：×××
联系电话：×××
联 系 人：×××

（公　章）

××××年××月××日

25. 听证笔录

第×页，共×页

案　　由：×市××有限公司涉嫌无证生产一次性使用无菌医疗器械案

当事人：×市××有限公司

法定代表人（负责人）：××× 性别：× 年龄：× 联系方式：×××

地址：××市××区××街××号

委托代理人：××× 性别：× 年龄：×× 职务：×××

联系方式：×××

工作单位：××× 地址：×××

案件承办人：××× 部门：××× 职务：××× 案件承办人：×××

部门：××× 职务：××× 听证主持人：××× 记录人：×××

听证时间：××××年××月××日××时××分至××时××分

听证方式：公开听证

记录：

　　根据有关法律规定，在本听证会调查之前，申请人认为本次听证会组成人员与本案有直接利害关系的，可举出事实和理由，有权申请回避。

　　听证主持人：申请人对刚才交待的听证权利听清楚了吗？

　　申请人：听清楚了。

　　听证主持人：是否申请回避？

　　申请人：不申请回避。

　　听证主持人：本次听证会实行质辩合一的听证方式，不单独设立辩论阶段，请各方当事人在听证的每个阶段充分发表自己的辩论意见，保护自己的合法权益。

　　听证主持人：申请人，听清楚了吗？

　　申请人：听清楚了。

　　听证主持人：案件调查人，听清楚了吗？

　　案件调查人：听清楚了。

一、审查辩论阶段

（一）本案实体性审查阶段

主持人：首先由案件调查人介绍案情。提出申请人违法事实、证据、处罚依据和行政处罚建议。

案件调查人：×市××有限公司有关违法事实、证据、依据和拟处罚意见如下。

1. 本案有关事实情况

××××年××月××日，我局接到群众举报，称×市××有限公司从今年××月起有无证生产医疗器械的行为，××月××日下午，我局执法人员对该公司进行现场检查，在该公司的成品库房内发现标示为×市××有限公司生产，医疗器械注册证号为×药管械（试）字××××第×××号，生产企业许可证号为×药管械生产许××××第××号，规格为××的一次性使用无菌注射器×××支和该公司的销售记录一本。其法定代表人现场未能提供该公司的"医疗器械生产企业许可证"，经请示主管领导批准，我们对上述医疗器械和有关证据进行先行登记保存处理。

××××年××月××日，我局对×市××有限公司涉嫌无"医疗器械生产企业许可证"生产一次性使用无菌医疗器械的行为进行立案处理。××××年××月××日，我局执法人员对该公司法定代表人马某某进行了本案有关情况的调查，经调查得知，该公司原来是生产消毒类用品的企业，因市场销路问题，企业效益一直不好，经过市场调研，该公司认为一次性使用无菌医疗器械在医疗机构中的销售市场很好，于是从××××年××月起开始生产一次性使用无菌医疗器械，但该公司至今，尚未取得"医疗器械生产企业许可证"，其"医疗器械生产企业许可证"处于办理过程中。截至目前，该公司共生产一次性使用无菌注射器×××支，其中×××支以××元/支的单价销售给了某医疗机构，剩余×××支被我局执法人员在现场检查过程中发现并给予先行登记保存处理，该公司提供了该×××支医疗器械的销售记录。

2. 证据

（1）《现场检查笔录》一份，证明无证生产行为、生产数量、价格。

（2）《先行登记保存物品通知书》及《（先行登记保存）物品清单》各一份，证明无证生产行为、生产数量、价格。

（3）涉嫌无"医疗器械生产企业许可证"生产的一次性使用无菌注射器外包装，证明无证生产行为。

（4）《调查笔录》一份，证明无证生产行为、生产数量、价格。

3. 拟决定行政处罚的内容及依据

×市××有限公司无"医疗器械生产企业许可证"生产一次性使用无菌注射器的行为违反了《医疗器械监督管理条例》第××条的规定，依据《中华人民共和国行政处罚法》第二十三条的规定，责令×市××有限公司立即停止无"医疗器械生产企业许可证"生产一次性使用无菌医疗器械的行为，根据《医疗器械监督管理条例》第××条的规定，拟对×市××有限公司无"医疗器械生产企业许可证"生产一次性使用无菌医疗器械的行为作出以下行政处罚决定：

①没收违法生产的一次性使用无菌注射器×××支；

②没收违法所得×××元；

③并处违法所得×××元的××倍罚款×××元。

回答完毕。

主持人：现在由申请人陈述、申辩。

×××：我是×市××有限公司的法定代表人，今天我要求举行听证会，主要是借此机会向各位老师和领导进行学习，进行交流，提高我对医疗器械法律、法规的理解程度，以便更好地为医疗器械客户服务。下面我介绍一下整个事情的经过：

我公司是××××年成立的，原来是生产消毒类用品的企业，企业具备合法的生产资格和生产条件，××××年底开始，我企业消毒用品的销售市场受该产品整体市场环境的影响，一直没有好的销售渠道，销路一直打不开，严重影响了企业的正常运行和扩大发展。今年初，听朋友说一次性使用无菌医疗器械在医疗机构中比较容易销售，我们就准备在这方面进行生产品种的增加，对于一些常规的常识我们也比较清楚，所以在生产一次性使用无菌医疗器械的同时，我们也一直在申请办理"医疗器械生产企业许可证"，只是还没有申请下来。我们主观上并不是故意想违法生产，只是企业需要及时的变动，否则效益会越来越不好，所以我们一边申请一边就开始生产并销售了，请执法部门对我们的情节予以考虑。

（二）本案程序性审查阶段

主持人：下面对拟作出行政处罚的程序是否合法进行审查。

案件调查人：我们对×市××有限公司拟作出的行政处罚决定，是严格按照《中华人民共和国行政处罚法》《药品监督行政处罚程序规定》的规定作出的，向申请人交代了所有的权利，没有违反法律程序的规定。

主持人：一次性使用无菌医疗器械产品是什么时间开始生产的？

申请人：是今年××月开始生产的。

主持人：这些产品是否已经开始销售了？

申请人：已经销售一部分了。

主持人：销售的产品有销售记录吗？

申请人：有销售记录，已经被执法人员先行登记保存了。

……（略）

二、最后陈述

主持人：案件调查人请就此案作出最后陈述。

案件调查人：该案事实清楚、证据确凿、依据充分、程序合法、适用法律准确。

主持人：申请人最后陈述。

申请人：我们并不是要推翻客观事实，只是希望执法机关视情节给予从轻的考虑。我们主观上确实不存在故意违法生产并销售医疗器械的目的，完全是为了提高企业生产能力，所以提出上述请求。

主持人：现在宣布休会，请案件调查人、申请人对听证笔录进行核对，确认无误或者补正后进行签名确认。

当事人或委托代理人：×××（签字）　　××××年××月××日

案件承办人：×××、×××（签字）　　××××年××月××日

听证主持人：×××（签字）　　××××年××月××日

26. 听证意见书

案由：×××
当事人：×××　　　　　　　法定代表人（负责人）：×××
听证时间：××××年××月××日××时××分至××时××分
听证主持人：×××　　　　　听证方式：×××

案件基本情况：

××××年××月××日，我局接到群众举报，称×市××有限公司从今年××月起有无证生产医疗器械的行为，××月××日下午，我局执法人员对该公司进行现场检查，在该公司的成品库房内发现标示为×市××有限公司生产，医疗器械注册证号为×药管械（试）字××××第××××号，生产企业许可证号为×药管械生产许××××第××号，规格为××的一次性使用无菌注射器×××支和该公司的销售记录一本。其法定代表人现场未能提供出该公司的"医疗器械生产企业许可证"，经请示主管领导批准，我们对上述医疗器械和有关证据进行先行登记保存处理。

××××年××月××日，我局对×市××有限公司涉嫌无"医疗器械生产企业许可证"生产一次性使用无菌医疗器械的行为进行立案处理。××××年××月××日，我局执法人员对该公司法定代表人×××进行了本案有关情况的调查，经调查得知，该公司原来是生产消毒类用品的企业，因市场销路问题，企业效益一直不好，经过市场调研，该公司认为一次性使用无菌医疗器械在医疗机构中的销售市场很好，于是从××××年××月起开始生产一次性使用无菌医疗器械，但该公司至尽尚未取得"医疗器械生产企业许可证"。截至目前，该公司共生产一次性使用无菌注射器×××支，其中×××支以××元/支的单价销售给了某医疗机构，剩余×××支被我局执法人员在现场检查过程中发现并给予先行登记保存处理，该公司提供了该×××支医疗器械的销售记录。

案件承办人主要意见：

×市××有限公司无"医疗器械生产企业许可证"生产的一次性使用无菌注射器的行为违反了《医疗器械监督管理条例》第××条的规定，依据《中华人民共和国行政处罚法》第二十三条的规定，责令×市××有限公司立即停止无"医疗器械生产企业许可证"生产一次性使用无菌医疗器械的行为，根据《医疗器械监督管理条例》第××条的规定，拟对×市×××有限公司无"医疗器械生产企业许可证"生产一次性使用无菌医疗器械的行为作出以下行政处罚决定：

①没收违法生产的一次性使用无菌注射器×××支；
②没收违法所得×××元；
③并处违法所得×××元的××倍罚款×××元。

当事人陈述主要理由：

由于我单位原来产品的市场效益非常不好，为改善企业效益我们才改变的生产品种，而且我们的"医疗器械生产企业许可证"正在办理过程中，主观上并没有违法生产的目的，请执法部门能够酌情处理。

听证意见：

本案事实清楚，证据确凿，程序合法，适用法律正确，处罚适当。

同意案件承办人员提出的拟处罚意见。

听证主持人签字：×××

××××年××月××日

申请人主要理由：

听证意见:

听证主持人签字:×××(签字)
××××年××月××日

27. 行政处罚事先告知书

（××）食药监×罚告〔××××〕×号

×市××有限公司：

经查，你（单位）涉嫌无证生产一次性使用无菌医疗器械的违法行为，违反了《医疗器械监督管理条例》第××条的规定，我局拟对你（单位）进行以下行政处罚：1.×××；2.×××；3.×××。

依据《中华人民共和国行政处罚法》第六条第一款、第三十一条规定，你（单位）可在收到本告知书之日起3日内到×××（地点）进行陈述、申辩。逾期视为放弃陈述、申辩。

特此告知。

（公　　章）

××××年××月××日

28. 陈述申辩笔录

第×页，共×页

案由：×市××有限公司涉嫌无证生产一次性使用无菌医疗器械案
当事人：×市××有限公司
陈述申辩人：×××　　　　　　　　联系方式：×××
委托代理人：×××　　职务：×××　身份证号：×××
承办人：×××、×××　　　　　　记录人：×××
陈述申辩地点：×××　时间：××××年××月××日××时××分
　　　　　　　　　　　至××时××分

陈述申辩内容：

　　我公司是××××年成立的，原来是生产消毒类用品的企业，企业具备合法的生产资格和生产条件，××××年底开始，我企业消毒用品的销售市场受该产品整体市场环境的影响，一直没有好的销售渠道，销路一直打不开，严重影响了企业的正常运行和扩大发展。今年初，听朋友说一次性使用无菌医疗器械在医疗机构中比较容易销售，我们就准备在这方面进行生产品种的增加，对于一些常规的常识我们也比较清楚，所以在生产一次性使用无菌医疗器械的同时，我们也一直在申请办理"医疗器械生产企业许可证"，只是还没有申请下来。我们主观上并不是故意想违法生产，只是企业需要及时的变动，否则效益会越来越不好，所以我们一边申请一边就开始生产并销售了，请执法部门对我们的情节予以考虑。

陈述申辩人签字：×××　承办人签字：×××、×××　记录人签字：×××
　××××年××月××日　××××年××月××日　××××年××月××日

29. 陈述申辩复核意见书

案由：×××

当事人：×××　　　　法定代表人（负责人）：×××

拟处罚意见：×××

陈述申辩基本情况：

根据×市××有限公司法定代表人的陈述申辩理由，我局执法人员于××××年××月××日，对其提出的具体意见进行了全面复核。执法人员认为，行政相对人尽管提出了一些客观理由，但是没有依法从轻、减轻或者免于处罚的证据，所以建议按照拟处罚建议进行处罚。

复核部门意见：

同意。

负责人：×××（签字）

××××年××月××日

30. 行政处罚决定审批表

案　　由：×市××有限公司涉嫌无证生产一次性使用无菌医疗器械案
当事人：×市××有限公司
主要违法事实：

×市××有限公司从××××年××月开始，无"医疗器械生产企业许可证"生产一次性使用无菌注射器×××支，以××元/支的单价销售给某医疗机构×××支，剩余×××支被我局执法人员先行登记保存。

该单位（人）上述行为违反了《医疗器械监督管理条例》第××条的规定。依据《医疗器械监督管理条例》第××条的规定，经合议，建议给予以下行政处罚：

1. 没收违法生产的一次性使用无菌注射器×××支；
2. 没收违法所得×××元；
3. 并处违法所得×××元的××倍罚款×××元。

附件：×××

承办人：×××、×××（签字）

××××年××月××日

承办部门负责人：×××（签字）

××××年××月××日

审核部门意见：

　　　　　　　　　　　　　　负责人：×××（签字）
　　　　　　　　　　　　　　××××年××月××日

审批意见：

　　　　　　　　　　　　　　负责人：×××（签字）
　　　　　　　　　　　　　　××××年××月××日

31. 行政处罚决定书

(××)食药监×罚〔××××〕×号

当事人：×市××有限公司

地址（住址）：×××　　　　　　　　　　邮编：×××

营业执照或其他资质证明：×××　　　　　编号：×××

组织机构代码（身份证）号：×××

法定代表人（负责人）：×××　　性别：×　　职务：×××

根据群众举报，××××年××月××日×市食品药品监督管理局执法人员×××、×××对×市××有限公司的成品库房进行现场检查，在现场发现标示为×市××有限公司生产，医疗器械注册证号为×药管械（试）字××××第××××号，生产企业许可证号为辽药管械生产许××××第××号，规格为××的一次性使用无菌注射器×××支和该公司的销售记录一本。现场向该公司索要"医疗器械生产企业许可证"，该公司现场未能提供，我们与行政审批处沟通核实，确定其没有办理过"医疗器械生产企业许可证"，有×市××限公司无"医疗器械生产企业许可证"生产一次性使用无菌医疗器械，我局执法人员经请示主管领导同意，将在该公司成品库房内发现的×××支一次性使用无菌注射器和销售记录予以先行登记保存措施（详见《(先行登记保存)物品清单》。××××年××月×××日，对×市××有限公司以涉嫌无"医疗器械生产企业许可证"生产一次性使用医疗器械立案调查。

经查，×市××有限公司于××××年××月至今从事无证生产一次性使用无菌医疗器械活动。×市××有限公司的上述违法事实，有《调查笔录》《现场检查记录》《(先行登记保存)物品清单》等在卷佐证，并有已先行登记保存的一次性使用无菌医疗器械外包装作为物证，存放于×市食品药品监督管理局仓库（×市××区××路××号）。

综上，×市××有限公司无"医疗器械生产企业许可证"生产一次性使用无菌医疗器械的行为，违反了《医疗器械监督管理条例》第××条的

· 157 ·

规定，属无证生产违法行为。依据《中华人民共和国行政处罚法》第二十三条的规定，责令✕市✕✕有限公司立即停止无"医疗器械生产企业许可证"生产一次性使用无菌医疗器械的行为，依据《医疗器械监督管理条例》第✕✕条的规定，作出如下处罚：

1. 没收违法生产的一次性使用无菌注射器✕✕✕支（详见《没收物品凭证》）；
2. 没收违法所得✕✕✕元；
3. 并处违法所得✕✕✕元的✕✕倍罚款✕✕✕元。

请在接到本决定书之日起15日内到✕✕✕食品药品监督管理局缴纳罚没款。逾期每日按罚款数额的3%加处罚款。

如不服本处罚决定，可在接到本决定书之日起60日内依法向✕✕✕食品药品监督管理局或者✕✕✕人民政府申请行政复议或6个月内向✕✕区人民法院起诉。逾期既不申请行政复议或起诉，又不履行处罚决定的，我局将申请人民法院强制执行。

（公　章）

✕✕✕✕年✕✕月✕✕日

32. 没收物品凭证

（××）食药监×物凭〔××××〕×号

案　由：×市××有限公司涉嫌无证生产一次性使用无菌医疗器械案
当事人：×市××有限公司　　　　　　　　地址：×××
执行机关：×市食品药品监督管理局

　　根据（××）食药监×罚〔××××〕×号《行政处罚决定书》的决定，对你（单位）的涉案物品进行没收。

　　附件：（××）食药监×物凭〔××××〕×号《没收物品清单》

（公　　章）

××××年××月××日

33. 没收物品处理清单

(××)食药监×物处〔××××〕×号

根据(××)食药监×罚〔××××〕×号《行政处罚决定书》

当事人：×市××有限公司　　地址：××市××区××街××号

电话：×××

执行处置单位：×××　　地址：×××

电话：×××

没收物品处理情况明细表

物品名称	规格	单位	数量	处理方式	地点	经办人	备注
一次性注射器	×××	支	×××				
(以下空白)							

特邀参加人：×××(签字)　　　　承办人：×××、×××(签字)

××××年××月××日　　　　　××××年××月××日

34. 送达回执

受送达单位(人):×市××有限公司

送达文书名称及文书编号:×××

送达方式:×××　　　　　　　　送达地点:×××

送达人:×××(签字)　　　　　　送达日期:××××年××月××日
　　　　　　　　　　　　　　　　××时××分

受送达单位(人):×××(签字)　　送达日期:××××年××月××日
　　　　　　　　　　　　　　　　××时××分

备注:

35. 履行行政处罚决定催告书

(×)食药监×罚催〔×××〕××号

×市××有限公司：

我局于××××年××月××日向你（单位）送达了（×）食药监×罚〔××××〕×号《行政处罚决定书》，决定对你（单位）进行如下行政处罚：1.×××；2.×××；3.×××。并要求你（单位）××××年××月××日前到×××银行缴纳罚没款。由于你（单位）至今未（全部）履行处罚决定，根据《中华人民共和国行政处罚法》第五十一条第（一）项的规定，我局决定自××××年××月××日起每日按罚款额3%加处罚款。请接到本催告书后10个工作日内到×××银行缴清应缴罚没款及加处罚款×××。逾期我局将根据《中华人民共和国行政强制法》第五十三条、五十四条的规定，依法向人民法院申请强制执行。

如你（单位）对我局作出的履行行政处罚决定催告不服，可于××××年××月××日前进行陈述和申辩。

（公　章）
××××年××月××日

36. 行政处罚强制执行申请书

（×）食药监×罚强申〔××××〕×号

申请人：×市食品药品监督管理局

地址：×××　　　　联系人：×××　　联系方式：×××

法定代表人：×××　　　　　　　　　　职务：×××

委托代理人：×××　　　　　　　　　　职务：×××

被申请人：×××

法定代表人（负责人）：×××　职务：×××　　联系电话：×××

×××人民法院：

  申请人×××于××××年××月××日对被申请人×××作出（×）食药监×罚〔××××〕×号行政处罚决定，并已于××××年××月××日依法送达被申请人。

  被申请人在法定期限内未履行该决定。申请人依据《中华人民共和国行政强制法》规定，于××××年××月××日催告当事人履行行政处罚决定，被申请人逾期仍未履行。

  根据《中华人民共和国行政处罚法》第五十一条第（三）项的规定，特申请贵院对下列行政处罚决定予以强制执行：

  1.……

  2.……

行政机关负责人：×××（签字）
（公　　章）
××××年××月××日

37. 检验（检测、检疫、鉴定）告知书

（×）食药监×检告〔××××〕×号

×市××有限公司：

我局决定对（×）食药监×××〔××××〕×号《×××文书》所记载的物品进行检验（检测、检疫、鉴定），检验（检测、检疫、鉴定）期限自××××年××月××日至××××年××月××日。对查封（扣押）的情形，根据《中华人民共和国行政强制法》第二十五条的规定，该期限不计入查封（扣押）期间。

特此告知。

（公　章）

××××年××月××日

38. 行政处罚结案报告

案由：×市××有限公司涉嫌无证生产一次性使用无菌医疗器械案

案件来源：群众举报

被处罚单位（人）：×市××有限公司　法定代表人（负责人）：×××

立案日期：××××年××月××日　处罚日期：××××年××月××日

处罚文书号：（×）食药监×罚〔××××〕×号

结案日期：××××年××月××日

承办人：×××　　　　　　　　填写人：×××

处罚种类和幅度：

　　1. 没收违法生产的一次性使用无菌注射器×××支（详见《没收物品凭证》）；

　　2. 没收违法所得×××元；

　　3. 并处违法所得×××元的××倍罚款×××元。

执行结果：

　　全部执行。

结案方式：1. 自动履行　　2. 复议结案　　3. 诉讼结案　　4. 强制执行
　　　　　5. 其他

归档日期：××××年××月××日　档案归类：　　　保存期限：

审批意见：

　　同意结案。

　　　　　　　　　　　　　　　　　　　分管负责人：×××（签字）
　　　　　　　　　　　　　　　　　　　　　××××年××月××日

39. 案件移送书

（Ｘ）食药监Ｘ案移〔ＸＸＸＸ〕Ｘ号

×××局：

　　_____（当事人姓名或名称+涉嫌构成的违法行为的概述）一案，经调查，_____（案件发生的时间、主要违法事实及移送原因），根据《中华人民共和国行政处罚法》第ＸＸ条的规定，现移送你单位处理。案件处理结果请函告我局。

　　附件：案情简介及有关材料Ｘ件

（公　　章）
ＸＸＸＸ年ＸＸ月ＸＸ日

40. 涉嫌犯罪案件移送审批表

案由：×市××有限公司涉嫌无证生产一次性使用无菌医疗器械案
案件来源：×××
受移送机关：×××区公安局

主要案情及移送原因：
　　无证生产医疗器械，金额达到刑事立案标准。

　　附件：《涉嫌犯罪案件情况调查报告》

　　　　　　　　　　　　　　　　　　　经办人：×××（签字）
　　　　　　　　　　　　　　　　　　　××××年××月××日

承办部门意见：
　　同意移送。

　　　　　　　　　　　　　　　　　　　负责人：×××（签字）
　　　　　　　　　　　　　　　　　　　××××年××月××日

审批意见：
　　同意移送。

　　　　　　　　　　　　　　　　　　　负责人：×××（签字）
　　　　　　　　　　　　　　　　　　　××××年××月××日

41. 涉嫌犯罪案件移送书

(×)食药监×罪移〔××××〕×号

×××公安局：

×××（当事人）涉嫌×××（犯罪行为）一案，经初步调查，当事人涉嫌构成犯罪，根据《中华人民共和国行政处罚法》第二十二条、《行政执法机关移送涉嫌犯罪案件的规定》第三条的规定，现移送你单位依法查处。

根据《行政执法机关移送涉嫌犯罪案件的规定》第十二条的规定，我局将在接到你局立案通知书之日起3日内将涉案物品及与案件有关的其他材料移交你局。

根据《行政执法机关移送涉嫌犯罪案件的规定》第八条的规定，你单位如认为当事人没有犯罪事实，或者犯罪事实显著轻微，不需要追究刑事责任，依法不予立案的，请说明理由，并书面通知我局，退回有关案卷材料。

附件：×××

（公　章）
××××年××月××日

42. 查封（扣押）物品移交通知书

（×）食药监×查扣移〔××××〕×号

×××公安局：

  因×××的违法行为涉嫌犯罪，根据《中华人民共和国行政强制法》第二十一条的规定，我局决定对查封（扣押）的×××的有关物品［见（×）食药监×查扣〔××××〕×号《查封（扣押）决定书》所附《查封（扣押）物品清单》］移交你单位。

（公　　章）
××××年××月××日

43. (　　　) 副页

第×页，共×页

44. 撤案审批表

案　　由：×××

当事人：×××　　　　　　法定代表人（负责人）：×××

地　　址：×××　　　　　　联系方式：×××

案件来源：×××　　　　　　立案时间：××××年××月××日

案情调查摘要：

撤案理由：

　　　　　　　　　　　　　承办人：×××、×××（签字）
　　　　　　　　　　　　　　　　　××××年××月××日
　　　　　　　　　　　　　承办部门负责人：×××（签字）
　　　　　　　　　　　　　　　　　××××年××月××日

审核部门意见：

　　　　　　　　　　　　　负责人：×××（签字）
　　　　　　　　　　　　　　　　　××××年××月××日

审批意见：

　　　　　　　　　　　　　分管负责人：×××（签字）
　　　　　　　　　　　　　　　　　××××年××月××日

第八章　食品药品行政处罚文书制作说明

本章收录的典型食品药品行政处罚文书制作说明，顺序及文书名称如表8.1所示。

表8.1　制作说明的顺序与文书名称

序号	文书名称	序号	文书名称
1	案件来源登记表	18	解除查封(扣押)决定书
2	立案审批表	19	责令改正通知书
3	询问调查笔录	20	案件调查终结报告
4	现场检查笔录	21	案件合议记录
5	先行登记保存证据审批表	22	重大案件集体讨论记录
6	先行登记保存证据通知书	23	听证告知书
7	(　　)物品清单	24	听证通知书
8	先行登记保存物品处理决定书	25	听证笔录
9	封　条	26	听证意见书
10	解除先行登记保存物品审批表	27	行政处罚事先告知书
11	解除先行登记保存物品通知书	28	陈述申辩笔录
12	查封(扣押)审批表	29	陈述申辩复核意见书
13	查封(扣押)决定书	30	行政处罚决定审批表
14	查封(扣押)物品清单	31	行政处罚决定书
15	查封(扣押)延期审批表	32	没收物品凭证
16	查封(扣押)延期通知书	33	(没收)物品清单
17	解除查封(扣押)审批表	34	送达回执

续表

序号	文书名称	序号	文书名称
35	行政强制执行催告书	40	涉嫌犯罪案件移送审批表
36	行政处罚强制执行申请书	41	涉嫌犯罪案件移送书
37	检验（检测、检疫、技术鉴定）告知书	42	查封(扣押)物品移交通知书
38	行政处罚结案报告	43	（　　）副页
39	案件移送审批表	44	撤案审批表

1. 案件来源登记表

《案件来源登记表》，是指执法单位对应当受理的投诉举报、监督检查（监督抽检）发现、上级部门交办、下级部门报请、有关部门移送的案件，按照规定的权限和程序，由承办案件受理部门办理登记受理手续的文书。

案件来源——包括投诉举报、监督检查发现、监督抽验、上级交办、下级报请、有关部门移送六种，填写文书时应当在相应的括号内画"√"。

当事人基本信息——填写应当尽量翔实，是法人或其他组织的，应当按照许可证照或者营业执照填写单位的规范全称和单位地址、法定代表人（负责人）的姓名、性别、年龄、单位电话及职务等内容；是自然人的，应当填写姓名、性别、年龄、住址或身份证号码以及联系电话等内容。

受理时间——按照各种案件来源，对于受理时间的填写应当按照以下原则操作：

（1）监督检查发现的案件，以现场检查笔录制作时间为受理时间，《案件来源登记表》可于现场检查结束后填写；

（2）监督抽验及检测结论作为案件来源的案件，以接到产品结果检测（检验）报告时间为受理时间；

（3）投诉举报作为案件来源的案件，接到投诉举报时间为受理时间；

（4）上级交办（下级报请）及有关部门移送的案件，以接收移送书等材料的时间为受理时间。

案情摘要——应当简明叙述涉嫌违法的主要事实，包括发案时间、发案地点、重要证据及造成的危害和影响，不应简单地将现场笔录内容直接挪用。

附相关资料：《现场检查笔录》《投诉/举报登记表》（附投诉/举报材料）、检测（检验）结果报告、相关部门移送材料等。

记录人签名——应当由制作《案件来源登记表》的工作人员签名。

受理意见——由承办案件受理部门负责人提出的具体办案意见：

（1）提出同意受理意见；

(2) 提出是否需要作进一步收集相关信息、进一步核实案情细节意见；

(3) 提出是否转交本单位的其他部门处理意见。

部门负责人——受理案件的科室负责人。备注，指对其他信息的补充记录：

(1) 记录相关人员进一步收集的相关信息、进一步核实补充的案情；

(2) 记录被转交处理部门签收时间和签收人；

(3) 记录受理或转交处理部门经了解、核实后提出的不应由本单位受理的理由和处理情况；

(4) 记录受理或转交处理部门向投诉/举报人等相关人员反馈处理情况和结果；

(5) 记录投诉/举报人等相关人员对处理情况的反馈意见。

备注栏签名——由涉及记录内容的相关人员签字。

2. 立案审批表

《立案审批表》，是指执法单位对已经受理的案件进行初步核实后，对确认符合立案条件的案件，向有关领导提出立案的文书。

案由——写法为"涉嫌+具体违法行为+案"。

当事人——当事人信息填写应当按照当事人许可证、营业执照或者相关身份证明填写全称。

法定代表人（负责人）——按身份证填写姓名。

地址——许可证、营业执照或者相关身份证标注的地址。

案件来源——应当按照实际情况对应填写投诉举报、监督检查发现、监督抽验、上级交办、下级报请、有关部门移送，受理时间按照《案件来源登记表》填写。

案情摘要——对已初步掌握涉嫌违法的主要事实及重要证据材料具体叙述，充分阐述立案的理由，为主管领导作出是否立案决定提供依据。

制作要点：（1）不应将现场检查笔录记录的内容简单、直接挪用，应对主要违法事实的记录重新整理后表述；（2）案情摘要应当包括在案件受理时了解、掌握的和进一步核实后了解、掌握的案情事实，并以经过核实后确认的案情事实和涉案线索为准。

违法依据——经办人依据掌握的违法事实，提出当事人涉嫌违法的法律依据，由经办人和部门负责人共同签字后上报主管领导审批；在引用法律依据时应当规范引用，违法依据应当明确到条、款、项。适用最准确、最有针对性的法律依据，不需要将法律、法规、规章对同一违法行为的法律规范性条款全部罗列。

审批意见——主管领导是否同意立案的批示。

（1）批准同意立案的应当首先填写"同意"，并确定具体立案时间及承办人员。

（2）不同意立案的，应在审批意见栏的空白处注明理由，与《案件来源登记表》等文书统一归档保存。

文书制作要求——立案审批表是行政处罚实施的法定程序步骤,是实施调查取证工作的开始,也是进入处罚程序的标志。是否立案的决定应当由本单位的主要领导或者主管领导作出。

在制作时应当注意:

(1) 主管领导应当依据行政处罚程序规定的时限在案件受理之日起7个工作日内确定立案;

(2) 经办人应当在案件受理之日起及时进行案情核实工作,为主管领导作出是否立案决定提供依据;

(3) 对于案件中存在多项违法情形的,一时难以全面、准确地确定案由,可先选择一个较重的违法情形作为案由,履行上报主管领导审批的程序。最终在《案件调查终结报告》中将进一步调查取证确定本案涉嫌违法的全部案由重新表述;

(4) 简易程序实施的当场行政处罚不须制作立案申请表。

3. 询问调查笔录

《询问调查笔录》，是指执法人员在进行案件调查时，依法向案件当事人、直接责任人或者知情人调查了解有关情况时所填写的文字记录。

案由——对于已有立案处理的，应当填写案由。

调查地点——本次调查活动的实际场所。执法人员既可以在被检查单位所在地，也可以在执法部门所在地开展调查，必要情况下，也可以在其他地点进行调查。

被调查人——接受执法人员调查询问的案件相关人员，可以是被调查单位的法定代表人，也可以是被调查单位的其他工作人员，同时，与本案没有直接关系但了解案件事实情况的人也可以作为案件的被调查人。

被调查人职务——按照被调查人实际身份填写。

被调查人工作单位——填写与其合法资质证明相符的单位名称。

调查人——一般情况下，指案件的承办人员，调查人必须是两个以上有执法资格的行政执法人员。

记录人——对执法调查全过程进行记录的人。

调查时间——一次独立的调查活动的开始时间和结束时间。

执法主体告知——应当填写执法单位全称，如：沈阳市食品药品监督管理局和平分局。执法人员姓名和执法证件编号按实际情况填写。

回避权告知——应当如实记录被检查对象是否申请回避的意见。

签字——调查终了处执法人员签名与记录人填写的调查人员姓名必须一致。

调查人员进行询问调查结束后，有义务让被调查人完整、详细阅读所记录内容，写明与本案的关系或与被调查对象的关系，注明被询问人对笔录的意见，由被询问人逐页签名并在末页注明日期。

如被询问人拒绝签字的，应由两名行政执法人员在笔录中注明拒绝的理由。

副页及页码——首页不能完整记录调查内容的，可使用副页，副页标题规范填写为"(询问调查笔录)副页",首、副页应当完整填写页码。

注意的问题:①没有份数的限制;②调查要及时全面;③老文书的使用一定书写告知回避权,很多没有;④执法人员签字必须两人以上;⑤看着当事人签字;⑥委托书。最好准备检查方案或者检查提纲。

4. 现场检查笔录

《现场检查笔录》,是指食品药品监督管理部门在日常监督检查或者案件调查过程中,对现场进行实地检查、勘验时制作的记录文书。

文书编号——本文书不设编号,但应当标记笔录页码,首页是第1页,首页不能完整记录检查内容的使用《( )副页》续写,并标记该《( )副页》的文书种类及页码的顺序号和总页数。

检查事由——案由或者理由。

被检查单位(人)——被检查人是法人或其他组织,应填写被检查单位的全称。被检查人是个体工商户,应填写"业主姓名+字号"。

检查地点——指实际监督检查、勘验场所的具体地址、地点和方位:地址+被检查单位+场所的具体部位,如:××市×××区×××街×××号×××单位的×××库房。在同一地址不同部位的检查情况可记录在一份现场检查笔录中;在多处地址不同现场的检查情况应分别制作笔录。

法定代表人(负责人)——略。

检查人——填写两名以上行政执法人员。

记录人——对执法调查全过程进行记录的人。

监督检查类别——使用《现场检查笔录》记录本次监督检查工作涉及的行业种类和业态类别,即药品、医疗器械、食品及保健食品、化妆品等行业的生产、经营、使用等方面的监督检查。

检查时间——实施本次独立的检查活动的起止时间。

执法主体告知——应当填写执法单位全称,执法人员姓名和执法证件编号按实际情况填写。

检查内容告知——按照本次监督检查的目的予以简要告知,如你单位药品购进情况。

被检查人签名——由陪同检查的当事人签名并注明职务。需要有见证人在场的,也应当由见证人签字并记录其身份情况。

检查记录——应将本次现场检查中可能涉及违法行为的有关情况客观、

准确地记录下来。

制作要点：①阐述检查的缘由；②当场对检查内容进行归纳整理，并结合法律条款的规定，重点记录能够对涉嫌违法行为的事实认定有针对性的客观事实；③应当采用描述方式准确、客观地记录检查过程中发现和被检查单位有关人员自述、介绍的与涉嫌违法行为相关的事实；④收集到录像或拍照证据的、进行现场抽样监测（检验）及对有关证据采取先行登记保存或采取查封（扣押）等措施的，应当在《现场检查笔录》注明；⑤现场采取先行登记保存或查封（扣押）等措施的应当在本文书中表述依法履行了"经主管领导批准或电话报请""制作并下达了相应的执法文书"等法定程序。

现场检查笔录末尾留有空白处的，应当逐页用"以下空白"文字加以说明。

被检查人签字——被检查人认为所记录的内容真实无误的，应当在笔录终了处注明"以上笔录属实"；对笔录不认同或对部分记录内容不认同的，应当注明不认同的理由；笔录应由被检查人逐页签名并在末页注明检查日期。

被检查人在笔录上逐页签字或者按指纹。笔录修改处，应由被检查人签字或者按指纹。被检查人拒绝签字的或现场采取先行登记保存或查封（扣押）等措施而当事人又拒不到现场的，应邀请见证人到场，并由见证人签字或盖章；同时由两名以上行政执法人员在笔录中注明拒绝签字或拒不到现场的理由，不应简单地仅注明"拒绝签字"。

执法人员签字——两名以上现场监督检查人员应当在笔录终了处签名并注明检查日期。

5. 先行登记保存证据审批表

《先行登记保存证据审批表》，是指执法人员在案件调查过程中，对证据采取先行登记保存措施之前，报请主管领导批准的文书。先行登记保存证据是《中华人民共和国行政处罚法》（以下简称《行政处罚法》）中规定的一项制度，报请主管领导批准是法定的程序内容，因此，在实施过程中，必须履行审批手续。

案由/理由——对于已有立案处理的，应当填写案由，划掉"理由"，对于尚未立案处理的，应当按照涉嫌违法行为的实际情况填写理由，划掉"案由"。

被检查人——先行登记保存证物的所有者或占有者。

被检查人相关信息填写——按照被检查人实际信息规范填写全称。

先行登记保存证据内容——应当写明保存证物的种类（名称）和数量等，便于主管领导了解保存证物实际情况对该行为予以审批。对产品类证物不必填写产品的详细信息，可在《先行登记保存物品通知书》随附的《（　　）物品清单》中记载。

保存方式及地点——注明就地保存或者异地保存，以及证物存放的详细地址。

保存条件——应当根据实际保存条件及所保存证据的储存要求填写，不能一概而论地写为"常温保存"，应根据证据具体情况注明常温、阴凉、冷藏、冷冻等保存条件，填写的保存条件应当与《（先行登记保存）物品清单》中的"储存条件"一致。

审批意见——指主管领导在了解基本情况后，对是否同意采取先行登记保存措施作出的批示性意见。主管领导签署意见的时间应当早于或与作出先行登记保存时间一致。

6. 先行登记保存证据通知书

《先行登记保存证据通知书》，是指作出现行登记保全措施的执法单位向被保存证物所有者或者占有者告知保存决定的文书。

被告知人——指先行登记保存证物的所有者或占有者，应当按照有关许可证照或者身份证明填写规范的全称。

保存地点——应当记载证物存放的详细地点和地址。就地保存或者异地保存。

保存条件——应当根据实际保存条件及所保存证据的储存要求填写，不能一概而论地写为"常温保存"，应根据证据具体情况注明常温、阴凉、冷藏、冷冻等保存条件，填写的保存条件应当与《（先行登记保存证据）物品清单》中的"储存条件"一致。

保存期限——七日，保存当日开始计算。

文书的制作时间——应与作出先行登记保存证据行为的审批时间相一致，并加盖实施机关的公章。

当事人签收时间——应当与实际送达时间一致，签收人为物品的所有者或占有者；其他人代为签收的，应注明职务及与被检查人的关系，并提供或者补充提供有效的身份证明作为本文书送达的补充证据。

7.（   ）物品清单

《（   ）物品清单》，是指执法单位在采取或解除先行登记保存证据、查封扣押措施以及执行没收非法财物或向有关部门移送涉案物品时，依法对当事人的证物进行登记造册时填写的书面凭证。作为随附文书，必须与相应的执法文书合并使用。

文书编号——（   ）物品清单不设编号，"（   ）"中应当填写采取先行登记保存、查封（扣押）、没收物品等措施的规范全称，并连续完整标注页码的顺序号和总页数。

清单上所记录证物的种类、数量及证物外部特征必须与先行登记保存、查封扣押、解除或者没收物品的实物情况相符。

证物名称——应写全称。医疗器械的填写，应当按照各产品市场生产流通领域中的法定要求和实际惯例填写。

规格——应当按照产品说明书或有关包装说明中规定的规格予以填写，填写时应注意与清单所列产品的最小单位或者包装情况相符。

数量——应当与先行登记保存证物、查封（扣押）物品或者没收涉案物品的实际数量相符。

包装状况——有包装的注明包装的名称和完整性，散装的产品要注明盛装的容器和材料，如玻璃瓶装、已开封或包装完整；包装应填写实物的最小包装或者单位包装，同时，应尽量使数量填写与包装填写统一单位，避免因大包装、中包装、小不包装等包装单位的不统一造成清单记录上的误差。

储存条件——应根据证物说明书或者具体情况注明常温、阴凉、冷藏、冷冻等保存条件，储存条件应当与先行登记保存措施、查封（扣押）措施中告知当事人的保存条件一致。

生产或者进口代理单位——按照产品样品标注或者说明书中内容填写。

生产日期或者批号——有批号的填写批号，无批号的填写生产日期，

填写物品清单时，应对批号进行仔细核对，防止将同类产品、不同批号的混淆。

当事人签字——当事人名称及签署的时间应当与采取先行登记保存、查封（扣押）等措施的时间相符。

清单填写完毕，应在最后一行内容下注明"以下空白"字样。

8. 先行登记保存物品处理决定书

《先行登记保存物品处理决定书》，是指对于先行登记保存物品于 7 日内作出处理决定，并通知当事人对涉嫌违法行为已决定立案，被先行登记保存物品时限顺延至作出行政处罚决定或者撤案决定的通知性文书。

被通知单位（人）——应当与《先行登记保存物品通知书》中的当事人名称一致。

经初步调查后确认的违法行为——在告知经初步调查后的违法行为时，应尽量具体填写该单位（人）的全部违法行为，重要证据的显著性特征及与案件定性有重要意义的特征应详细填写。

《先行登记保存物品处理决定书》在送达前应认真核对以下几点：

(1) 所适用法律法规是否与本案中的违法行为相对应；

(2) 法律法规的书写是否规范，注意对法律条文的原文引用；

(3) 综合考虑具体违法行为所违反的法律法规，防止法律法规的漏用现象发生。

9. 封　　条

　　《封条》，是食品药品监督管理部门行政执法过程中，为保存证据或者防止危害进一步扩大，在实施先行登记保存证据、查封（扣押）物品及场所等行政强制措施时使用的文书。

　　日期及公章——封条上必须以大写方式注明日期，并加盖食品药品监督管理部门公章。

　　签字——执法人员、当事人在封条上签字确认。在检查过程中有见证人的，见证人应当在封条上签字确认。

　　对于现场不具备制作查封（扣押）或者先行登记保存证据物品清单的，应当对包装箱等按件计算的包装加贴封条。

　　封条不能单独使用，应当与非产品样品采样记录、产品样品采样记录、先行登记保存证据决定书、查封（扣押）决定书等合并使用。

10. 解除先行登记保存物品审批表

《解除先行登记保存物品审批表》，是指对于先行登记保存证据，在有证据证明违法行为不成立，或者先行登记保存证据不属于涉案范围时，向主管领导提出解除先行登记保存证据申请，由主管领导作出批准意见的内部审批文书。

案由/理由——已形成案由的，应当按照"涉嫌+违法行为+案"填写案由名称；未形成案由的，应当按照涉嫌违法的理由填写。

当事人及相关信息——应当与《先行登记保存证据审批表》中的信息一致。

解除先行登记保存证据种类——应当写明拟解除证据的种类（名称）和数量等，便于主管领导在了解保存证据的实际情况的前提下对该行为予以审批，对产品类证据不必注明产品的详细信息，可在《（解除先行登记保存证据）物品清单》中记载。

解除先行登记保存证据理由——应当描述解除证据的理由和依据，主要应当阐述能够证明先行登记保存证据合法或者涉嫌违法行为不成立的内容。

附件——该文书应当随附《（解除先行登记保存证据）物品清单》，按照清单实际情况，填写页码。

承办人及部门负责人签字——指申请解除先行登记保存证据的具体办案人员和承办机构（主要指科室）的负责人。

审批意见——由主管领导作出是否同意的批示意见。

文书制作时间——应当早于或与《解除先行登记保存证据通知书》时间一致。

11. 解除先行登记保存物品通知书

《解除先行登记保存物品通知书》，是指经主管领导批准，对已经先行登记保存的物品作出全部或部分解除决定，并向当事人作出告知的文书。

当事人——应当与《先行登记保存物品通知书》中的当事人一致。

向当事人告知的《先行登记保存物品通知书》制作时间和文号——应当与《先行登记保存物品通知书》的实际内容相符。

告知解除数量——全部解除或部分解除。

随附《(解除先行登记保存)物品清单》——按照实际予以解除的证物填写，所涉及的证物品种（名称）等信息应当与相应的《(先行登记保存)物品清单》相同。

送达时间——一是对于涉嫌违法行为不构成立案条件的，应当在作出先行登记保存措施之日起（含当日）7日内送达；二是对于已立案的，应当在有证据证明违法行为不成立或者先行登记保存物品不属于涉案范围时起，立即制作文书，并在合理的最短时限内送达当事人。

接收人签字及签收时间——应与实际送达时间一致，签收人为物品的所有者或占有者。其他人代为签收的，应注明职务及与物品的所有者或占有者的关系，并提供或者补充提供有效的身份证明作为本文书送达的补充证据。当事人拒绝签收或者出现其他情况致使文书无法送达时，应采取留置送达、邮寄送达或者见证人签字等方式在7日内将本文书送达，以确保送达时限符合法定要求。

12. 查封（扣押）审批表

《查封（扣押）审批表》，是指执法人员对有证据证明可能或已经危害人体的物品、有关材料及场所，采取查封（扣押）行政强制措施决定前，报主管领导批准的内部审查文书。

案由/理由——已形成案由的，应当按照"涉嫌+违法行为+案"填写案由名称；未形成案由的，应当按照涉嫌违法的理由填写。

当事人信息填写——按照当事人许可证照或有关身份证明规范填写全称。

强制措施种类——查封为就地封存的强制措施，扣押为异地封存的强制措施，按照现场采取措施的条件及实际情况选择。

查封（扣押）内容——应当写明查封（扣押）物品的种类（名称）和数量等，便于主管领导了解查封（扣押）物品实际情况对该行为予以审批。对产品类物品不必填写产品的详细信息，可在《查封（扣押）决定书》随附的《查封（扣押）物品清单》中记载。

查封（扣押）理由——当事人行为或产品产生危害或可能危害人体健康或者管理秩序的事由。

保存地点——查封（扣押）物品存放的具体详细地址。

保存条件——必须根据实际保存条件及所保存物品的储存要求填写，不能一概而论地写为"常温保存"，应根据物品具体情况注明常温、阴凉、冷藏、冷冻等保存条件；保存条件应当与物品清单中的储存条件一致。

审批意见——主管领导对查封（扣押）行为是否准予实施所做的批示性意见，主管领导签署意见的时间应当与承办人员申请时间相一致。

按照《中华人民共和国行政强制法》规定：在现场执法检查中临时发现或紧急情况下需要立即采取查封（扣押）的强制措施而难于在实施前履行审批程序的，可先采取电话请示等方式取得主管领导的同意，在事后二十四小时内报告并补批手续。

13. 查封（扣押）决定书

《查封（扣押）决定书》，是指执法单位通知当事人对其有关物品、材料和场所实施查封（扣押）行政强制措施的文书。

当事人——指查封（扣押）物品的所有者或占有者全称。

违反条款——指当事人违法行为涉嫌违反法律法规的具体条款。

强制措施法律依据——指各监管领域在行政执法过程中实施强制措施的法定依据。应当填写涉及法律法规的具体名称及条、款、项。

查封（扣押）内容——简要、准确向当事人告知查封（扣押）物品的种类和数量。

查封（扣押）物品保存地点——同《查封（扣押）审批表》。

查封（扣押）期限——按《行政强制法》规定填写30天查封（扣押）物品保存条件——同《查封（扣押）审批表》。

查封（扣押）产品、工具、设施及材料的种类（名称）和数量及产品类证物涉及的产品详细信息，应填写在本文书随附的《查封（扣押）物品清单》中。

申请行政复议途径——复议机关为作出本措施决定的行政机关的上级行政部门或者同级人民政府。

提起行政诉讼的途径——诉讼受理机关应当为作出本措施决定的行政机关所在地的人民法院。

决定书送达时间——应与作出查封（扣押）行政强制措施的审批时间相一致，并加盖实施机关的公章。

当事人签收时间——应与决定书的送达时间一致，签收人为物品的所有者或占有者。其他代为签收的，应注明职务及与本案的关系，并提供有效的身份证明作为本文书送达的补充证据。

查封（扣押）强制措施应与封条配套使用。

14. 查封（扣押）物品清单

《查封（扣押）物品清单》，是指执法单位在采取查封扣押措施时，依法对当事人的证物进行登记造册时填写的书面凭证。作为随附文书，必须与相应的执法文书合并使用。

文书编号——《（　　）物品清单》不设编号，"（　　）"中应当填写采取先行登记保存、查封（扣押）、没收物品等措施的规范全称，并连续完整标注页码的顺序号和总页数。

清单上所记录证物的种类、数量及证物外部特征必须与先行登记保存、查封扣押、解除或者没收物品的实物情况相符。

证物名称——应写全称。餐饮、药品、医疗器械、保健食品、化妆品等名称的填写，应当按照各产品市场生产流通领域中的法定要求和实际惯例填写。

规格——应当按照产品说明书或有关包装说明中规定的规格予以填写，填写时应注意与清单所列产品的最小单位或者包装情况相符。

数量——应当与先行登记保存证物、查封（扣押）物品或者没收涉案物品的实际数量相符。

包装状况——有包装的注明包装的名称和完整性，散装的产品要注明盛装的容器和材料，如玻璃瓶装、已开封或包装完整；包装应填写实物的最小包装或者单位包装，同时，应尽量使数量填写与包装填写统一单位，避免因大包装、中包装、小不包装等包装单位的不统一造成清单记录上的误差。

储存条件——应根据证物说明书或者具体情况注明常温、阴凉、冷藏、冷冻等保存条件，储存条件应当与先行登记保存措施、查封（扣押）措施中告知当事人的保存条件一致。

生产或者进口代理单位——按照产品样品标注或者说明书中内容填写。

生产日期或者批号——有批号的填写批号，无批号的填写生产日期，

填写物品清单时，应对批号进行仔细核对，防止将同类产品、不同批号的混淆。

当事人签字——当事人名称及签署的时间应当与采取先行登记保存、查封（扣押）等措施的时间相符。

清单填写完毕，应在最后一行内容下注明"以下空白"字样。

15. 查封（扣押）延期审批表

《查封（扣押）延期审批表》，是指执法人员采取查封（扣押）的行政强制措施后，根据案件查处的需要，依法作出延期查封（扣押）时限决定时使用的文书。

当事人——应当与《查封（扣押）决定书》当事人信息一致。

延期查封（扣押）物品的期限——对于能够明确告知具体延长时限的，应当按照具体时限填写时间；对于不能明确告知或计算出具体延长时限的，延长时限不得超过30日。

查封（扣押）物品保存地点及保存条件——应当与《查封（扣押）决定书》及《查封（扣押）物品清单》中的保存地点及储存条件一致。

16. 查封（扣押）延期通知书

《查封（扣押）延期通知书》，是指执法人员采取查封（扣押）的行政强制措施后，根据案件查处的需要，依法作出延期查封（扣押）时限决定，并告知当事人的书面文书。

当事人——应当与《查封（扣押）决定书》当事人信息一致。

延期查封（扣押）物品的期限——对于能够明确告知具体延长时限的，应当按照具体时限填写时间；对于不能明确告知或计算出具体延长时限的，延长时限不得超过30日。

行政复议途径——复议机关为作出本措施决定的行政机关的上级行政部门或者同级人民政府。

行政诉讼途径——诉讼受理机关应当为作出本措施决定的行政机关所在地的人民法院。

查封（扣押）物品保存地点及保存条件——应当与《查封（扣押）决定书》及《查封（扣押）物品清单》中的保存地点及储存条件一致。

17. 解除查封（扣押）审批表

《解除查封（扣押）审批表》，是指执法人员对已采取查封（扣押）措施的物品、资料或场所，在法定期限届满前或符合法定事由及一定理由时，报请主管领导对能否够解除查封（扣押）作出审批决定的内部文书。

案由/理由——已形成案由的，应当按照"涉嫌+违法行为+案"填写案由名称；未形成案由的，应当按照涉嫌违法的理由填写。

当事人信息——按照《查封（扣押）审批表》填写。

强制措施作出时间——应与《查封（扣押）决定书》的送达日期相同。

作出处理决定时限——应当按照《行政强制法》的规定，填写法定期限截止日期或者法定延长期限的截止日期。

解除查封（扣押）物品种类——应当写明拟解除物品的种类（名称）和数量等，便于主管领导在了解查封（扣押）物品实际情况的前提下对该行为予以审批，产品详细信息可在《解除查封（扣押）物品清单》中记载。

解除查封（扣押）理由——应当写明符合解除条件的合理事由或者法定条件：

（1）行政相对人没有违法行为，予以撤案；

（2）查封（扣押）的场所、设施或者财物与违法行为无关；

（3）查封（扣押）期限已经届满；

（4）其他不再需要采取查封（扣押）措施的情形。

案件的承办人应详细写明解除查封扣押物品的理由具有充分关联性的依据、证据。

附件——《解除查封（扣押）物品清单》，按照清单实际情况，填写拟解除查封（扣押）产品、工具、设施及材料的种类（名称）和数量及产品类物品涉及的产品详细信息及页码。

承办人和部门负责人——提请作出解除查封（扣押）物品的经办人和承办机构负责人（科室负责人）。

文书制作时间——应当早于或与《解除查封（扣押）决定书》时间一致。

18. 解除查封（扣押）决定书

《解除查封（扣押）决定书》，是指经主管领导批准，对已采取查封（扣押）行政控制的物品或场所依法予以解除，并向当事人作出告知的文书。

当事人——应当与《查封（扣押）决定书》中当事人名称一致。

《查封（扣押）决定书》制作时间和文号——应当与相应的《查封（扣押）决定书》的实际内容相符。

该文书应当随附《解除查封（扣押）物品清单》——应当按照实际情况予以解除的物品填写，所涉及的证物品种（名称）等信息必须与相应的《查封（扣押）物品清单》相同。

部分解除查封（扣押）物品时，对于未予以解除的查封（扣押）物品应当依照法定程序处理。

文书制作时间要求——一是对于有证据证明违法行为不成立或者不构成立案条件的，应当立即制作解除文书，并在合理最短时限内送达当事人；二是对于即将超过《行政强制法》规定的强制措施处理期限不能作出处理决定或者不能作出延期处理的，应当在期限届满前将本文书送达当事人。

接收人签字及签收时间——应与实际送达时间一致。签收人为物品的所有者或占有者；其他人代为签收的，应注明职务及与物品的所有者或占有者的关系，并提供或者补充提供有效的身份证明作为本文书送达的补充证据；当事人拒绝签收或者出现其他情况致使文书无法送达时，应采取留置送达、邮寄送达或者见证人签字等方式送达，以确保送达时限符合法定要求。

19. 责令改正通知书

《责令改正通知书》，是指药品监督管理部门在进行监督检查或者案件调查时，对违反国家相关法律、法规、规章等规定和要求的行为，依法责令行政管理相对人停止并改正违法行为的书面文书。

当事人——责令改正通知的告知对象，即监督检查或者案件调查的行政管理相对人。

违法行为——法律、法规、规章中明确规定的行为。检查发现涉及多个违法行为时，在表述时应当做到每种行为与相应的违反条款相对应。

责令改正的内容及要求——要求违法者进行责令整改的具体行为及要求，责令改正期限分为立即改正和合理期限内限期改正。

《责令改正通知书》作为一种独立文书，在制作本文书或者告知责令改正事项时，应遵循以下原则：

（1）对检查时发现的违法行为，应当在有证据证明违法行为存在时，立即下达《责令改正通知书》，责令其改正或者限期改正违法行为，防止违法行为和危害进一步扩大和蔓延；

（2）包括简易处罚在内的所有查处案件，应当制作《责令改正通知书》，责令其改正或者限期改正违法行为；

（3）行政机关应当依照规定的时限及时对责令当事人改正的行为进行监督性复查，制作《责令改正复核笔录》，并在行政处罚案卷的相关文书中予以说明。

20. 案件调查终结报告

《案件调查终结报告》，是指承办人对立案调查的案件调查终结后，就案情事实、对所调查问题性质的认识、对当事人责任的分析、对当事人的处理意见等，以书面形式向领导或者有关部门所做的正式报告的文书。

文书不设编号，应当完整填写页码。

案由——原案由应当与立案申请表中确定的相同；经调查终结后认为原案由有所变化或有所增加，应填写新认定的案由。

当事人性质——准确地划分行政相对人属个人和单位的类别，正确认定企业主体性质是保证行政处罚程序合法的先决条件。一般可采取从工商营业执照中确认：

（1）公民，包括自然人和个人；

（2）个体经营者，包括其他组织中的个体工商户、农村承包经营户、个人合伙、个人独资企业等；

（3）法人和其他组织，包括企业法人（有限责任公司、股份有限公司）、机关法人、事业单位法人和社团法人和其他组织中经核准登记领取营业执照的分支机构、中外合作经营企业、外资企业乡镇、街道、村办企业、律师协会、商贩协会等。

承办人——指负责办理该案件的执法人员。

正文结构——采用说理式文书制作。

（1）标题：关于+当事人+涉嫌+具体违法行为+（等）案的调查终结报告。如"关于××单位涉嫌××违法行为案的调查终结报告"。

（2）简述案件来源、案件性质及本案中当事人基本情况：包括当事人简介、生产经营范围、生产经营条件及未在报告设定的固定基本信息中表述的相关情况等。

（3）案件调查阶段基本情况（违法事实）：主要指案件调查的主要过程和事实情况，包括采取现场检查、查封扣押措施或者先行登记保存措施的时间、立案的时间、案件调查方式、方法、步骤及组成人员等，查明的违法行为的时间、地点，违法物品数量及货值金额，违法所得金额，违法行为所造成的后果，案件中的从重、从轻情节以及调查过程中掌握的其他客观事实。

对每项案由涉及的调查情况分别、分段进行表述。并按照违法情节由重到轻的顺序排序。

（4）证据材料：是指收录在案的物证、书证以及其他证据材料。在《调查终结报告》中应列出调查过程中所收集到的所有证据，并说明每一类证据的证明作用。

在一般程序行政处罚案件中，证据收集要保证合法性、真实性和关联性。案件调查过程中，应尽可能收集与案件有直接关系的主要证据及对主要证据有辅助证明作用的其他证据。

如果案件中只能通过《调查笔录》《现场检查笔录》等文书作为证据，无其他物证材料证明案件违法事实并予以定性的，最好在案卷中附一份由当事人提供的本案主要违法事实的叙述或情况说明材料，以弥补证据不足的缺陷。

（5）处罚依据：按照陈述各案由情况的顺序，对查明的违法事实、性质，对应列出违法行为处罚的依据，依法分别作出拟行政处罚种类、幅度等裁量的意见和建议。引用法律、法规、规定时必须是文件全称及相关条款原文。

（6）处罚建议：结合当事人违法行为的情节、违法行为危害社会的轻重程度、主观认识和态度等因素，按照本地《行政处罚自由裁量基准》的规定，提出予以从重、从轻处罚的理由、依据和建议。

在叙述拟罚款的处罚决定时，应将违法所得及处罚金额所涉及的各种违法产品或者是货值产品的品名、数量、单价、金额及计算方法予以说明。

根据相关法律法规的要求，提出本案最终处罚或合并处罚的结论。

（7）经过调查，立案时的违法事实不存在的案件，或者情节轻微可以免于行政处罚的案件，应当写明建议终止调查并提出撤销立案的建议。

（8）争议要点：应当写明当事人与承办人之间对案情事实的不同观点，

以及承办人之间对案件的不同意见。如无争议则写"无"。

（9）正文制作完毕后，应由本案承办人员在报告终了处签字并注明报告制作时间，报承办机构负责人审批。

中止调查——在案件调查过程中，因发生中止事由导致案件暂时无法继续进行，应当在正文中说明中止案件调查的事实和理由，并提出中止调查的建议。

（1）中止调查的原因消失后5日内，应当恢复案件调查；

（2）适用中止调查的条件：

a. 涉嫌违法的单位或者个人被司法机关或者其他执法机关采取措施，致使无法开展调查的；

b. 在调查过程中，认为涉嫌犯罪，应当移送司法机关追究刑事责任的；

c. 其他依法应当中止调查的。

（3）案件中止调查需经承办机构组织合议后，报主管领导审批并在本文书备注栏中签署意见。

终止调查——在案件调查过程中，因发生终止事由导致案件无法继续进行，应当在正文中说明终止案件调查的事实和理由，并提出终止调查的建议。

适用终止调查的条件：

（1）涉嫌违法的企业被宣告破产的；

（2）涉嫌违法的单位或者个人，因其他违法情形被上级食品药品监督管理部门指定由其他食品药品监督管理部门管辖的；

（3）涉嫌违法的个人死亡，或者因逃匿无法追查去向的；

（4）已依法由司法机关受理，不涉及吊销许可证、撤销批准证明文件或者其他属于食品药品监管法定职能的；

（5）违法行为存在但无法形成处罚内容的；

（6）其他依法应当终止调查的。

21. 案件合议记录

《案件合议记录》，是指在案件调查终结后，由科/处室负责人组织案件承办人及有关人员对案件进行综合分析、审议时，记录案件讨论情况的文书。按一般程序处理的案件和承办人提出中（终）止调查的案件，承办人员提交调查终结报告后，承办机构必须组织不包括承办人和记录人在内的3人以上有关人员对违法的事实、性质、情节、法律适用以及办案程序进行合议，记录讨论情况的文书。

文书不设编号，应当完整记录页码。

原案由及新案由、当事人——按照《案件调查终结报告》填写。

合议时间——合议会全过程的起止时间，即合议主持人宣布会议开始和结束的时间。

主持人——主持本次合议工作的部门负责人。

地点——举行合议会的具体地点。

合议人员——组成对本案件进行合议工作的人员。

记录人——各执法机构指定的合议会的记录人员，同时也是本文书的制作人员，记录人员在做案件合议记录时，必须做到全面、客观、真实。

承办人员案情介绍——可通过宣读《案件调查终结报告》进行案情介绍，并对报告内容作出适当的解释和补充说明。

讨论记录——职位低的先发言，尽量详尽。

合议意见——参加合议人员讨论记录，指参加合议会的人员对案件的具体看法，讨论记录要记载参加合议人员的意见，对不同意见和保留意见必须如实记录，领导应当最后发表意见。

这部分内容要如实记录，突出重点。合议人员应分别提出自己对本案的事实、证据、处罚程序、法律依据等方面合法性、公正性的意见，以达到合议讨论的目的；不应只是简单地记录"同意某某人的观点"而拘于形式。合议结果，必须写明对违法行为的定性结论，违反的法律、法规和规章条款以及处罚的依据和具体的处罚建议，参加合议人员有不同意见的必须予以注明。

合议应该根据认定的违法事实，依照有关法律、法规和规章的规定，分别提出如下处理意见：

（1）违法事实清楚，证据确凿，程序合法的，依法提出行政处罚的意见。

（2）对有可以不予处罚，从轻、减轻处罚情节或者从重处罚情节的，提出不予处罚，从轻、减轻处罚或者从重处罚的，提出对行政处罚自由裁量基准适用是否得当的意见；涉嫌犯罪的，提出及时移送司法机关，依法追究刑事责任的意见。

（3）违法事实不清，证据不足，或者存在程序缺陷的，提出补充有关证据材料或者重新调查的意见。

对案件承办人调查终结后提出中止调查、终止调查和撤案的，必须履行合议程序。经合议后确认或在合议中认定应当中止调查的，提出中止调查意见报主管领导审批；认定应当终止调查的，提出终止调查意见报重大案件集体讨论委员会讨论后由主管领导审批；违法事实不能成立或其他理由应当撤案的，填写《撤案申请表》提出撤案申请。

参加人员签名——案件承办人、记录人、主持人以及参加合议人员应在首页和副页签署姓名。

22. 重大案件集体讨论记录

《重大案件集体讨论记录》，是指对情节复杂或者重大违法行为拟作出较重行政处罚前，以及承办部门提出终止案件调查的案件，经办案单位对案件进行合议后，由本单位重大案件集体讨论委员会进行集体讨论时记录案件讨论情况的文书。

重大——社会影响大，危害后果严重，涉及面广等。

复杂——案情复杂、曲折、调查困难、认定困难等。

处罚较重——责令停产停业、吊销许可证或者批准证明文件、较大数额罚款等。

集体讨论的重大案件范围——拟责令停产、停业整顿的；吊销许可证、注册证以及相关批准证明文件的；拟对有关当事人作出5年内不受理"药品经营许可证"申请、不得从事食品生产经营管理工作的；拟对有关人员作出10年内不得从事药品生产、经营活动的；较大数额罚款及没收违法所得或没收非法财物数额较大的；已进行听证的案件；其他需要进行重大案件集体讨论的案件。

在备注栏中载明参加人及列席人员的姓名、职务。

23. 听证告知书

《听证告知书》，是指行政机关对责令停产、停业、吊销许可证或者执照、较大数额罚款等适用听证程序的重大行政处罚案件，在作出行政处罚决定之前，将拟作出的行政处罚决定的事实、理由、法律依据、拟处罚内容和自由裁量依据以及当事人享有要求举行听证的权利，告知当事人的书面文书。

被告知人名称——应当填写《案件调查终结报告》确定的当事人全称。

告知内容——认定的当事人违法事实、违法依据、拟处罚内容和自由裁量依据。

告知内容中适用的法律、法规、规章必须书写全称，并准确填写条、款、项。避免漏写、错写或者法律适用不当。

听证告知书下达的客观要件：

（1）《行政处罚法》第四十二条第一款规定："行政机关作出责令停产停业、吊销许可证或者执照、较大数额罚款、没收较大数额违法所得或非法财物等行政处罚决定之前，必须告知当事人有要求组织听证的权利；当事人要求听证的，行政机关必须组织听证。"其中，个体经营者是指其他组织中的个体工商户、农村承包经营户、个人合伙等。

（2）合并处罚罚没款总额符合听证条件的，应当告知听证权利。

（3）相对人要求听证的，执法单位必须组织听证，听证由各执法单位内部法制机构或者主管法制工作的综合机构负责，当事人不承担听证费用。

机关地址、邮政编码、联系电话、联系人应当准确填写。

当事人表明放弃听证权的，行政执法机关不能因此取消行政相对人"3天内提出听证申请"的权利，而提前进行《行政处罚事先告知》程序。

24. 听证通知书

《听证通知书》，是指听证申请人的要求，食品药品监督管理部门举行听证会之前依法告知当事人举行听证的时间、地点及相关事项的书面文书。

听证必须遵循公开、公正的原则。除涉及国家秘密、当事人的业务、技术秘密或者个人隐私外，听证必须公开进行。

被通知人——指听证申请人。

听证时间、地点——指确定举行听证会的具体时间和地点。

听证主持人——应当是本机关内部法制机构或者主管法制工作的综合机构负责人。

书记员——负责记录听证会全过程的非本案承办人员。

机关地址和邮政编码——指听证机关所在地的地址和邮政编码。

联系人和联系电话——指拟作出行政处罚决定的机关内部负责组织听证的部门工作人员和电话。

送达时间——指向听证申请人送达本文书的准确时间，应当在听证会举行的7日前送达听证申请人。

接收人——指听证申请人（单位法定代表人、其他工作人员或提出听证申请的个人）。

25. 听证笔录

《听证笔录》，是指对听证会全程如实记录的文书。

案由——对违法行为的表述，如案件涉及多个听证案由，应依次分项列明。

当事人、主持听证机关、地点、时间、听证主持人、听证员、书记员、案件承办人、委托代理人及相关情况参照《听证通知书》等文书填写。

听证记录——应当按听证进展过程，分栏完整记录听证会情况，不得缺少法定要件和程序。一般分为：预备阶段、宣布开会阶段、审查辩论阶段和最后陈述四个阶段。

审查辩论阶段的重点包括：

（1）案件调查人员陈述当事人违法事实、证据、依据和处罚建议的情况；

（2）当事人及其代理人陈述和申辩情况；

（3）相互的质证和辩论情况。

笔录确认——根据《行政处罚法》的要求，听证笔录核对无误后应当交由当事人或者其委托代理人和听证员逐页签名并在末页注明签字日期；案件承办人员、听证主持人、书记员在末页签字并注明签字日期。听证笔录中的证人证言部分，应当交由证人核对无误后签名或者盖章。各方认为陈述或申辩有遗漏或差错的，应当进行补充或修改；无正当理由又拒绝签字或者盖章的，书记员应记明情况。

注意事项：

（1）听证之前要做好准备工作，要认真阅读案卷，熟悉案情，掌握案情的重点和关键，以及有关法律法规、地名、人名等，以便听证时能迅速掌握和记录各方的发言。

（2）对听证会期间所发生的与本案有关系的内容要如实记录。如实记录是对任何种类笔录的共同的、基本的要求。其要求就是要客观、全面记录听证的组织、进展过程情况，以及有关各方的发言。

26. 听证意见书

《听证意见书》，是指在听证会结束后，听证人员根据听证情况提出对该案件的处理意见，以书面形式向行政机关重大案件集体讨论委员会所做的正式意见。

案由、拟作出的处理决定、听证时间、听证方式、听证员及听证主持人同《听证笔录》。

当事人及相关信息——同《案件调查终结报告》。

案件承办人员陈述的内容和提出的证据——指行政处罚案件具体承办人员对处罚决定所依据法律法规等内容的说明。应当抓住要点，归纳概括，必须重点说明争议部分处罚的依据。

当事人陈述的内容和提供的证据——当事人对行政处罚决定存在异议的理由、依据。

听证意见——是听证主持人依据听证情况组织听证人员进行评议后，对案件承办人认定的违法事实是否清楚、证据是否确凿和适用法律是否正确提出的处理意见。根据具体情况，可分别提出以下意见：

（1）经过听证，当事人对拟作出的处罚决定的事实、理由、依据及具体处罚意见无异议的，建议按案件承办单位意见作处理决定书；

（2）经过听证，认定拟作出的处罚决定的事实不清、证据不充足的，建议按新认定的事实研究和决定处罚意见；

（3）经过听证，发现已认定事实不清或存在疑点，尚需进一步查证的，建议有关机构查证；

（4）经过听证，发现拟作出的处罚决定的理由、依据不准确或处罚过重的，建议重新研究决定。

27. 行政处罚事先告知书

《行政处罚事先告知书》，是食品药品监督管理部门在作出行政处罚决定前，依法告知当事人给予行政处罚决定书的事实、理由、依据、拟处罚内容、自由裁量规定和享有的陈述权、申辩权所制作的通知性文书。

被告知人——拟作出行政处罚的被处罚对象。

告知内容——认定的当事人违法事实、违法依据、拟处罚内容和裁量适用规定。

案件涉及多个违法行为的，应按照上述形式和表述顺序，对每个涉案违法行为，依次分项列明、分别裁量；并最终形成合并处罚的行政处罚决定。

告知内容中适用的法律、法规、规章必须书写全称，并准确填写条、款、项。避免漏写、错写或者法律适用不当。

陈述申辩的权利时限和申请地点——《行政处罚法》对陈述和申辩的期限没有做具体规定。一般情形下，《行政处罚事先告知书》送达后，给行政相对人陈述和申辩的权利期限为3日，由案件承办部门负责接待和受理。

《行政处罚事先告知书》与《听证告知书》的区别：

相同点——《听证告知书》给予当事人的法定期限是3日，《行政处罚事先告知书》给予当事人的期限一般也是3日，两种文书从程序上看都是案件合议之后行政处罚决定作出之前进行。

不同点——《听证告知书》和《行政处罚事先告知书》是两个完全独立的程序，听证不是必经程序，而行政处罚事先告知程序是行政机关作出行政处罚决定的必经程序。如果案件符合听证条件，应该先履行听证告知程序，即先下达《听证告知书》，在当事人不申请听证申请（指听证告知3日后）或者履行全部听证程序并重新合议提出新的拟处罚建议后，再向当事人下达《行政处罚事先告知书》。

当事人表明放弃陈述申辩的权利的，行政执法机关不能因此取消行政相对人"3天内提出陈述申辩申请"的权利，而提前进行行政处罚程序。

28. 陈述申辩笔录

《陈述申辩笔录》，是指在向当事人送达《行政处罚事先告知书》后，当事人对拟作出的行政处罚决定有异议，并提出对案件事实、处罚理由和依据、执法程序、自由裁量、处罚决定等进行陈述和申辩要求，案件承办人员记录当事人及陈述申辩人所陈述和申辩事实、要求、理由的文书。

当事人——指药品监督行政执法部门拟作出行政处罚的对象。

陈述、申辩人——指拟处罚对象及与本案有直接利害关系的单位（人）。

委托代理人——当事人委托代理人的，应当写明受委托代理人的姓名、性别、职务、身份证号或工作单位等，受委托的代理人应当出具当事人的委托书。

联系方式——与陈述、申辩人沟通的渠道和方法。

陈述和申辩地点——记录陈述、申辩的具体地点。

陈述和申辩时间——记录陈述、申辩全过程的起止时间。

承办人——本案执法人员，要求2人以上。

陈述、申辩内容——承办部门必须充分听取当事人的陈述、申辩，客观、公正地记录陈述申辩人的原话原意，对于当事人提出的陈述、申辩理由和证据应客观、真实记录，不应在其中加入主观臆断及判断成分；对当事人提出的新的事实和证据应完整记录。当事人提出的事实、理由或者证据经复核成立的，必须采纳。

当事人陈述、申辩后，承办人员要询问被调查人"对违法事实是否还有陈述、申辩意见"，确认当事人是否还要陈述、申辩。

文书确认——笔录制作完毕后，应将笔录交给当事人核对或者当场宣读；当事人认为记录有遗漏或者有差错的，应当面提出补充或修改，并在改动处用指纹或印鉴覆盖；当事人确认无误后，应当在笔录终了处注明"以上笔录我看过，属实"的字样，并在笔录上逐页签名或者盖章、注明日期；承办人及记录人也当分别在笔录终了处签字、注明日期。

陈述、申辩所采纳的事实、理由或者证据能够改变行政处罚决定的，应当组织相关人员进行合议后重新作出处罚决定。

当事人提供文字陈述申辩材料的，应当随卷保存，需要限期提供证明材料的应注明。

对陈述、申辩人的身份应进行认真核对，以防止无效陈述、申辩。

29. 陈述申辩复核意见书

《陈述申辩复核意见书》，是执法部门在作出行政处罚事先告知和采取强制措施后，按照法定程序听取当事人的陈述申辩并根据当事人提出的陈述申辩理由和基本情况对案件进一步审核并提出意见的书面文书。

案由——涉嫌+违法行为+案。

当事人——对拟处罚建议提出陈述、申辩意见的拟处罚对象。

拟处罚意见——对当事人的违法行为提出的处罚内容。

当事人陈述申辩意见基本情况——按照当事人的《陈述申辩笔录》，简要概括当事人提出异议的重点内容和理由。

复核意见——指案件承办部门和承办人员经核实当事人陈述申辩意见后，对案件事实、程序、定性、法律依据、裁量依据等合法性提出的意见。

本文书应当附《陈述申辩笔录》。

负责人——负责案件办理的处（科）室负责人。

30. 行政处罚决定审批表

《行政处罚决定审批表》，是指承办人对依法适用于一般程序行政处罚的案件，在作出行政处罚决定前，报请主管领导审批的文书。

当事人、法定代表人/自然人姓名、企业性质——应当与拟处罚当事人信息保持一致。

案由、主要违法事实、违法依据、处罚依据和拟处罚建议按照合议、听证后作出的最终意见填写。

案件涉及多个违法行为的，应对每个涉案违法行为，依次分项列明、分别裁量，并最终形成合并处罚的行政处罚决定。

告知内容中适用的法律、法规、规章必须书写全称，并准确填写条、款、项。避免漏写、错写或者法律适用不当。

案件承办人不能同时是进行案件复核的审核人员。

行政处罚审批表的签署时间不能与听证告知或者行政处罚事先告知给予当事人的权利期限相冲突。

《行政处罚决定审批表》只能在一般程序行政处罚案件中适用。

在一般情况下，《行政处罚决定审批表》中主管领导审批签署意见的时间即为本案行政处罚决定的作出时间，《行政处罚决定书》的制作时间应与其相一致。

31. 行政处罚决定书

《行政处罚决定书》，是指药品监督管理部门针对具体违法行为制作的记载处罚事实、理由、依据、证据和决定等事项的具有法律强制力的书面文书。

被处罚单位（人）——行政机关作出行政处罚决定的被处罚单位（人）。

地址、联系方式、法定代表人（负责人）/自然人姓名、性别、年龄等信息——完全按照实际情况填写，确保文书送达对象与被处罚对象一致。

正文结构：

（1）简述案件来源、案件性质。

（2）案件调查阶段基本情况：主要指案件调查的主要过程和事实情况，包括采取现场检查、查封（扣押）措施或者先行登记保存措施的时间、立案的时间、案件调查方式、方法、步骤及组成人员等，查明的违法行为的时间、地点，违法物品数量及货值金额，违法所得金额，违法行为所造成的后果，案件中的从重、从轻情节以及调查过程中掌握的其他客观事实。

（3）证据：是指收录在案的物证、书证以及其他证据材料，并说明每一类证据的证明作用。

（4）违法依据：对查明的违法事实、性质，对应列出违法行为的法律责任条款。

（5）作出行政处罚决定所依据的自由裁量规定。

（6）处罚依据和内容：作出行政处罚决定，应当依据《行政处罚法》第二十三条的规定，责令被处罚人立即或限期改正违法行为。

（7）行政处罚的内容及在叙述罚款的处罚决定时，应将违法所得及处罚金额所涉及的各种产品品名、数量、单价、金额及计算方法予以说明。

（8）案件涉及多个违法行为的，应对每个涉案违法行为，依次分项列明、分别裁量，并最终形成合并处罚的行政处罚决定。

行政处罚的履行方式——在法定期限内向指定银行缴纳罚没款。

提起行政复议的途径——为作出行政处罚决定的行政执法机关所在地的同级人民政府或者上一级食品药品监督管理局。

提起行政诉讼的途径——为作出行政处罚决定的行政执法机关所在地的基层人民法院。

作出行政处罚决定的日期和部门名称——行政处罚决定的日期应当与《行政处罚审批表》中领导批准的时间一致，在处罚日期上盖有作出行政处罚决定的药品监督管理部门的公章，同时，应对每份《行政处罚决定书》加盖骑缝印。

行政处罚内容中有没收有关物品的，《行政处罚决定书》必须附有《没收物品凭证》，并在《行政处罚决定书》的没收物品类行政处罚内容后以括号形式标注，见《没收物品凭证》。

存档——按照处罚程序，本文书应制作三份，第一份随案卷归档，第二份送达给被处罚单位（人），第三份必要时交人民法院强制执行；附件《没收物品清单》应增加两份用于罚没物品处理时进行审批。

送达——本文书应当另行制作送达回执。

32. 没收物品凭证

《没收物品凭证》，是指食品药品监督管理部门作出的行政处罚内容涉及没收非法物品的，依法采取没收行为时，告知当事人的执法文书。

《没收物品凭证》必须与《行政处罚决定书》日期一致。

案由——应与《行政处罚审批表》的案由一致，但要去掉"涉嫌"二字。

当事人——应与《行政处罚决定书》的当事人一致。

地址——应与《行政处罚决定书》的地址一致。

制作本文书应注意以下事项：

（1）本文书应与《行政处罚决定书》配套使用；

（2）《没收物品凭证》上记载的《行政处罚决定书》编号必须与送达当事人的《行政处罚决定书》的编号一致；

（3）《没收物品凭证》必须和《没收物品清单》一起送达当事人，并要求当事人在《没收物品清单》上认可、签字。

33.（没收）物品清单

《（没收）物品清单》，是指执法单位在执行没收非法财物时，依法对当事人的证物进行登记造册时填写的书面凭证。作为随附文书，必须与相应的执法文书合并使用。

文书编号——《（ ）物品清单》不设编号，"（ ）"中应当填写采取先行登记保存、查封（扣押）、没收物品等措施的规范全称，并连续完整标注页码的顺序号和总页数。

清单上所记录证物的种类、数量及证物外部特征必须与先行登记保存、查封（扣押）、解除或者没收物品的实物情况相符。

证物名称——应写全称。餐饮、药品、医疗器械、保健食品、化妆品等名称的填写，应当按照各产品市场生产流通领域中的法定要求和实际惯例填写。

规格——应当按照产品说明书或有关包装说明中规定的规格予以填写，填写时应注意与清单所列产品的最小单位或者包装情况相符。

数量——应当与先行登记保存证物、查封（扣押）物品或者没收涉案物品的实际数量相符。

包装状况——有包装的注明包装的名称和完整性，散装的产品要注明盛装的容器和材料，如玻璃瓶装、已开封或包装完整；包装应填写实物的最小包装或者单位包装，同时，应尽量使数量填写与包装填写统一单位，避免因大包装、中包装、小不包装等包装单位的不统一造成清单记录上的误差。

储存条件——应根据证物说明书或者具体情况注明常温、阴凉、冷藏、冷冻等保存条件，储存条件应当与先行登记保存措施、查封（扣押）措施中告知当事人的保存条件一致。

生产或者进口代理单位——按照产品样品标注或者说明书中内容填写。

生产日期或者批号——有批号的填写批号，无批号的填写生产日期，

填写物品清单时,应对批号进行仔细核对,防止将同类产品、不同批号的混淆。

当事人签字——当事人名称及签署的时间应当与采取先行登记保存、查封(扣押)等措施的时间相符。

清单填写完毕,应在最后一行内容下注明"以下空白"字样。

34. 送达回执

《送达回执》，是确认食品药品监督管理部门将行政执法文书送交有关当事人时签收的文书。

受送达单位（人）——行政相对人，应当与《行政处罚决定书》《产品样品确认通知书》等相关法律文书中行政相对人名称一致。

送达文件名称及文号——被送达文书的全称及文号。

送达方式——履行本次送达采用的方式。应结合受送达人、送达地点、送达日期和安全处理过程中的具体情况选择恰当的方式并如实填写。在我局行政执法中一般适用的送达方式主要有：直接送达、留置送达、邮寄送达、公告送达。

《送达回执》的送达方式、时限的有关要求：

（1）《行政处罚决定书》应当在宣告后当场交付当事人，并由当事人在《送达回执》上签字。

（2）当事人不在场的，必须在《行政处罚决定书》下达之日起7日内送达当事人或接收人并签收。签收日期即为送达日期。

（3）送达《行政处罚决定书》应当直接送交受送达人。受送达人不在时，是公民的，则应当交同住成年家属签收；是法人或者其他组织的，应当由法人或者其他组织的主要负责人或者该法人、其他组织负责收件的人员签收。签收时应当在备注中记录签收人与受送达人的关系及身份证明。

（4）受送达人或者具有签收权的接收人拒收《行政处罚决定书》的，送达人必须邀请有关基层组织或者所在单位人员到场并说明情况，在行政处罚决定书送达回执上注明拒收事由和日期，由送达人、见证人签字（盖章），将行政处罚决定书留置在被处罚单位或者个人处，即视为送达。

（5）直接送达有困难的，可以委托就近的药品监督管理部门代送或者用"双挂号"邮寄送达，邮局回执注明的收件日期即为送达日期。

（6）受送达人下落不明，或者依据本规定的其他方式无法送达的，以公告方式送达。自发出公告之日起，满60日，即视为送达。

送达地点和送达时间——履行本次送达的实际地点和真实时间。地点的填写应翔实、具体，时间应填写至时、分。

收件人——受送达单位（人）签收该送达文书的人。

收件日期——由收件人填写的收到所送达文件的实际时间。应注意核对收件日期与送达日期是否符合逻辑关系，并防止当事人错填、漏填。

备注——用以记录送达文书过程中发生的特殊情况。

注意：凡文书未设置签收栏但需要送达当事人的，应与本文书配合使用。

35. 行政强制执行催告书

《行政强制执行催告书》，是指行政机关履行催告程序使用的文书。催告是强制执行决定的前置程序，是当事人在行政决定作出后不自觉履行义务，行政机关督促当事人在一定的期限内履行义务，否则承担被强制执行后果的一种程序。

当事人及催告书中内容——同《行政处罚决定书》一致。

加处罚款的计算起点——《行政处罚决定书》规定的缴纳罚没款截止日期的次日起算。

加处罚款的数额不得超出给付义务的数额，即加处罚款金额不得超过罚没款金额本数。

本文书作为已经履行程序的证据，连同其他相关材料在申请强制执行时一并向人民法院提交。

36. 行政处罚强制执行申请书

《行政处罚强制执行申请书》，是指当事人在法定期限内或延（分）期缴纳罚没款期满后，拒不履行行政处罚决定又不申请行政复议或者行政诉讼，或经行政复议、行政诉讼后，仍不履行被维持的行政处罚决定，行政机关请求有管辖权的人民法院强制执行的申请文书。

受理申请机关——行政机关所在地有管辖权的人民法院。

被申请执行人及地址、联系方式及相关信息应当同《行政处罚决定书》一致。

案由——同《行政处罚审批表》一致。

处罚决定书及催告书送达时间——同当事人实际签收时间一致。

行政处罚决定书文号——同《行政处罚决定书》文号一致。

申请执行内容——必须写明申请执行的事项，包括罚没款数额、没收物品名称及数量等。申请事项必须是管理相对人有给付性质的，如罚款多少、没收何种物品以及该物品数量等。

附件——应当附强制执行申请书；行政决定书及作出决定的事实、理由和依据；当事人的意见及行政机关催告情况；申请强制执行标的情况；法律、行政法规规定的其他材料。

申请强制执行的法律依据：

（1）被申请执行人拒不履行行政处罚决定的，依据《行政处罚法》第五十一条第三项规定；

（2）被申请执行人拒不执行法院判决、裁定的，依据《行政诉讼法》第六十五条规定；

（3）被申请执行人拒不执行行政复议决定的，依据《行政复议法》第三十三条规定。

申请机关联系人——作出行政处罚决定的案件承办人员。

37. 检验（检测、检疫、技术鉴定）告知书

《检验（检测、检疫、技术鉴定）告知书》，是指执法单位根据案情的需要，对查封（扣押）物品进行检测、检验或者技术鉴定，按照法律规定，将检测、检验或者技术鉴定时间排除在强制措施法定处理期限外，并向当事人告知的文书。

当事人——应当与《查封（扣押）决定书》当事人信息一致。

本文书涉及的《查封（扣押）决定书》的文号应当与相应的文书文号一致。

38. 行政处罚结案报告

《行政处罚结案报告》，是指执法单位依法对违法单位（人）作出行政处罚决定并执行完毕后，报请主管领导批准结案的文书。

案由——必须与《行政处罚审批表》中"案由"的内容一致，须去掉"涉嫌"二字。

被处罚单位（人）及相关信息——应当与《行政处罚决定书》中信息一致。

案件来源、立案日期、处罚日期、受理日期、处罚文书号——应与相对应的文书日期与编号一致。

承办人员——指具体负责本案的执法人员。

填写人——指《行政处罚结案报告》的制作人。

其他内容填写：

（1）在案件终止调查后结案或行政处罚决定执行后结案的方式中进行选择；

（2）提出在案件终止调查后结案予以结案的，在撤销案件和案件终止调查两种情形之间进行选择；

（3）提出在行政处罚决定执行后予以结案的，还应继续填写以下内容：

行政处罚决定书文号——应与相应的处罚决定书文号一致；

执行方式——指行政处罚决定的履行方式，按照当事人履行处罚决定的实际方式，对照文书中所列的五种方式进行选择；

执行日期——指行政处罚决定全部履行或执行完毕的时间，例如，处罚内容为罚款，执行时间应为被处罚单位（人）履行缴纳全部罚款的时间。

执行结果——完全履行、不完全履行。

（1）完全履行——按照行政处罚决定全部履行了法律责任。在行政处罚内容中有没收物品的，应在"执行结果"栏中注明没收物品的处理途径。行政处罚过程中，告知责令改正的，应在"执行结果"栏中注明当事人履行责令改正要求的情况，即责令改正内容是否按期限并按要求改正，对于未按要求改正的，应注明对该违法行为的处理方式。

（2）不完全履行——应当写明履行和未履行的具体内容，包括不作行政处罚的，对未履行或不作行政处罚的应当注明理由。

审批意见——承办部门提出结案建议后，应当经主管领导签署是否同意结案的意见。

签字日期——指本单位负责人签署审批意见的时间，即本案结案日期。

注意事项：

（1）本文书的意义在于对办案工作的总结，而不是简单地汇报工作。因此，每一件立案办理的案件，均必须履行结案手续。

（2）对于能够正常执行的案件，《行政处罚结案报告》必须在案件全部执行完毕时制作；对有特殊情况暂不能执行的案件，待特殊情况结束后继续执行，并就延期执行的原因及时间作出说明。

（3）对于根本无法执行，或者虽已执行一部分，但无法继续执行下去的案件，必须写明无法执行或者无法继续执行的原因。

39. 案件移送审批表

《案件移送审批表》，是指行政机关对于不属于本机关管辖案件，按照《行政处罚法》的规定，拟将案件移交其他具有管辖权的行政机关或报送上级主管部门时，报请主管领导批准的内部文书。

案由/理由——已形成案由的，按照"涉嫌+违法行为+案"填写；未形成案由的，按照涉嫌违法行为的理由填写。

案件来源——指监督检查发现、上级部门交办、有关部门移送、投诉举报、监督抽验等。

当事人基本信息——按照案件移送时已经完成的行政执法程序所处的阶段，填写该阶段掌握的最全面、最准确的相关信息。

（1）案件受理阶段：应与《案件来源登记表》一致；

（2）立案阶段：应与《立案审批表》一致；

（3）案件调查终结阶段：应与《案件调查终结报告》一致。

移送理由——对案件主管或管辖问题的认定。案件移送应具备以下情形（理由）之一：

（1）发现案件不属于本部门管辖的，同时应注明受移送部门实施行政处罚适应的法律法规全称；

（2）案件需要追究溯源或者在调查中发现本案有关违法行为不属于本单位地域管辖的。

受移送单位——应当规范、清楚写明受移送单位全称。

移（报）送的相关证据材料——拟移送案件中已取得的相关受理资料、案情简介或检查记录材料、证据材料及证物等依次列明。

40. 涉嫌犯罪案件移送审批表

《涉嫌犯罪案件移送审批表》，是指执法单位在依法查处"四品一械"违法行为的过程中，发现违法行为人的违法事实、性质、情节、金额和危害后果，依照《中华人民共和国刑法》和有关司法解释的规定，涉嫌犯罪的，依照有关规定向公安机关移送案件前，呈请主管领导及本单位负责人批准的文书。

案由——已立案处理的，应当写明案由，格式为"涉嫌+违法行为+案"；未立案的，应当写明涉嫌违法的理由。

案件来源——投诉举报、监督检查发现、监督抽验、上级交办、下级报请、有关部门移送。

主要案情及移送原因——应当详细描述违法行为事实以及涉嫌犯罪的主要情况及依据。

受移送机关——公安机关名称填写规范全称。

审批意见——同意或者不同意，不同意应当写明理由。

移送时间——主要负责人签字时间即为批准移送时间。

41. 涉嫌犯罪事案件移送书

《涉嫌犯罪案件移送书》，是指将涉嫌犯罪案件移送有管辖权的司法机关时填写的文书。

受移送机关——指文书的接收部门，即对案件具有管辖权的司法机关，应当填写受移送机关的全称。

涉案当事人——指违法行为单位或者个人，写规范全称。

违法事实——指行政执法机关认定的违法者的违法事实，主要应当写明违法行为涉嫌构成犯罪的事实和理由。

涉嫌犯罪法律依据——应当根据违法行为涉嫌犯罪的事实、情节等，写明《中华人民共和国刑法》对应条款。

注意事项：

（1）附件中必须对照移送材料，准确写明所附案情简介及有关材料的数量。

（2）移送司法机关的同时，送检察机关备案。

（3）案情简介应当介绍案情的主要内容和移送的理由和依据。

涉嫌犯罪案件移送程序：

（1）食品药品监督管理部门对拟向公安机关移送的涉嫌犯罪案件，应当指定2名或者2名以上执法人员共同审查，提出书面审查意见，对应当向公安机关移送的涉嫌犯罪案件，制作《案件移送书》，报经负责人审批。

（2）食品药品监督管理部门负责人应当自接到《案件移送书》之日起3日内作出移送或不移送的决定。决定移送的，应当按规定时间向同级公安机关移送，同时报送同级检察机关备案；决定不移送的，应当说明不予移送的理由并记录在案。

（3）食品药品监督管理部门向公安机关移送涉嫌药械犯罪案件，应当附有下列材料：

a. 案件移送书；b. 案件调查报告或案情摘要；c. 涉案物品清单；d. 相关检验报告或鉴定结论；e. 其他有关涉嫌犯罪的证据材料。

42. 查封（扣押）物品移交通知书

《查封（扣押）物品移交通知书》，是指食品药品执法机关将在行政程序中采取查封（扣押）措施的涉案物品移送有管辖权的司法机关时填写的文书。

受移送机关——指文书的接收部门，即对案件具有管辖权的司法机关，应当填写受移送机关的全称。

涉案当事人——指违法行为单位或者个人，写规范全称。

违法事实——指行政执法机关认定的违法者的违法事实，主要应当写明违法行为涉嫌构成犯罪的事实和理由。

注意事项：

(1) 查封（扣押）随附的物品清单要全部完整移交。

(2) 移送司法机关的同时，送检察机关备案。

(3) 随附的物品移交要做好交接工作，必须双方交接人员书面确认。

43.（   ）副页

《（   ）副页》，是《现场检查笔录》《询问调查笔录》《陈述申辩笔录》《听证意见书》等记录性执法文书在首页不能完整记录时使用的接续记录。

文书编号——《（   ）副页》不设编号，但每页"（   ）"中应填写所接续的执法文书种类全称、接续页码的顺序号和总页数，如：（现场检查笔录）副页，此副页是第__1__页、共✕页。

使用《（   ）副页》接续记录时，在每页文字书写完毕的最后一行，应紧贴该行下方注明"以下空白"字样。

签字——在每页或末页最下方，应当根据所接续执法文书的要求由相关人员签字并注明身份和签字日期。

注意：本文书作为《现场检查笔录》的副页，形式为一式两联；作为《询问调查笔录》《案件合议记录》《重大案件集体讨论记录》《陈述申辩笔录》等使用的副页，为一式一联。

44. 撤案审批表

《撤案审批表》，是指案件立案后，经调查确认违法事实不存在或者属于不予行政处罚的情形，承办人报请主管领导批准撤案的文书。

案由、当事人、法定代表人（负责人）/自然人姓名、地址、联系方式、案件来源、立案时间等应当与相应的《立案申请表》一致。

参加撤案案件的合议人员——指参加作出撤案建议的合议会议的相关人员。

案情调查摘要——简要概述当初立案时所掌握的违法行为和情节。

撤案理由——承办人员最终调查能够支持撤案的客观事实和合议人员认定的能够支持撤案的客观事实。

调查终结及合议结论——调查终结和合议结论应当分别注明，最终以合议意见为准。针对合议结论结合相关实体法、程序法和自由裁量等法律、法规、规章中相关条款的规定，写明撤案的客观事实相应的法律依据，提出撤案申请。在适用法律依据方面应注意引用《行政处罚法》第二十七条和本地《规范行政处罚自由裁量权实施办法》中的相应内容。

第九章　医疗器械法律法规

本章收录的常用医疗器械法律法规，顺序及名称如表9.1所示。

表9.1　顺序与法律法规名称

序号	法律法规名称
1	医疗器械监督管理条例
2	医疗器械生产企业质量体系考核办法(局令第22号)
3	一次性使用无菌医疗器械监督管理办法(暂行)(局令第24号)
4	进口医疗器械检验监督管理办法(质监总局令第95号)
5	医疗器械广告审查发布标准(局令第40号)
6	医疗器械广告审查办法(局令第65号)
7	食品药品行政处罚程序规定(总局令第3号)
8	医疗器械注册管理办法(总局令第4号)
9	体外诊断试剂注册管理办法(总局令第5号)
10	医疗器械说明书和标签管理规定(总局令第6号)
11	医疗器械生产监督管理办法(总局令第7号)
12	医疗器械经营监督管理办法(总局令第8号)
13	药品医疗器械飞行检查办法(总局令第14号)
14	医疗器械分类规则(总局令第15号)
15	医疗器械使用质量监督管理办法(总局令第18号)
16	医疗器械通用名称命名规则(总局令第19号)

续表

序号	法律法规名称
17	医疗器械临床试验质量管理规范(总局、卫计委令第25号)
18	医疗器械召回管理办法(总局令第29号)
19	医疗器械标准管理办法(总局令第33号)

1. 医疗器械监督管理条例

(2000年1月4日中华人民共和国国务院令第276号公布，2014年2月12日国务院第39次常务会议修订通过，国务院令第650号发布，根据2017年5月4日国务院令第680号发布的《国务院关于修改〈医疗器械监督管理条例〉的决定》修订，自2014年6月1日起施行。)

第一章 总 则

第一条 为了保证医疗器械的安全、有效，保障人体健康和生命安全，制定本条例。

第二条 在中华人民共和国境内从事医疗器械的研制、生产、经营、使用活动及其监督管理，应当遵守本条例。

第三条 国务院食品药品监督管理部门负责全国医疗器械监督管理工作。国务院有关部门在各自的职责范围内负责与医疗器械有关的监督管理工作。

县级以上地方人民政府食品药品监督管理部门负责本行政区域的医疗器械监督管理工作。县级以上地方人民政府有关部门在各自的职责范围内负责与医疗器械有关的监督管理工作。

国务院食品药品监督管理部门应当配合国务院有关部门，贯彻实施国家医疗器械产业规划和政策。

第四条 国家对医疗器械按照风险程度实行分类管理。

第一类是风险程度低，实行常规管理可以保证其安全、有效的医疗器械。

第二类是具有中度风险，需要严格控制管理以保证其安全、有效的医疗器械。

第三类是具有较高风险，需要采取特别措施严格控制管理以保证其安全、有效的医疗器械。

评价医疗器械风险程度，应当考虑医疗器械的预期目的、结构特征、使用方法等因素。

国务院食品药品监督管理部门负责制定医疗器械的分类规则和分类目录，并根据医疗器械生产、经营、使用情况，及时对医疗器械的风险变化进行分析、评价，对分类目录进行调整。制定、调整分类目录，应当充分听取医疗器械生产经营企业以及使用单位、行业组织的意见，并参考国际医疗器械分类实践。医疗器械分类目录应当向社会公布。

第五条　医疗器械的研制应当遵循安全、有效和节约的原则。国家鼓励医疗器械的研究与创新，发挥市场机制的作用，促进医疗器械新技术的推广和应用，推动医疗器械产业的发展。

第六条　医疗器械产品应当符合医疗器械强制性国家标准；尚无强制性国家标准的，应当符合医疗器械强制性行业标准。

一次性使用的医疗器械目录由国务院食品药品监督管理部门会同国务院卫生计生主管部门制定、调整并公布。重复使用可以保证安全、有效的医疗器械，不列入一次性使用的医疗器械目录。对因设计、生产工艺、消毒灭菌技术等改进后重复使用可以保证安全、有效的医疗器械，应当调整出一次性使用的医疗器械目录。

第七条　医疗器械行业组织应当加强行业自律，推进诚信体系建设，督促企业依法开展生产经营活动，引导企业诚实守信。

第二章　医疗器械产品注册与备案

第八条　第一类医疗器械实行产品备案管理，第二类、第三类医疗器械实行产品注册管理。

第九条　第一类医疗器械产品备案和申请第二类、第三类医疗器械产品注册，应当提交下列资料：

（一）产品风险分析资料；

（二）产品技术要求；

（三）产品检验报告；

（四）临床评价资料；

（五）产品说明书及标签样稿；

（六）与产品研制、生产有关的质量管理体系文件；

（七）证明产品安全、有效所需的其他资料。

医疗器械注册申请人、备案人应当对所提交资料的真实性负责。

第十条 第一类医疗器械产品备案，由备案人向所在地设区的市级人民政府食品药品监督管理部门提交备案资料。其中，产品检验报告可以是备案人的自检报告；临床评价资料不包括临床试验报告，可以是通过文献、同类产品临床使用获得的数据证明该医疗器械安全、有效的资料。

向我国境内出口第一类医疗器械的境外生产企业，由其在我国境内设立的代表机构或者指定我国境内的企业法人作为代理人，向国务院食品药品监督管理部门提交备案资料和备案人所在国（地区）主管部门准许该医疗器械上市销售的证明文件。

备案资料载明的事项发生变化的，应当向原备案部门变更备案。

第十一条 申请第二类医疗器械产品注册，注册申请人应当向所在地省、自治区、直辖市人民政府食品药品监督管理部门提交注册申请资料。申请第三类医疗器械产品注册，注册申请人应当向国务院食品药品监督管理部门提交注册申请资料。

向我国境内出口第二类、第三类医疗器械的境外生产企业，应当由其在我国境内设立的代表机构或者指定我国境内的企业法人作为代理人，向国务院食品药品监督管理部门提交注册申请资料和注册申请人所在国（地区）主管部门准许该医疗器械上市销售的证明文件。

第二类、第三类医疗器械产品注册申请资料中的产品检验报告应当是医疗器械检验机构出具的检验报告；临床评价资料应当包括临床试验报告，但依照本条例第十七条的规定免于进行临床试验的医疗器械除外。

第十二条 受理注册申请的食品药品监督管理部门应当自受理之日起3个工作日内将注册申请资料转交技术审评机构。技术审评机构应当在完成技术审评后向食品药品监督管理部门提交审评意见。

第十三条 受理注册申请的食品药品监督管理部门应当自收到审评意

见之日起20个工作日内作出决定。对符合安全、有效要求的，准予注册并发给医疗器械注册证；对不符合要求的，不予注册并书面说明理由。

国务院食品药品监督管理部门在组织对进口医疗器械的技术审评时认为有必要对质量管理体系进行核查的，应当组织质量管理体系检查技术机构开展质量管理体系核查。

第十四条　已注册的第二类、第三类医疗器械产品，其设计、原材料、生产工艺、适用范围、使用方法等发生实质性变化，有可能影响该医疗器械安全、有效的，注册人应当向原注册部门申请办理变更注册手续；发生非实质性变化，不影响该医疗器械安全、有效的，应当将变化情况向原注册部门备案。

第十五条　医疗器械注册证有效期为5年。有效期届满需要延续注册的，应当在有效期届满6个月前向原注册部门提出延续注册的申请。

除有本条第三款规定情形外，接到延续注册申请的食品药品监督管理部门应当在医疗器械注册证有效期届满前作出准予延续的决定。逾期未作决定的，视为准予延续。

有下列情形之一的，不予延续注册：

（一）注册人未在规定期限内提出延续注册申请的；

（二）医疗器械强制性标准已经修订，申请延续注册的医疗器械不能达到新要求的；

（三）对用于治疗罕见疾病以及应对突发公共卫生事件急需的医疗器械，未在规定期限内完成医疗器械注册证载明事项的。

第十六条　对新研制的尚未列入分类目录的医疗器械，申请人可以依照本条例有关第三类医疗器械产品注册的规定直接申请产品注册，也可以依据分类规则判断产品类别并向国务院食品药品监督管理部门申请类别确认后依照本条例的规定申请注册或者进行产品备案。

直接申请第三类医疗器械产品注册的，国务院食品药品监督管理部门应当按照风险程度确定类别，对准予注册的医疗器械及时纳入分类目录。申请类别确认的，国务院食品药品监督管理部门应当自受理申请之日起20

个工作日内对该医疗器械的类别进行判定并告知申请人。

第十七条 第一类医疗器械产品备案,不需要进行临床试验。申请第二类、第三类医疗器械产品注册,应当进行临床试验;但是,有下列情形之一的,可以免于进行临床试验:

(一)工作机理明确、设计定型,生产工艺成熟,已上市的同品种医疗器械临床应用多年且无严重不良事件记录,不改变常规用途的;

(二)通过非临床评价能够证明该医疗器械安全、有效的;

(三)通过对同品种医疗器械临床试验或者临床使用获得的数据进行分析评价,能够证明该医疗器械安全、有效的。

免予进行临床试验的医疗器械目录由国务院食品药品监督管理部门制定、调整并公布。

第十八条 开展医疗器械临床试验,应当按照医疗器械临床试验质量管理规范的要求,在具备相应条件的临床试验机构进行,并向临床试验提出者所在地省、自治区、直辖市人民政府食品药品监督管理部门备案。接受临床试验备案的食品药品监督管理部门应当将备案情况通报临床试验机构所在地的同级食品药品监督管理部门和卫生计生主管部门。

医疗器械临床试验机构实行备案管理。医疗器械临床试验机构应当具备的条件及备案管理办法和临床试验质量管理规范,由国务院食品药品监督管理部门会同国务院卫生计生主管部门制定并公布。

第十九条 第三类医疗器械进行临床试验对人体具有较高风险的,应当经国务院食品药品监督管理部门批准。临床试验对人体具有较高风险的第三类医疗器械目录由国务院食品药品监督管理部门制定、调整并公布。

国务院食品药品监督管理部门审批临床试验,应当对拟承担医疗器械临床试验的机构的设备、专业人员等条件,该医疗器械的风险程度,临床试验实施方案,临床受益与风险对比分析报告等进行综合分析。准予开展临床试验的,应当通报临床试验提出者以及临床试验机构所在地省、自治区、直辖市人民政府食品药品监督管理部门和卫生计生主管部门。

第三章　医疗器械生产

第二十条　从事医疗器械生产活动，应当具备下列条件：

（一）有与生产的医疗器械相适应的生产场地、环境条件、生产设备以及专业技术人员；

（二）有对生产的医疗器械进行质量检验的机构或者专职检验人员以及检验设备；

（三）有保证医疗器械质量的管理制度；

（四）有与生产的医疗器械相适应的售后服务能力；

（五）产品研制、生产工艺文件规定的要求。

第二十一条　从事第一类医疗器械生产的，由生产企业向所在地设区的市级人民政府食品药品监督管理部门备案并提交其符合本条例第二十条规定条件的证明资料。

第二十二条　从事第二类、第三类医疗器械生产的，生产企业应当向所在地省、自治区、直辖市人民政府食品药品监督管理部门申请生产许可并提交其符合本条例第二十条规定条件的证明资料以及所生产医疗器械的注册证。

受理生产许可申请的食品药品监督管理部门应当自受理之日起30个工作日内对申请资料进行审核，按照国务院食品药品监督管理部门制定的医疗器械生产质量管理规范的要求进行核查。对符合规定条件的，准予许可并发给医疗器械生产许可证；对不符合规定条件的，不予许可并书面说明理由。

医疗器械生产许可证有效期为5年。有效期届满需要延续的，依照有关行政许可的法律规定办理延续手续。

第二十三条　医疗器械生产质量管理规范应当对医疗器械的设计开发、生产设备条件、原材料采购、生产过程控制、企业的机构设置和人员配备等影响医疗器械安全、有效的事项作出明确规定。

第二十四条　医疗器械生产企业应当按照医疗器械生产质量管理规范

的要求，建立健全与所生产医疗器械相适应的质量管理体系并保证其有效运行；严格按照经注册或者备案的产品技术要求组织生产，保证出厂的医疗器械符合强制性标准以及经注册或者备案的产品技术要求。

医疗器械生产企业应当定期对质量管理体系的运行情况进行自查，并向所在地省、自治区、直辖市人民政府食品药品监督管理部门提交自查报告。

第二十五条　医疗器械生产企业的生产条件发生变化，不再符合医疗器械质量管理体系要求的，医疗器械生产企业应当立即采取整改措施；可能影响医疗器械安全、有效的，应当立即停止生产活动，并向所在地县级人民政府食品药品监督管理部门报告。

第二十六条　医疗器械应当使用通用名称。通用名称应当符合国务院食品药品监督管理部门制定的医疗器械命名规则。

第二十七条　医疗器械应当有说明书、标签。说明书、标签的内容应当与经注册或者备案的相关内容一致。

医疗器械的说明书、标签应当标明下列事项：

（一）通用名称、型号、规格；

（二）生产企业的名称和住所、生产地址及联系方式；

（三）产品技术要求的编号；

（四）生产日期和使用期限或者失效日期；

（五）产品性能、主要结构、适用范围；

（六）禁忌症、注意事项以及其他需要警示或者提示的内容；

（七）安装和使用说明或者图示；

（八）维护和保养方法，特殊储存条件、方法；

（九）产品技术要求规定应当标明的其他内容。

第二类、第三类医疗器械还应当标明医疗器械注册证编号和医疗器械注册人的名称、地址及联系方式。

由消费者个人自行使用的医疗器械还应当具有安全使用的特别说明。

第二十八条　委托生产医疗器械，由委托方对所委托生产的医疗器械质量负责。受托方应当是符合本条例规定、具备相应生产条件的医疗器械生产企业。委托方应当加强对受托方生产行为的管理，保证其按照法定要求进行生产。

具有高风险的植入性医疗器械不得委托生产，具体目录由国务院食品药品监督管理部门制定、调整并公布。

第四章 医疗器械经营与使用

第二十九条 从事医疗器械经营活动，应当有与经营规模和经营范围相适应的经营场所和贮存条件，以及与经营的医疗器械相适应的质量管理制度和质量管理机构或者人员。

第三十条 从事第二类医疗器械经营的，由经营企业向所在地设区的市级人民政府食品药品监督管理部门备案并提交其符合本条例第二十九条规定条件的证明资料。

第三十一条 从事第三类医疗器械经营的，经营企业应当向所在地设区的市级人民政府食品药品监督管理部门申请经营许可并提交其符合本条例第二十九条规定条件的证明资料。

受理经营许可申请的食品药品监督管理部门应当自受理之日起30个工作日内进行审查，必要时组织核查。对符合规定条件的，准予许可并发给医疗器械经营许可证；对不符合规定条件的，不予许可并书面说明理由。

医疗器械经营许可证有效期为5年。有效期届满需要延续的，依照有关行政许可的法律规定办理延续手续。

第三十二条 医疗器械经营企业、使用单位购进医疗器械，应当查验供货者的资质和医疗器械的合格证明文件，建立进货查验记录制度。从事第二类、第三类医疗器械批发业务以及第三类医疗器械零售业务的经营企业，还应当建立销售记录制度。

记录事项包括：

（一）医疗器械的名称、型号、规格、数量；

（二）医疗器械的生产批号、有效期、销售日期；

（三）生产企业的名称；

（四）供货者或者购货者的名称、地址及联系方式；

（五）相关许可证明文件编号等。

进货查验记录和销售记录应当真实，并按照国务院食品药品监督管理部门规定的期限予以保存。国家鼓励采用先进技术手段进行记录。

第三十三条　运输、贮存医疗器械，应当符合医疗器械说明书和标签标示的要求；对温度、湿度等环境条件有特殊要求的，应当采取相应措施，保证医疗器械的安全、有效。

第三十四条　医疗器械使用单位应当有与在用医疗器械品种、数量相适应的贮存场所和条件。医疗器械使用单位应当加强对工作人员的技术培训，按照产品说明书、技术操作规范等要求使用医疗器械。

医疗器械使用单位配置大型医用设备，应当符合国务院卫生计生主管部门制定的大型医用设备配置规划，与其功能定位、临床服务需求相适应，具有相应的技术条件、配套设施和具备相应资质、能力的专业技术人员，并经省级以上人民政府卫生计生主管部门批准，取得大型医用设备配置许可证。

大型医用设备配置管理办法由国务院卫生计生主管部门会同国务院有关部门制定。大型医用设备目录由国务院卫生计生主管部门商国务院有关部门提出，报国务院批准后执行。

第三十五条　医疗器械使用单位对重复使用的医疗器械，应当按照国务院卫生计生主管部门制定的消毒和管理的规定进行处理。

一次性使用的医疗器械不得重复使用，对使用过的应当按照国家有关规定销毁并记录。

第三十六条　医疗器械使用单位对需要定期检查、检验、校准、保养、维护的医疗器械，应当按照产品说明书的要求进行检查、检验、校准、保养、维护并予以记录，及时进行分析、评估，确保医疗器械处于良好状态，保障使用质量；对使用期限长的大型医疗器械，应当逐台建立使用档案，记录其使用、维护、转让、实际使用时间等事项。记录保存期限不得少于医疗器械规定使用期限终止后5年。

第三十七条　医疗器械使用单位应当妥善保存购入第三类医疗器械的原始资料，并确保信息具有可追溯性。

使用大型医疗器械以及植入和介入类医疗器械的，应当将医疗器械的名称、关键性技术参数等信息以及与使用质量安全密切相关的必要信息记载到病历等相关记录中。

第三十八条　发现使用的医疗器械存在安全隐患的，医疗器械使用单位应当立即停止使用，并通知生产企业或者其他负责产品质量的机构进行检修；经检修仍不能达到使用安全标准的医疗器械，不得继续使用。

第三十九条　食品药品监督管理部门和卫生计生主管部门依据各自职责，分别对使用环节的医疗器械质量和医疗器械使用行为进行监督管理。

第四十条　医疗器械经营企业、使用单位不得经营、使用未依法注册、无合格证明文件以及过期、失效、淘汰的医疗器械。

第四十一条　医疗器械使用单位之间转让在用医疗器械，转让方应当确保所转让的医疗器械安全、有效，不得转让过期、失效、淘汰以及检验不合格的医疗器械。

第四十二条　进口的医疗器械应当是依照本条例第二章的规定已注册或者已备案的医疗器械。

进口的医疗器械应当有中文说明书、中文标签。说明书、标签应当符合本条例规定以及相关强制性标准的要求，并在说明书中载明医疗器械的原产地以及代理人的名称、地址、联系方式。没有中文说明书、中文标签或者说明书、标签不符合本条规定的，不得进口。

第四十三条　出入境检验检疫机构依法对进口的医疗器械实施检验；检验不合格的，不得进口。

国务院食品药品监督管理部门应当及时向国家出入境检验检疫部门通报进口医疗器械的注册和备案情况。进口口岸所在地出入境检验检疫机构应当及时向所在地设区的市级人民政府食品药品监督管理部门通报进口医疗器械的通关情况。

第四十四条　出口医疗器械的企业应当保证其出口的医疗器械符合进口国（地区）的要求。

第四十五条　医疗器械广告应当真实合法，不得含有虚假、夸大、误导性的内容。

医疗器械广告应当经医疗器械生产企业或者进口医疗器械代理人所在地省、自治区、直辖市人民政府食品药品监督管理部门审查批准，并取得医疗器械广告批准文件。广告发布者发布医疗器械广告，应当事先核查广告的批准文件及其真实性；不得发布未取得批准文件、批准文件的真实性未经核实或者广告内容与批准文件不一致的医疗器械广告。省、自治区、直辖市人民政府食品药品监督管理部门应当公布并及时更新已经批准的医疗器械广告目录以及批准的广告内容。

省级以上人民政府食品药品监督管理部门责令暂停生产、销售、进口和使用的医疗器械，在暂停期间不得发布涉及该医疗器械的广告。

医疗器械广告的审查办法由国务院食品药品监督管理部门会同国务院工商行政管理部门制定。

第五章　不良事件的处理与医疗器械的召回

第四十六条　国家建立医疗器械不良事件监测制度，对医疗器械不良事件及时进行收集、分析、评价、控制。

第四十七条　医疗器械生产经营企业、使用单位应当对所生产经营或者使用的医疗器械开展不良事件监测；发现医疗器械不良事件或者可疑不良事件，应当按照国务院食品药品监督管理部门的规定，向医疗器械不良事件监测技术机构报告。

任何单位和个人发现医疗器械不良事件或者可疑不良事件，有权向食品药品监督管理部门或者医疗器械不良事件监测技术机构报告。

第四十八条　国务院食品药品监督管理部门应当加强医疗器械不良事件监测信息网络建设。

医疗器械不良事件监测技术机构应当加强医疗器械不良事件信息监测，

主动收集不良事件信息；发现不良事件或者接到不良事件报告的，应当及时进行核实、调查、分析，对不良事件进行评估，并向食品药品监督管理部门和卫生计生主管部门提出处理建议。

医疗器械不良事件监测技术机构应当公布联系方式，方便医疗器械生产经营企业、使用单位等报告医疗器械不良事件。

第四十九条　食品药品监督管理部门应当根据医疗器械不良事件评估结果及时采取发布警示信息以及责令暂停生产、销售、进口和使用等控制措施。

省级以上人民政府食品药品监督管理部门应当会同同级卫生计生主管部门和相关部门组织对引起突发、群发的严重伤害或者死亡的医疗器械不良事件及时进行调查和处理，并组织对同类医疗器械加强监测。

第五十条　医疗器械生产经营企业、使用单位应当对医疗器械不良事件监测技术机构、食品药品监督管理部门开展的医疗器械不良事件调查予以配合。

第五十一条　有下列情形之一的，省级以上人民政府食品药品监督管理部门应当对已注册的医疗器械组织开展再评价：

（一）根据科学研究的发展，对医疗器械的安全、有效有认识上的改变的；

（二）医疗器械不良事件监测、评估结果表明医疗器械可能存在缺陷的；

（三）国务院食品药品监督管理部门规定的其他需要进行再评价的情形。

再评价结果表明已注册的医疗器械不能保证安全、有效的，由原发证部门注销医疗器械注册证，并向社会公布。被注销医疗器械注册证的医疗器械不得生产、进口、经营、使用。

第五十二条　医疗器械生产企业发现其生产的医疗器械不符合强制性标准、经注册或者备案的产品技术要求或者存在其他缺陷的，应当立即停止生产，通知相关生产经营企业、使用单位和消费者停止经营和使用，召回已经上市销售的医疗器械，采取补救、销毁等措施，记录相关情况，发布相关信息，并将医疗器械召回和处理情况向食品药品监督管理部门和卫生计生主管部门报告。

医疗器械经营企业发现其经营的医疗器械存在前款规定情形的，应当立即停止经营，通知相关生产经营企业、使用单位、消费者，并记录停止经营和通知情况。医疗器械生产企业认为属于依照前款规定需要召回的医疗器械，应当立即召回。

医疗器械生产经营企业未依照本条规定实施召回或者停止经营的，食品药品监督管理部门可以责令其召回或者停止经营。

第六章 监督检查

第五十三条 食品药品监督管理部门应当对医疗器械的注册、备案、生产、经营、使用活动加强监督检查，并对下列事项进行重点监督检查：

（一）医疗器械生产企业是否按照经注册或者备案的产品技术要求组织生产；

（二）医疗器械生产企业的质量管理体系是否保持有效运行；

（三）医疗器械生产经营企业的生产经营条件是否持续符合法定要求。

第五十四条 食品药品监督管理部门在监督检查中有下列职权：

（一）进入现场实施检查、抽取样品；

（二）查阅、复制、查封、扣押有关合同、票据、账簿以及其他有关资料；

（三）查封、扣押不符合法定要求的医疗器械，违法使用的零配件、原材料以及用于违法生产医疗器械的工具、设备；

（四）查封违反本条例规定从事医疗器械生产经营活动的场所。

食品药品监督管理部门进行监督检查，应当出示执法证件，保守被检查单位的商业秘密。

有关单位和个人应当对食品药品监督管理部门的监督检查予以配合，不得隐瞒有关情况。

第五十五条 对人体造成伤害或者有证据证明可能危害人体健康的医

疗器械，食品药品监督管理部门可以采取暂停生产、进口、经营、使用的紧急控制措施。

第五十六条　食品药品监督管理部门应当加强对医疗器械生产经营企业和使用单位生产、经营、使用的医疗器械的抽查检验。抽查检验不得收取检验费和其他任何费用，所需费用纳入本级政府预算。省级以上人民政府食品药品监督管理部门应当根据抽查检验结论及时发布医疗器械质量公告。

卫生计生主管部门应当对大型医用设备的使用状况进行监督和评估；发现违规使用以及与大型医用设备相关的过度检查、过度治疗等情形的，应当立即纠正，依法予以处理。

第五十七条　医疗器械检验机构资质认定工作按照国家有关规定实行统一管理。经国务院认证认可监督管理部门会同国务院食品药品监督管理部门认定的检验机构，方可对医疗器械实施检验。

食品药品监督管理部门在执法工作中需要对医疗器械进行检验的，应当委托有资质的医疗器械检验机构进行，并支付相关费用。

当事人对检验结论有异议的，可以自收到检验结论之日起7个工作日内选择有资质的医疗器械检验机构进行复检。承担复检工作的医疗器械检验机构应当在国务院食品药品监督管理部门规定的时间内作出复检结论。复检结论为最终检验结论。

第五十八条　对可能存在有害物质或者擅自改变医疗器械设计、原材料和生产工艺并存在安全隐患的医疗器械，按照医疗器械国家标准、行业标准规定的检验项目和检验方法无法检验的，医疗器械检验机构可以补充检验项目和检验方法进行检验；使用补充检验项目、检验方法得出的检验结论，经国务院食品药品监督管理部门批准，可以作为食品药品监督管理部门认定医疗器械质量的依据。

第五十九条　设区的市级和县级人民政府食品药品监督管理部门应当加强对医疗器械广告的监督检查；发现未经批准、篡改经批准的广告内容的医疗器械广告，应当向所在地省、自治区、直辖市人民政府食品药品监督管理部门报告，由其向社会公告。

工商行政管理部门应当依照有关广告管理的法律、行政法规的规定，对医疗器械广告进行监督检查，查处违法行为。食品药品监督管理部门发现医疗器械广告违法发布行为，应当提出处理建议并按照有关程序移交所在地同级工商行政管理部门。

第六十条 国务院食品药品监督管理部门建立统一的医疗器械监督管理信息平台。食品药品监督管理部门应当通过信息平台依法及时公布医疗器械许可、备案、抽查检验、违法行为查处情况等日常监督管理信息。但是，不得泄露当事人的商业秘密。

食品药品监督管理部门对医疗器械注册人和备案人、生产经营企业、使用单位建立信用档案，对有不良信用记录的增加监督检查频次。

第六十一条 食品药品监督管理等部门应当公布本单位的联系方式，接受咨询、投诉、举报。食品药品监督管理等部门接到与医疗器械监督管理有关的咨询，应当及时答复；接到投诉、举报，应当及时核实、处理、答复。对咨询、投诉、举报情况及其答复、核实、处理情况，应当予以记录、保存。

有关医疗器械研制、生产、经营、使用行为的举报经调查属实的，食品药品监督管理等部门对举报人应当给予奖励。

第六十二条 国务院食品药品监督管理部门制定、调整、修改本条例规定的目录以及与医疗器械监督管理有关的规范，应当公开征求意见；采取听证会、论证会等形式，听取专家、医疗器械生产经营企业和使用单位、消费者以及相关组织等方面的意见。

第七章 法律责任

第六十三条 有下列情形之一的，由县级以上人民政府食品药品监督管理部门没收违法所得、违法生产经营的医疗器械和用于违法生产经营的工具、设备、原材料等物品；违法生产经营的医疗器械货值金额不足1万元的，并处5万元以上10万元以下罚款；货值金额1万元以上的，并处货值金额 10 倍以上 20 倍以下罚款；情节严重的，5 年内不受理相关责任人及企业提出的医疗器械许可申请：

（一）生产、经营未取得医疗器械注册证的第二类、第三类医疗器械的；

（二）未经许可从事第二类、第三类医疗器械生产活动的；

（三）未经许可从事第三类医疗器械经营活动的。

有前款第一项情形、情节严重的，由原发证部门吊销医疗器械生产许可证或者医疗器械经营许可证。

未经许可擅自配置使用大型医用设备的，由县级以上人民政府卫生计生主管部门责令停止使用，给予警告，没收违法所得；违法所得不足 1 万元的，并处 1 万元以上 5 万元以下罚款；违法所得 1 万元以上的，并处违法所得 5 倍以上 10 倍以下罚款；情节严重的，5 年内不受理相关责任人及单位提出的大型医用设备配置许可申请。

第六十四条　提供虚假资料或者采取其他欺骗手段取得医疗器械注册证、医疗器械生产许可证、医疗器械经营许可证、大型医用设备配置许可证、广告批准文件等许可证件的，由原发证部门撤销已经取得的许可证件，并处 5 万元以上 10 万元以下罚款，5 年内不受理相关责任人及单位提出的医疗器械许可申请。

伪造、变造、买卖、出租、出借相关医疗器械许可证件的，由原发证部门予以收缴或者吊销，没收违法所得；违法所得不足 1 万元的，处 1 万元以上 3 万元以下罚款；违法所得 1 万元以上的，处违法所得 3 倍以上 5 倍以下罚款；构成违反治安管理行为的，由公安机关依法予以治安管理处罚。

第六十五条　未依照本条例规定备案的，由县级以上人民政府食品药品监督管理部门责令限期改正；逾期不改正的，向社会公告未备案单位和产品名称，可以处 1 万元以下罚款。

备案时提供虚假资料的，由县级以上人民政府食品药品监督管理部门向社会公告备案单位和产品名称；情节严重的，直接责任人员 5 年内不得从事医疗器械生产经营活动。

第六十六条　有下列情形之一的，由县级以上人民政府食品药品监督管理部门责令改正，没收违法生产、经营或者使用的医疗器械；违法生产、经营或者使用的医疗器械货值金额不足1万元的，并处2万元以上5万元以下罚款；货值金额1万元以上的，并处货值金额5倍以上10倍以下罚款；情节严重的，责令停产停业，直至由原发证部门吊销医疗器械注册证、医疗器械生产许可证、医疗器械经营许可证：

（一）生产、经营、使用不符合强制性标准或者不符合经注册或者备案的产品技术要求的医疗器械的；

（二）医疗器械生产企业未按照经注册或者备案的产品技术要求组织生产，或者未依照本条例规定建立质量管理体系并保持有效运行的；

（三）经营、使用无合格证明文件、过期、失效、淘汰的医疗器械，或者使用未依法注册的医疗器械的；

（四）食品药品监督管理部门责令其依照本条例规定实施召回或者停止经营后，仍拒不召回或者停止经营医疗器械的；

（五）委托不具备本条例规定条件的企业生产医疗器械，或者未对受托方的生产行为进行管理的。

医疗器械经营企业、使用单位履行了本条例规定的进货查验等义务，有充分证据证明其不知道所经营、使用的医疗器械为前款第一项、第三项规定情形的医疗器械，并能如实说明其进货来源的，可以免予处罚，但应当依法没收其经营、使用的不符合法定要求的医疗器械。

第六十七条　有下列情形之一的，由县级以上人民政府食品药品监督管理部门责令改正，处1万元以上3万元以下罚款；情节严重的，责令停产停业，直至由原发证部门吊销医疗器械生产许可证、医疗器械经营许可证：

（一）医疗器械生产企业的生产条件发生变化、不再符合医疗器械质量管理体系要求，未依照本条例规定整改、停止生产、报告的；

（二）生产、经营说明书、标签不符合本条例规定的医疗器械的；

（三）未按照医疗器械说明书和标签标示要求运输、贮存医疗器械的；

（四）转让过期、失效、淘汰或者检验不合格的在用医疗器械的。

第六十八条　有下列情形之一的，由县级以上人民政府食品药品监督管理部门和卫生计生主管部门依据各自职责责令改正，给予警告；拒不改正的，处5000元以上2万元以下罚款；情节严重的，责令停产停业，直至由原发证部门吊销医疗器械生产许可证、医疗器械经营许可证：

（一）医疗器械生产企业未按照要求提交质量管理体系自查报告的；

（二）医疗器械经营企业、使用单位未依照本条例规定建立并执行医疗器械进货查验记录制度的；

（三）从事第二类、第三类医疗器械批发业务以及第三类医疗器械零售业务的经营企业未依照本条例规定建立并执行销售记录制度的；

（四）对重复使用的医疗器械，医疗器械使用单位未按照消毒和管理的规定进行处理的；

（五）医疗器械使用单位重复使用一次性使用的医疗器械，或者未按照规定销毁使用过的一次性使用的医疗器械的；

（六）对需要定期检查、检验、校准、保养、维护的医疗器械，医疗器械使用单位未按照产品说明书要求检查、检验、校准、保养、维护并予以记录，及时进行分析、评估，确保医疗器械处于良好状态的；

（七）医疗器械使用单位未妥善保存购入第三类医疗器械的原始资料，或者未按照规定将大型医疗器械以及植入和介入类医疗器械的信息记载到病历等相关记录中的；

（八）医疗器械使用单位发现使用的医疗器械存在安全隐患未立即停止使用、通知检修，或者继续使用经检修仍不能达到使用安全标准的医疗器械的；

（九）医疗器械使用单位违规使用大型医用设备，不能保障医疗质量安全的；

（十）医疗器械生产经营企业、使用单位未依照本条例规定开展医疗器械不良事件监测，未按照要求报告不良事件，或者对医疗器械不良事件监测技术机构、食品药品监督管理部门开展的不良事件调查不予配合的。

第六十九条　违反本条例规定开展医疗器械临床试验的，由县级以上人民政府食品药品监督管理部门责令改正或者立即停止临床试验，可以处5

万元以下罚款；造成严重后果的，依法对直接负责的主管人员和其他直接责任人员给予降级、撤职或者开除的处分；该机构5年内不得开展相关专业医疗器械临床试验。

医疗器械临床试验机构出具虚假报告的，由县级以上人民政府食品药品监督管理部门处5万元以上10万元以下罚款；有违法所得的，没收违法所得；对直接负责的主管人员和其他直接责任人员，依法给予撤职或者开除的处分；该机构10年内不得开展相关专业医疗器械临床试验。

第七十条　医疗器械检验机构出具虚假检验报告的，由授予其资质的主管部门撤销检验资质，10年内不受理其资质认定申请；处5万元以上10万元以下罚款；有违法所得的，没收违法所得；对直接负责的主管人员和其他直接责任人员，依法给予撤职或者开除的处分；受到开除处分的，自处分决定作出之日起10年内不得从事医疗器械检验工作。

第七十一条　违反本条例规定，发布未取得批准文件的医疗器械广告，未事先核实批准文件的真实性即发布医疗器械广告，或者发布广告内容与批准文件不一致的医疗器械广告的，由工商行政管理部门依照有关广告管理的法律、行政法规的规定给予处罚。

篡改经批准的医疗器械广告内容的，由原发证部门撤销该医疗器械的广告批准文件，2年内不受理其广告审批申请。

发布虚假医疗器械广告的，由省级以上人民政府食品药品监督管理部门决定暂停销售该医疗器械，并向社会公布；仍然销售该医疗器械的，由县级以上人民政府食品药品监督管理部门没收违法销售的医疗器械，并处2万元以上5万元以下罚款。

第七十二条　医疗器械技术审评机构、医疗器械不良事件监测技术机构未依照本条例规定履行职责，致使审评、监测工作出现重大失误的，由县级以上人民政府食品药品监督管理部门责令改正，通报批评，给予警告；造成严重后果的，对直接负责的主管人员和其他直接责任人员，依法给予降级、撤职或者开除的处分。

第七十三条　食品药品监督管理部门、卫生计生主管部门及其工作人员应当严格依照本条例规定的处罚种类和幅度，根据违法行为的性质和具体情节行使行政处罚权，具体办法由国务院食品药品监督管理部门、卫生计生主管部门依据各自职责制定。

第七十四条　违反本条例规定，县级以上人民政府食品药品监督管理部门或者其他有关部门不履行医疗器械监督管理职责或者滥用职权、玩忽职守、徇私舞弊的，由监察机关或者任免机关对直接负责的主管人员和其他直接责任人员依法给予警告、记过或者记大过的处分；造成严重后果的，给予降级、撤职或者开除的处分。

第七十五条　违反本条例规定，构成犯罪的，依法追究刑事责任；造成人身、财产或者其他损害的，依法承担赔偿责任。

第八章　附　则

第七十六条　本条例下列用语的含义：

医疗器械，是指直接或者间接用于人体的仪器、设备、器具、体外诊断试剂及校准物、材料以及其他类似或者相关的物品，包括所需要的计算机软件；其效用主要通过物理等方式获得，不是通过药理学、免疫学或者代谢的方式获得，或者虽然有这些方式参与但是只起辅助作用；其目的是：

（一）疾病的诊断、预防、监护、治疗或者缓解；

（二）损伤的诊断、监护、治疗、缓解或者功能补偿；

（三）生理结构或者生理过程的检验、替代、调节或者支持；

（四）生命的支持或者维持；

（五）妊娠控制；

（六）通过对来自人体的样本进行检查，为医疗或者诊断目的提供信息。

医疗器械使用单位，是指使用医疗器械为他人提供医疗等技术服务的机构，包括取得医疗机构执业许可证的医疗机构，取得计划生育技术服务机构执业许可证的计划生育技术服务机构，以及依法不需要取得医疗机构执业许可证的血站、单采血浆站、康复辅助器具适配机构等。

大型医用设备，是指使用技术复杂、资金投入量大、运行成本高、对医疗费用影响大且纳入目录管理的大型医疗器械。

第七十七条 医疗器械产品注册可以收取费用。具体收费项目、标准分别由国务院财政、价格主管部门按照国家有关规定制定。

第七十八条 非营利的避孕医疗器械管理办法以及医疗卫生机构为应对突发公共卫生事件而研制的医疗器械的管理办法，由国务院食品药品监督管理部门会同国务院卫生计生主管部门制定。

中医医疗器械的管理办法，由国务院食品药品监督管理部门会同国务院中医药管理部门依据本条例的规定制定；康复辅助器具类医疗器械的范围及其管理办法，由国务院食品药品监督管理部门会同国务院民政部门依据本条例的规定制定。

第七十九条 军队医疗器械使用的监督管理，由军队卫生主管部门依据本条例和军队有关规定组织实施。

第八十条 本条例自 2014 年 6 月 1 日起施行。

2. 医疗器械生产企业质量体系考核办法（局令第22号）

《医疗器械生产企业质量体系考核办法》于2000年4月29日经国家药品监督管理局局务会审议通过，现予发布，自2000年7月1日起施行。

第一条 为加强医疗器械管理，强化企业质量控制，保证病患者的人身安全，根据《医疗器械监督管理条例》，制定本办法。

第二条 本办法适用于申请第二类、第三类医疗器械准产注册企业的审查及对企业的定期审查。

下列情况可视同已通过企业质量体系考核：

（一）企业获得国务院药品监督管理部门认可的质量认证机构颁发的GB/T19001和YY/T0287（或GB/T19002和YY/T0288）标准的质量体系认证证书，证书在有效期内的。

（二）已实施工业产品生产许可证的产品，其证书在有效期内的。

（三）已实施产品安全认证，企业持有的产品安全认证证书在有效期内的。

第三条 申请第二、三类医疗器械生产企业质量体系考核，均由所在地省、自治区、直辖市药品监督管理部门受理并组织考核。

国家规定的部分三类医疗器械，由所在地省、自治区、直辖市药品监督管理部门受理后，报国家药品监督管理局，由国家药品监督管理局组织考核。

部分三类医疗器械目录由国家药品监督管理局确定并公布。

质量体系的考核，可委托下一级药品监督管理部门或具有相应资格的第三方机构进行。质量体系考核结果由委托方负责。

第四条 企业在申请产品准产注册前，应填写《医疗器械生产企业质量体系考核申请书》（见附件1），向省级以上药品监督管理部门提出企业质量体系考核申请。

国家规定的部分三类医疗器械的质量体系考核，企业提出质量体系考核申请的同时，向国家药品监督管理局提交被考核产品的《质量保证手册》

和《程序文件》。

其他产品的质量体系考核，企业提出质量体系考核申请前，应按《质量体系考核企业自查表》（见附件1的附表）进行自查，填写自查表。自查表填写内容应如实、准确，以备现场考核时查验。

第五条 对二类医疗器械，省、自治区、直辖市药品监督管理部门应对企业填写的《质量体系考核企业自查表》和提供的相关资料进行审核，经审核后签署意见，必要时可对申请企业进行现场查验。

对三类医疗器械，按本办法第三条执行后，质量体系考核申请和考核报告（见附件1、附件2）应在国家药品监督管理局备案正本（原件）一份。

第六条 考核人员至少应有一人经贯彻 GB/T19001 和 YY/T0287 标准的培训，并取得内审员或外审员的资格；考核人员至少由二人组成；确定的考核人员与被考核的企业应无经济利益联系。

第七条 质量体系现场考核，参照质量体系认证审核的方法；依据附件1自查表确定的内容进行考核，重点考核项目及判定规则为：

产品类别	重点考核项目	考核结论
三类	四、1、2	1. 重点考核项目全部合格，其他考核项目不符合项不超过五项，判定为通过考核。 2. 重点考核项目有不合格，其他考核项目不符合项超过五项，判定为整改后复核。
	五、1、3	
	六、1、2、3	
	七、1、2、3、9、10	
	八、1、2、6、7、8	
	九、2、3、4、5	
四类	四、1	1. 重点考核项目全部合格，其他考核项目不符合项不超过五项，判定为通过考核。 2. 重点考核项目有不合格，其他考核项目不符合项超过五项，判定为整改后复核。
	五、1、3	
	六、1	
	七、1、2	
	八、1、6、8	
	九、2、3、4	

第八条　考核结论判定为"通过考核"的，对质量体系的评价和存在不合格项要如实陈述，对不合格项给出整改期限。不能如期完成整改的应作为"整改后复核"处理。

第九条　考核结论为"整改后复核"的，以"考核报告"的签署日起，企业必须在半年内完成整改并申请复核，逾期将取消申请准产注册资格。

第十条　企业产品质量体系考核以"考核报告"通过的签署日为准，其有效期为四年；在有效期内企业申请同类产品准产注册，不再进行考核（药品监督管理部门另有规定的除外）。

企业应定期进行质量体系自查，自查结果应按《质量体系考核企业自查表》的规定进行记录、归档。

省、自治区、直辖市药品监督管理部门定期对企业进行体系审查。

第十一条　企业通过质量体系考核后，不按规定进行自查、不按质量体系要求组织生产的，经核实，由所在地省、自治区、直辖市药品监督管理部门予以警告，并限期整改。

第十二条　本办法由国家药品监督管理局负责解释。

第十三条　本办法自2000年7月1日起施行。

附件1：《医疗器械生产企业质量体系考核申请书》

　附表：质量体系考核企业自查表

附件2：《医疗器械生产企业质量体系考核报告》

附件1：

医疗器械生产企业质量体系考核申请书

本企业根据《医疗器械监督管理条例》中医疗器械注册管理办法要求，准备办理：＿＿＿＿＿＿＿＿＿＿＿＿＿＿＿＿产品准产注册；现已按《医疗器械生产企业质量体系考核办法》做了准备，进行了质量体系自查，并保证填报内容真实，现申请质量体系考核。

食品药品行政执法参考案例（医疗器械部分）

附"质量体系考核企业自查表"一份。

_____（企业名称，法人代表签字）

____年____月____日（企业盖章）

附表 质量体系考核企业自查表

一、企业基本情况

企业名称						
经济性质			隶属关系			
地址						
邮编		电话		传真		
法人代表		职务		职称		
联系人		职务		职称		
企业管理人员一览表							
姓名	性别	年龄	文化程度	职务	职称	主管工作
主要产品种类：							
建厂日期：							
占地面积	平方米		建筑面积		平方米	
职工总数	人		中级职称以上人数		人	
注册资金	万元		固定资产原值		万元	
上年医械总产值	万元		上年医械销售收入		万元	
质量情况	（有无出口，国家质量抽查情况，试产期用户反映）						

· 258 ·

二、按照 GB/T19000 系列标准建立健全企业质量体系计划

1. 是否准备按 GB/T19001（或 GB/T19002）；YY/T0287（或 YY/T0288）标准建立健全本企业质量体系？是□否□

2. 企业打算在_____年申请质量体系认证。或尚无计划。

3. 企业有_____人接受了 GB/T19000 系列标准及 YY/T0288 标准的培训。取得内审员证书的有_____人。

4. 企业通过质量体系认证的困难是：

费用问题□；无人指导□；管理水平低□；认识不够□；迫切性不大□

三、本次申请注册产品名称和报告适用范围

申请注册产品名称：_____

本报告覆盖产品范围及名称：_____

四、企业质量管理职责

1. 与质量有关的管理、执行、验证工作人员是否规定了质量职责并形成文件。　　　　　　　　　　　　　　　　　　　　有□无□

2. 企业的管理者代表是_____。　　　或未指定□

3. 能否提供企业质量体系组织结构图。　　　　　　能□否□

4. 企业是否收集并保存与生产、经营有关的法律、法规、行政规章，各级质量标准。　　　　　　　　　　　　　　　　　　是□否□

5. 企业法人代表或管理者代表是否经过了 GB/T19000 及 YY/T0287 标准的培训。　　　　　　　　　　　　　　　　　　　　是□否□

五、设计控制

1. 企业是否建立并保持设计控制和验证的形成文件的程序或相应要求。

是□否□

2. 在设计过程中是否进行了风险分析。　　　　　　是□否□

3. 是否建立并保存了该产品的全部技术规范和应用的技术文件（包括产品技术文件清单）。　　　　　　　　　　　　　　　是□否□

4. 是否保存了试产注册后该产品设计修改的记录。　是□否□

六、采购控制

1. 是否建立并保持控制采购过程的形成文件的程序。 是□否□

2. 是否建立了申请准产注册产品主要采购内容清单，并确定了合格分承包方。 是□否□

3. 该产品的采购资料是否清楚、明确、齐全。 是□否□

七、过程控制

1. 是否确定了申请准产注册产品的关键过程和特殊过程（工序）并制定了相应的控制文件或作业指导书。 是□否□

2. 无菌医疗器械是否按照《无菌医疗器械生产管理规范》组织生产。

是□否□

3. 该产品所需的设备、工装、检验仪表是否具备，并能满足产品制造过程的要求。 是□否□

4. 参加该产品的施工制造人员是否具备相应资格或经过针对性的培训。

是□否□

5. 是否确定了该产品过程检验的内容、规程和记录。 是□否□

6. 是否对该产品要求的作业环境、产品清洁作出规定。 是□否□

7. 是否建立了用于该产品安装、查验的技术资料和接受准则。

是□否□

8. 是否规定了过程控制中应形成的记录。 是□否□

9. 是否对该产品的可追溯性范围和程度进行了确定（材料、元件、过程和去向）。 是□否□

10. 现场能否看到产品标识（包括最终产品的标签）及检验试验状态的标识。 是□否□

八、产品检验和试验

1. 是否设有专职的检验试验机构，并规定了其职责和权限。对有源医疗器械和植入性医疗器械是否记录了检验人员身份。 是□否□

2. 是否建立了进行检验和试验，形成文件的程序。 是□否□

3. 是否进行进货检验和验证。 是□否□

列出进货检验和验证规程、名称＿＿＿＿＿＿＿＿＿＿＿＿＿＿

＿＿＿＿＿＿＿＿＿＿＿＿＿＿＿＿＿＿＿＿＿＿＿＿＿＿＿＿＿。

4. 是否进行过程检验。 　　　　　　　　　　　　　是□否□

列出过程检验的检验规程、名称＿＿＿＿＿＿＿＿＿＿＿＿＿

＿＿＿＿＿＿＿＿＿＿＿＿＿＿＿＿＿＿＿＿＿＿＿＿＿＿＿＿＿。

5. 最终产品的检验试验是否覆盖了该产品的技术标准全部出厂检验项目。

　　　　　　　　　　　　　　　　　　　　　　　是□否□

6. 上述检验试验记录及最近一次型式试验报告是否保存。　是□否□

7. 企业有无相应的测试设备。　　　　　　　　　　　是□否□

8. 企业是否建立并实施了对检验、测量和试验设备进行控制、校准和维护的规定文件。　　　　　　　　　　　　　　　　　是□否□

九、其他方面

1. 企业是否定期对产品质量及质量管理工作进行审核、评审和评价。

　　　　　　　　　　　　　　　　　　　　　　　是□否□

2. 是否保留了前款评价活动的记录。　　　　　　　　是□否□

3. 是否对不合格品如何评价处理作出规定。　　　　　是□否□

4. 是否按一定程序处理顾客投诉并保留记录。　　　　是□否□

5. 有无实施纠正和预防措施的规定文件。　　　　　　是□否□

十、省级主管部门对企业自查结果的审核意见：

　　　　　　　　　　　　　　　　年　月　日（主管部门盖章）

附件2：

医疗器械生产企业质量体系考核报告

一、考核组成员

姓名	工作单位	职务	职称	备注

二、被考核方主要现场人员

姓名	职务	所在职能部门	职称

三、考核日期：_____

四、考核结论和建议

1. 对企业质量体系的基本评价。

2. 对主要不合格内容的陈述。

3. 考核结论（建议通过考核，建议整改后复核）。

4. 考核组长签字、日期。

五、企业法人代表意见

企业法人代表签字_____
日期_____

3. 一次性使用无菌医疗器械监督管理办法（暂行）（局令第 24 号）

《一次性使用无菌医疗器械监督管理办法》（暂行）于 2000 年 8 月 17 日经国家药品监督管理局局务会审议通过，现予发布，自发布之日起施行。

第一章 总 则

第一条 为加强一次性使用无菌医疗器械的监督管理，保证产品安全、有效，依据《医疗器械监督管理条例》制定本办法。

第二条 本办法所称一次性使用无菌医疗器械（以下简称无菌器械）是指无菌、无热原、经检验合格，在有效期内一次性直接使用的医疗器械。

无菌器械按《一次性使用无菌医疗器械目录》（以下简称《目录》）实施重点监督管理。《目录》（见附件）由国家药品监督管理局公布并调整。

第三条 凡在中华人民共和国境内从事无菌器械的生产、经营、使用、监督管理的单位或个人应当遵守本办法。

第二章 生产的监督管理

第四条 生产无菌器械应执行国家药品监督管理局颁布的《无菌医疗器具生产管理规范》及无菌器械的《生产实施细则》。

无菌器械必须严格按标准进行检验，未经检验或检验不合格的不得出厂。

第五条 生产无菌器械应按《生产实施细则》的要求采购材料、部件。企业应保存完整的采购、销售票据和记录，票据和记录应保存至产品有效期满二年。

购销记录应包括：销售或购进的单位名称，供应或采购数量、产品名称、型号规格、生产批号、灭菌批号、产品有效期等。

第六条 生产企业应从符合《生产实施细则》规定条件的单位购进接触无菌器械的包装材料或小包装，并应对产品包装的购入、储存、发放、使用等建立管理制度。

不合格的无菌器械及废弃、过期的无菌器械产品包装或零部件，必须在厂内就地毁形或销毁，不得流出厂外。

第七条　生产企业只能销售本企业生产的无菌器械。生产企业的销售人员应在销售所在地药品监督管理部门登记。销售时应出具下列证明：

（一）加盖本企业印章的"医疗器械生产企业许可证""医疗器械产品注册证"的复印件及产品合格证；

（二）加盖本企业印章和企业法定代表人印章或签字的企业法定代表人的委托授权书原件，委托授权书应明确授权范围；

（三）销售人员的身份证。

第八条　生产企业的企业名称、法定代表人或企业负责人发生变更的，企业应向省级药品监督管理局申请办理"医疗器械生产企业许可证"的变更手续后，向国家药品监督管理局申请办理"医疗器械产品注册证"的变更。国家、省级药品监督管理局应自受理申请之日起30个工作日内给予变更。

企业名称变更后，无菌器械的小、中、大包装标注的企业名称应在半年之内变更。新包装启用后，旧包装即停止使用，新、旧包装不得混用。

第九条　生产企业在原厂址或异地新建、改建、扩建洁净厂房的，经所在地省级药品监督管理部门对其质量体系进行初审后，由国家药品监督管理局组织质量体系现场审查和产品抽样检测，合格后方能生产。

第十条　生产企业连续停产一年以上的，须经省级药品监督管理局对现场质量体系进行审查和产品抽查，合格后方可恢复生产，连续停产二年以上的，其产品注册证书自行失效。

第十一条　留样观察或已售出的无菌器械产品出现质量问题，生产企业必须立即封存该批号产品，并通知有关单位停止销售和使用。造成人身伤亡事故的，要在24小时内，报告所在地省级药品监督管理部门。

第十二条　监督检查中，发现生产企业有不符合《生产实施细则》要求的，由实施监督检查的药品监督管理部门责令其限期整改。

第十三条　生产企业不得有下列行为：

（一）伪造或冒用他人厂名、厂址或生产企业证件；

（二）出租或出借本生产企业有效证件；

（三）违反规定采购零部件或产品包装；

（四）伪造或变造生产购销票据、生产原始记录、产品批号；

（五）对不合格品、废弃零部件、过期或废弃产品包装不按规定处理；

（六）擅自增加产品型号、规格；

（七）企业销售人员代销非本企业生产的产品；

（八）向城乡集贸市场提供无菌器械或直接参与城乡集贸市场无菌器械交易。

第三章 经营的监督管理

第十四条 经营企业应具有与其经营无菌器械相适应的营业场地和仓库。产品储存区域应避光、通风、无污染，具有防尘、防污染、防蚊蝇、防虫鼠和防异物混入等设施，符合产品标准的储存规定。

第十五条 经营企业应建立无菌器械质量跟踪制度，做到从采购到销售能追查到每批产品的质量情况。

无菌器械的购销记录必须真实、完整。购销记录应有：购销日期、购销对象、购销数量、产品名称、生产单位、型号规格、生产批号、灭菌批号、产品有效期；经办人、负责人签名等。

第十六条 经营企业应保存完整的无菌器械购销记录和有效证件，无菌器械购销记录及有效证件必须保存到产品有效期满后二年。

第十七条 经营企业销售人员销售无菌器械，应出具下列证明：

（一）加盖本企业印章的"医疗器械经营企业许可证""医疗器械产品注册证"的复印件及产品合格证；

（二）加盖本企业印章和企业法定代表人印章或签字的企业法定代表人的委托授权书原件，委托授权书应明确其授权范围；

（三）销售人员的身份证。

第十八条 经营企业发现不合格无菌器械，应立即停止销售，及时报告所在地药品监督管理部门。经验证为不合格的，经营企业必须及时通知该批无菌器械的经营企业和使用单位停止销售或使用。对不合格产品，应在所在地药品监督管理部门监督下予以处理。

对已销售给个人使用的不合格无菌器械，经营企业应向社会公告，主动收回不合格产品。

第十九条　经营企业经营不合格无菌器械，经营者不能指明不合格品生产者的，视为经营无产品注册证的产品；不能指明不合格品供货者的，视为从无"医疗器械经营企业许可证"的企业购进产品。

第二十条　经营无菌器械不得有下列行为：

（一）经营无有效证件、证照不齐、无产品合格证的无菌器械；

（二）伪造或冒用"医疗器械经营企业许可证"；

（三）出租或出借"医疗器械经营企业许可证"；

（四）经营不合格、过期或已淘汰无菌器械；

（五）无购销记录或伪造、变造购销记录；

（六）从非法渠道采购无菌器械；

（七）向城乡集贸市场提供无菌器械或直接参与城乡集贸市场无菌器械交易。

第四章　使用的监督

第二十一条　医疗机构应从具有"医疗器械生产企业许可证"或"医疗器械经营企业许可证"的企业购进无菌器械。

医疗机构应建立无菌器械采购、验收制度，严格执行并做好记录。采购记录至少应包括：购进产品的企业名称、产品名称、型号规格、产品数量、生产批号、灭菌批号、产品有效期等。按照记录应能追查到每批无菌器械的进货来源。

（一）从生产企业采购无菌器械，应验明生产企业销售人员出具的证明，所出具证明的内容按第七条规定。

（二）从经营企业采购无菌器械，应验明经营企业销售人员出具的证明，所出具证明的内容按第十七条规定。

第二十二条　医疗机构应建立无菌器械使用后销毁制度。使用过的无菌器械必须按规定销毁，使其零部件不再具有使用功能，经消毒无害化处理，并做好记录。

医疗机构不得重复使用无菌器械。

第二十三条　医疗机构发现不合格无菌器械，应立即停止使用、封存，并及时报告所在地药品监督管理部门，不得擅自处理。

经验证为不合格的无菌器械，在所在地药品监督管理部门的监督下予以处理。

第二十四条　医疗机构使用不合格无菌器械，不能指明不合格品生产者的，视为使用无产品注册证的产品；不能指明不合格品供货者的，视为从无"医疗器械经营企业许可证"的企业购进产品。

第二十五条　医疗机构使用无菌器械发生严重不良事件时，应在事件发生后24小时内，报告所在地省级药品监督管理部门和卫生行政部门。

第二十六条　医疗机构不得有下列行为：

（一）从非法渠道购进无菌器械；

（二）使用小包装已破损、标识不清的无菌器械；

（三）使用过期、已淘汰无菌器械；

（四）使用无"医疗器械产品注册证"、无医疗器械产品合格证的无菌器械。

第五章　无菌器械的监督检查

第二十七条　国家药品监督管理局负责编制全国无菌器械的抽查计划，并组织实施。省级药品监督管理局负责编制本辖区无菌器械的抽查计划，报国家药品监督管理局备案后组织实施。

国家药品监督管理局和各省、自治区、直辖市药品监督管理局公布无菌器械抽查结果。

第二十八条　生产、经营企业和医疗机构对抽查结果有异议的，可以自收到检验报告之日起15日内，向实施抽查的药品监督管理部门或上一级药品监督管理部门申请复验,由受理复验的药品监督管理部门作出复验结论。

第六章 罚 则

第二十九条 未取得"医疗器械产品注册证"生产无菌器械的,依据《医疗器械监督管理条例》第三十五条处罚。

已取得"无菌器械产品注册证"的企业新建、改建厂房未经批准擅自生产的;伪造他人厂名、厂址、产品批号的;伪造或冒用"医疗器械产品注册证",擅自增加无菌器械型号、规格的,依据《医疗器械监督管理条例》第三十五条处罚。

第三十条 未取得"医疗器械生产企业许可证"生产无菌器械的,伪造或冒用他人"医疗器械生产企业许可证"的,依据《医疗器械监督管理条例》第三十六条处罚。

第三十一条 生产不符合国家标准或行业标准的无菌器械的,依据《医疗器械监督管理条例》第三十七条处罚。

第三十二条 未取得"医疗器械经营企业许可证"经营无菌器械的,依据《医疗器械监督管理条例》第三十八条处罚。

第三十三条 经营无产品注册证、无合格证明、过期、失效、淘汰的无菌器械的,或者从非法渠道购进无菌器械的,依据《医疗器械监督管理条例》第三十九条处罚。

第三十四条 办理无菌器械注册申报时,提供虚假证明、文件资料、样品,或者采取其他欺骗手段,骗取无菌器械产品注册证书的,依据《医疗器械监督管理条例》第四十条处罚。

第三十五条 医疗机构使用无"医疗器械产品注册证"、无合格证明、过期、失效、淘汰无菌器械的,或者从非法渠道购进无菌器械的,依据《医疗器械监督管理条例》第四十二条处罚。

第三十六条 医疗机构重复使用无菌器械的,或者对应当销毁未进行销毁的,按《医疗器械监督管理条例》第四十三条处罚。

第三十七条 无菌器械的生产、经营企业和医疗机构违反本办法规定，有下列行为之一的，由县级以上药品监督管理部门责令改正，给予警告，并处 1 万元以上 3 万元以下罚款：

（一）生产企业违反《生产实施细则》规定生产的；

（二）生产企业伪造产品原始记录及购销票据的；

（三）生产企业销售其他企业无菌器械的；

（四）生产、经营企业将有效证件出租、出借给他人使用的；

（五）经营不合格无菌器械的；

（六）医疗机构未建立使用后销毁制度或伪造、变造无菌器械采购、使用后销毁记录的；

（七）生产、经营企业、医疗机构向城乡集贸市场提供无菌器械或直接参与城乡集贸市场无菌器械交易的。

第三十八条 无菌器械生产企业违反规定采购零配件和产品包装的或销售不合格无菌器械的，由县级以上药品监督管理部门予以警告，责令改正，并处以 5000 元以上 2 万以下罚款。

第三十九条 无菌器械经营企业，无购销记录或伪造购销记录，伪造生产批号、灭菌批号、产品有效期的，由县级以上药品监督管理部门予以警告，责令停止经营，并处以 5000 元以上 2 万元以下罚款。

第四十条 无菌器械的生产、经营企业和医疗机构违反本办法规定，有下列行为之一的，由县级以上药品监督管理部门责令改正，给予警告：

（一）发现不合格无菌器械，不按规定报告，擅自处理的；

（二）对废弃零部件、过期或废弃的产品包装，不按规定处理的；

（三）经营或使用小包装已破损、标识不清的无菌器械的；

（四）使用无菌器械发生严重不良事件时，不按规定报告的。

第七章 附　　则

第四十一条 本办法由国家药品监督管理局负责解释。

第四十二条 本办法自颁布之日起实施。

附件：

一次性使用无菌医疗器械产品目录

序号	产品名称	产品标准	产品类别
1	一次性使用无菌注射器	GB 15810—1995	三类
2	一次性使用输液器	GB 8368—1998	三类
3	一次性使用输血器	GB 8369—1998	三类
4	一次性使用滴定管式输液器	YY 0286—1996	三类
5	一次性使用无菌注射针	GB 15811—1995	三类
6	一次性使用静脉输液针	YY 0028—90	三类
7	一次性使用塑料血袋	GB 14232—93	三类
8	一次性使用采血器	YY 0115—93	三类

4. 进口医疗器械检验监督管理办法（质检总局令第95号）

《进口医疗器械检验监督管理办法》已经2007年5月30日国家质量监督检验检疫总局局务会议审议通过，现予公布，自2007年12月1日起施行。

第一章 总 则

第一条 为加强进口医疗器械检验监督管理，保障人体健康和生命安全，根据《中华人民共和国进出口商品检验法》（以下简称商检法）及其实施条例和其他有关法律法规规定，制定本办法。

第二条 本办法适用于：

（一）对医疗器械进口单位实施分类管理；

（二）对进口医疗器械实施检验监管；

（三）对进口医疗器械实施风险预警及快速反应管理。

第三条 国家质量监督检验检疫总局（以下简称国家质检总局）主管全国进口医疗器械检验监督管理工作，负责组织收集整理与进口医疗器械相关的风险信息、风险评估并采取风险预警及快速反应措施。

国家质检总局设在各地的出入境检验检疫机构（以下简称检验检疫机构）负责所辖地区进口医疗器械检验监督管理工作，负责收集与进口医疗器械相关的风险信息及快速反应措施的具体实施。

第二章 医疗器械进口单位分类监管

第四条 检验检疫机构根据医疗器械进口单位的管理水平、诚信度、进口医疗器械产品的风险等级、质量状况和进口规模，对医疗器械进口单位实施分类监管，具体分为三类。

医疗器械进口单位可以根据条件自愿提出分类管理申请。

第五条 一类进口单位应当符合下列条件：

（一）严格遵守商检法及其实施条例、国家其他有关法律法规以及国家质检总局的相关规定，诚信度高，连续5年无不良记录；

（二）具有健全的质量管理体系，获得 ISO9000 质量体系认证，具备健全的质量管理制度，包括进口报检、进货验收、仓储保管、质量跟踪和缺陷报告等制度；

（三）具有 2 名以上经检验检疫机构培训合格的质量管理人员，熟悉相关产品的基本技术、性能和结构，了解我国对进口医疗器械检验监督管理；

（四）代理或者经营实施强制性产品认证制的进口医疗器械产品的，应当获得相应的证明文件；

（五）代理或者经营的进口医疗器械产品质量信誉良好，2 年内未发生由于产品质量责任方面的退货、索赔或者其他事故等；

（六）连续从事医疗器械进口业务不少于 6 年，并能提供相应的证明文件；

（七）近 2 年每年进口批次不少于 30 批；

（八）收集并保存有关医疗器械的国家标准、行业标准及医疗器械的法规规章及专项规定，建立和保存比较完善的进口医疗器械资料档案，保存期不少于 10 年；

（九）具备与其进口的医疗器械产品相适应的技术培训和售后服务能力，或者约定由第三方提供技术支持；

（十）具备与进口医疗器械产品范围与规模相适应的、相对独立的经营场所和仓储条件。

第六条 二类进口单位应当具备下列条件：

（一）严格遵守商检法及其实施条例、国家其他有关法律法规以及国家质检总局的相关规定，诚信度较高，连续 3 年无不良记录；

（二）具有健全的质量管理体系，具备健全的质量管理制度，包括进口报检、进货验收、仓储保管、质量跟踪和缺陷报告等制度；

（三）具有 1 名以上经检验检疫机构培训合格的质量管理人员，熟悉相关产品的基本技术、性能和结构，了解我国对进口医疗器械检验监督管理的人员；

（四）代理或者经营实施强制性产品认证制度的进口医疗器械产品的，

应当获得相应的证明文件；

（五）代理或者经营的进口医疗器械产品质量信誉良好，1年内未发生由于产品质量责任方面的退货、索赔或者其他事故等；

（六）连续从事医疗器械进口业务不少于3年，并能提供相应的证明文件；

（七）近2年每年进口批次不少于10批；

（八）收集并保存有关医疗器械的国家标准、行业标准及医疗器械的法规规章及专项规定，建立和保存比较完善的进口医疗器械资料档案，保存期不少于10年；

（九）具备与其进口的医疗器械产品相适应的技术培训和售后服务能力，或者约定由第三方提供技术支持；

（十）具备与进口医疗器械产品范围与规模相适应的、相对独立的经营场所。

第七条 三类进口单位包括：

（一）从事进口医疗器械业务不满3年的进口单位；

（二）从事进口医疗器械业务已满3年，但未提出分类管理申请的进口单位；

（三）提出分类申请，经考核不符合一、二类进口单位条件，未列入一、二类分类管理的进口单位。

第八条 申请一类进口单位或者二类进口单位的医疗器械进口单位（以下简称申请单位），应当向所在地直属检验检疫局提出申请，并提交以下材料：

（一）书面申请书，并有授权人签字和单位盖章；

（二）法人营业执照、医疗器械经营企业许可证；

（三）质量管理体系认证证书、质量管理文件；

（四）质量管理人员经检验检疫机构培训合格的证明文件；

（五）近2年每年进口批次的证明材料；

（六）遵守国家相关法律法规以及提供资料真实性的承诺书（自我声明）。

第九条　直属检验检疫局应当在 5 个工作日内完成对申请单位提交的申请的书面审核。申请材料不齐的，应当要求申请单位补正。

申请一类进口单位的，直属检验检疫局应当在完成书面审核后组织现场考核，考核合格的，将考核结果和相关材料报国家质检总局。国家质检总局对符合一类进口单位条件的申请单位进行核准，并定期对外公布一类进口单位名单。

申请二类进口单位的，直属检验检疫局完成书面审核后，可以自行或者委托进口单位所在地检验检疫机构组织现场考核。考核合格的，由直属检验检疫局予以核准并报国家质检总局备案，直属检验检疫局负责定期对外公布二类进口单位名单。

第三章　进口医疗器械风险等级及检验监管

第十条　检验检疫机构按照进口医疗器械的风险等级、进口单位的分类情况，根据国家质检总局的相关规定，对进口医疗器械实施现场检验，以及与后续监督管理（以下简称监督检验）相结合的检验监管模式。

第十一条　国家质检总局根据进口医疗器械的结构特征、使用形式、使用状况、国家医疗器械分类的相关规则以及进口检验管理的需要等，将进口医疗器械产品分为高风险、较高风险和一般风险三个风险等级。

进口医疗器械产品风险等级目录由国家质检总局确定、调整，并在实施之日前 60 日公布。

第十二条　符合下列条件的进口医疗器械产品为高风险等级：

（一）植入人体的医疗器械；

（二）介入人体的有源医疗器械；

（三）用于支持、维持生命的医疗器械；

（四）对人体有潜在危险的医学影像设备及能量治疗设备；

（五）产品质量不稳定，多次发生重大质量事故，对其安全性有效性必须严格控制的医疗器械。

第十三条　符合下列条件的进口医疗器械产品为较高风险等级：

（一）介入人体的无源医疗器械；

（二）不属于高风险的其他与人体接触的有源医疗器械；

（三）产品质量较不稳定，多次发生质量问题，对其安全性有效性必须严格控制的医疗器械。

第十四条　未列入高风险、较高风险等级的进口医疗器械属于一般风险等级。

第十五条　进口高风险医疗器械的，按照以下方式进行检验管理：

（一）一类进口单位进口的，实施现场检验与监督检验相结合的方式，其中年批次现场检验率不低于50%；

（二）二、三类进口单位进口的，实施批批现场检验。

第十六条　进口较高风险医疗器械的，按照以下方式进行检验管理：

（一）一类进口单位进口的，年批次现场检验率不低于30%；

（二）二类进口单位进口的，年批次现场检验率不低于50%；

（三）三类进口单位进口的，实施批批现场检验。

第十七条　进口一般风险医疗器械的，实施现场检验与监督检验相结合的方式进行检验管理，其中年批次现场检验率分别为：

（一）一类进口单位进口的，年批次现场检验率不低于10%；

（二）二类进口单位进口的，年批次现场检验率不低于30%；

（三）三类进口单位进口的，年批次现场检验率不低于50%。

第十八条　根据需要，国家质检总局对高风险的进口医疗器械可以按照对外贸易合同约定，组织实施监造、装运前检验和监装。

第十九条　进口医疗器械进口时，进口医疗器械的收货人或者其代理人（以下简称报检人）应当向报关地检验检疫机构报检，并提供下列材料：

（一）报检规定中要求提供的单证；

（二）属于《实施强制性产品认证的产品目录》内的医疗器械，应当提供中国强制性认证证书；

（三）国务院药品监督管理部门审批注册的进口医疗器械注册证书；

（四）进口单位为一、二类进口单位的，应当提供检验检疫机构签发的进口单位分类证明文件。

第二十条　口岸检验检疫机构应当对报检材料进行审查，不符合要求的，应当通知报检人；经审查符合要求的，签发《入境货物通关单》，货物办理海关报关手续后，应当及时向检验检疫机构申请检验。

第二十一条　进口医疗器械应当在报检人报检时申报的目的地检验。

对需要结合安装调试实施检验的进口医疗器械，应当在报检时明确使用地，由使用地检验检疫机构实施检验。需要结合安装调试实施检验的进口医疗器械目录由国家质检总局对外公布实施。

对于植入式医疗器械等特殊产品，应当在国家质检总局指定的检验检疫机构实施检验。

第二十二条　检验检疫机构按照国家技术规范的强制性要求对进口医疗器械进行检验；尚未制定国家技术规范的强制性要求的，可以参照国家质检总局指定的国外有关标准进行检验。

第二十三条　检验检疫机构对进口医疗器械实施现场检验和监督检验的内容可以包括：

（一）产品与相关证书一致性的核查；

（二）数量、规格型号、外观的检验；

（三）包装、标签及标志的检验，如使用木质包装的，须实施检疫；

（四）说明书、随机文件资料的核查；

（五）机械、电气、电磁兼容等安全方面的检验；

（六）辐射、噪声、生化等卫生方面的检验；

（七）有毒有害物质排放、残留以及材料等环保方面的检验；

（八）涉及诊断、治疗的医疗器械性能方面的检验；

（九）产品标识、标志以及中文说明书的核查。

第二十四条　检验检疫机构对实施强制性产品认证制度的进口医疗器械实行入境验证，查验单证，核对证货是否相符，必要时抽取样品送指定实验室，按照强制性产品认证制度和国家规定的相关标准进行检测。

第二十五条　进口医疗器械经检验未发现不合格的，检验检疫机构应当出具《入境货物检验检疫证明》。

经检验发现不合格的，检验检疫机构应当出具《检验检疫处理通知书》，需要索赔的应当出具检验证书。涉及人身安全、健康、环境保护项目不合格的，或者可以技术处理的项目经技术处理后经检验仍不合格的，由检验检疫机构责令当事人销毁，或者退货并书面告知海关，并上报国家质检总局。

第四章 进口捐赠医疗器械检验监管

第二十六条 进口捐赠的医疗器械应当未经使用，且不得夹带有害环境、公共卫生的物品或者其他违禁物品。

第二十七条 进口捐赠医疗器械禁止夹带列入我国《禁止进口货物目录》的物品。

第二十八条 向中国境内捐赠医疗器械的境外捐赠机构，须由其或者其在中国的代理机构向国家质检总局办理捐赠机构及其捐赠医疗器械的备案。

第二十九条 国家质检总局在必要时可以对进口捐赠的医疗器械组织实施装运前预检验。

第三十条 接受进口捐赠医疗器械的单位或者其代理人应当持相关批准文件向报关地的检验检疫机构报检，向使用地的检验检疫机构申请检验。

检验检疫机构凭有效的相关批准文件接受报检，实施口岸查验，使用地检验。

第三十一条 境外捐赠的医疗器械经检验检疫机构检验合格并出具《入境货物检验检疫证明》后，受赠人方可使用；经检验不合格的，按照商检法及其实施条例的有关规定处理。

第五章 风险预警与快速反应

第三十二条 国家质检总局建立对进口医疗器械的风险预警机制。通过对缺陷进口医疗器械等信息的收集和评估，按照有关规定发布警示信息，并采取相应的风险预警措施及快速反应措施。

第三十三条 检验检疫机构需定期了解辖区内使用的进口医疗器械的质

量状况，发现进口医疗器械发生重大质量事故，应及时报告国家质检总局。

第三十四条　进口医疗器械的制造商、进口单位和使用单位在发现其医疗器械中有缺陷的应当向检验检疫机构报告，对检验检疫机构采取的风险预警措施及快速反应措施应当予以配合。

第三十五条　对缺陷进口医疗器械的风险预警措施包括：

（一）向检验检疫机构发布风险警示通报，加强对缺陷产品制造商生产的和进口单位进口的医疗器械的检验监管；

（二）向缺陷产品的制造商、进口单位发布风险警示通告，敦促其及时采取措施，消除风险；

（三）向消费者和使用单位发布风险警示通告，提醒其注意缺陷进口医疗器械的风险和危害；

（四）向国内有关部门、有关国家和地区驻华使馆或者联络处、有关国际组织和机构通报情况，建议其采取必要的措施。

第三十六条　对缺陷进口医疗器械的快速反应措施包括：

（一）建议暂停使用存在缺陷的医疗器械；

（二）调整缺陷进口医疗器械进口单位的分类管理的类别；

（三）停止缺陷医疗器械的进口；

（四）暂停或者撤销缺陷进口医疗器械的国家强制性产品认证证书；

（五）其他必要的措施。

第六章　监督管理

第三十七条　检验检疫机构每年对一、二类进口单位进行至少一次监督审核，发现下列情况之一的，可以根据情节轻重对其作降类处理：

（一）进口单位出现不良诚信记录的；

（二）所进口的医疗器械存在重大安全隐患或者发生重大质量问题的；

（三）经检验检疫机构检验，进口单位年进口批次中出现不合格批次达10%；

（四）进口单位年进口批次未达到要求的；

(五）进口单位有违反法律法规其他行为的。

降类的进口单位必须在 12 个月后才能申请恢复原来的分类管理类别，且必须经过重新考核、核准、公布。

第三十八条　进口医疗器械出现下列情况之一的，检验检疫机构经本机构负责人批准，可以对进口医疗器械实施查封或者扣押，但海关监管货物除外：

（一）属于禁止进口的；

（二）存在安全卫生缺陷或者可能造成健康隐患、环境污染的；

（三）可能危害医患者生命财产安全，情况紧急的。

第三十九条　国家质检总局负责对检验检疫机构实施进口医疗器械检验监督管理人员资格的培训和考核工作。未经考核合格的人员不得从事进口医疗器械的检验监管工作。

第四十条　用于科研及其他非作用于患者目的的进口旧医疗器械，经国家质检总局及其他相关部门批准后，方可进口。

经原厂再制造的进口医疗器械，其安全及技术性能满足全新医疗器械应满足的要求，并符合国家其他有关规定的，由检验检疫机构进行合格评定后，经国家质检总局批准方可进口。

禁止进口前两款规定以外的其他旧医疗器械。

第七章　法律责任

第四十一条　擅自销售、使用未报检或者未经检验的属于法定检验的进口医疗器械，或者擅自销售、使用应当申请进口验证而未申请的进口医疗器械的，由检验检疫机构没收违法所得，并处商品货值金额 5% 以上 20% 以下罚款；构成犯罪的，依法追究刑事责任。

第四十二条　销售、使用经法定检验、抽查检验或者验证不合格的进口医疗器械的，由检验检疫机构责令停止销售、使用，没收违法所得和违法销售、使用的商品，并处违法销售、使用的商品货值金额等值以上 3 倍以下罚款；构成犯罪的，依法追究刑事责任。

第四十三条　医疗器械的进口单位进口国家禁止进口的旧医疗器械的，

按照国家有关规定予以退货或者销毁。进口旧医疗器械属机电产品的，情节严重的，由检验检疫机构并处100万元以下罚款。

第四十四条 检验检疫机构的工作人员滥用职权、故意刁难的，徇私舞弊、伪造检验结果的，或者玩忽职守、延误检验出证的，依法给予行政处分；构成犯罪的，依法追究刑事责任。

第八章 附 则

第四十五条 本办法所指的进口医疗器械，是指从境外进入中华人民共和国境内的，单独或者组合使用于人体的仪器、设备、器具、材料或者其他物品，包括所配套使用的软件，其使用旨在对疾病进行预防、诊断、治疗、监护、缓解，对损伤或者残疾进行诊断、治疗、监护、缓解、补偿，对解剖或者生理过程进行研究、替代、调节，对妊娠进行控制等。

本办法所指的缺陷进口医疗器械，是指不符合国家强制性标准的规定的，或者存在可能危及人身、财产安全的不合理危险的进口医疗器械。

本办法所指的进口单位是指具有法人资格，对外签订并执行进口医疗器械贸易合同或者委托外贸代理进口医疗器械的中国境内企业。

第四十六条 从境外进入保税区、出口加工区等海关监管区域供使用的医疗器械，以及从保税区、出口加工区等海关监管区域进入境内其他区域的医疗器械，按照本办法执行。

第四十七条 用于动物的进口医疗器械参照本办法执行。

第四十八条 进口医疗器械中属于锅炉压力容器的，其安全监督检验还应当符合国家质检总局其他相关规定。属于《中华人民共和国进口计量器具型式审查目录》内的进口医疗器械，还应当符合国家有关计量法律法规的规定。

第四十九条 本办法由国家质检总局负责解释。

第五十条 本办法自2007年12月1日起施行。

5. 医疗器械广告审查发布标准（局令第 40 号）

《医疗器械广告审查发布标准》已经国家工商行政管理总局局务会、中华人民共和国卫生部部务会审议通过，现予发布，自 2009 年 5 月 20 日起施行。

第一条　为了保证医疗器械广告的真实、合法、科学，制定本标准。

第二条　发布医疗器械广告，应当遵守《中华人民共和国广告法》（以下简称《广告法》）《中华人民共和国反不正当竞争法》（以下简称《反不正当竞争法》）《医疗器械监督管理条例》及国家有关规定。

第三条　下列产品不得发布广告：

（一）食品药品监督管理部门依法明令禁止生产、销售和使用的医疗器械产品；

（二）医疗机构研制的在医疗机构内部使用的医疗器械。

第四条　医疗器械广告中有关产品名称、适用范围、性能结构及组成、作用机理等内容应当以食品药品监督管理部门批准的产品注册证明文件为准。

第五条　医疗器械产品注册证明文件中有禁忌内容、注意事项的，应在广告中标明"禁忌内容或注意事项详见说明书"。

第六条　医疗器械广告中必须标明经批准的医疗器械名称、医疗器械生产企业名称、医疗器械注册证号、医疗器械广告批准文号。

经审批的医疗器械广告在广播电台发布时，可以不播出医疗器械广告批准文号。

仅出现医疗器械产品名称的，不受前款限制，但应标明医疗器械注册证号。

第七条　医疗器械广告中不得以任何非医疗器械产品名称代替医疗器械产品名称进行宣传。

第八条　推荐给个人使用的医疗器械产品广告，必须标明"请仔细阅读产品说明书或在医务人员的指导下购买和使用"。

第九条 医疗器械广告中涉及改善和增强性功能内容的，必须与经批准的医疗器械注册证明文件中的适用范围完全一致，不得出现表现性器官的内容。

报纸头版、期刊封面不得发布含有前款内容的广告。电视台、广播电台不得在7：00~22：00发布含有前款内容的广告。

第十条 医疗器械广告中有关适用范围和功效等内容的宣传应当科学准确，不得出现下列情形：

（一）含有表示功效的断言或者保证的；

（二）说明有效率和治愈率的；

（三）与其他医疗器械产品、药品或其他治疗方法的功效和安全性对比；

（四）在向个人推荐使用的医疗器械广告中，利用消费者缺乏医疗器械专业、技术知识和经验的弱点，使用超出产品注册证明文件以外的专业化术语或不科学的用语描述该产品的特征或作用机理；

（五）含有无法证实其科学性的所谓"研究发现""实验或数据证明"等方面的内容；

（六）违反科学规律，明示或暗示包治百病、适应所有症状的；

（七）含有"安全""无毒副作用""无效退款""无依赖""保险公司承保"等承诺性用语，含有"唯一""精确""最新技术""最先进科学""国家级产品""填补国内空白"等绝对化或排他性的用语；

（八）声称或暗示该医疗器械为正常生活或治疗病症所必需等内容的；

（九）含有明示或暗示该医疗器械能应付现代紧张生活或升学、考试的需要，能帮助改善或提高成绩，能使精力旺盛、增强竞争力、能增高、能益智等内容。

第十一条 医疗器械广告应当宣传和引导合理使用医疗器械，不得直接或间接怂恿公众购买使用，不得含有以下内容。

（一）含有不科学的表述或者通过渲染、夸大某种健康状况或者疾病所导致的危害，引起公众对所处健康状况或所患疾病产生担忧和恐惧，或使公众误解不使用该产品会患某种疾病或加重病情的；

（二）含有"家庭必备"或者类似内容的；

（三）含有评比、排序、推荐、指定、选用、获奖等综合性评价内容的；

（四）含有表述该产品处于"热销""抢购""试用"等的内容。

第十二条　医疗器械广告中不得含有利用医药科研单位、学术机构、医疗机构或者专家、医生、患者的名义和形象作证明的内容。

医疗器械广告中不得含有军队单位或者军队人员的名义、形象。不得利用军队装备、设施从事医疗器械广告宣传。

第十三条　医疗器械广告不得含有涉及公共信息、公共事件或其他与公共利益相关联的内容，如各类疾病信息、经济社会发展成果或医疗科学以外的科技成果。

第十四条　医疗器械广告中不得含有医疗机构的名称、地址、联系办法、诊疗项目、诊疗方法以及有关义诊、医疗（热线）咨询、开设特约门诊等医疗服务的内容。

第十五条　医疗器械广告不得在未成年人出版物和频道、节目、栏目上发布。

医疗器械广告不得以儿童为诉求对象，不得以儿童的名义介绍医疗器械。

第十六条　按照本标准第六条规定必须在医疗器械广告中出现的内容，其字体和颜色必须清晰可见、易于辨认。上述内容在电视、互联网、显示屏等媒体发布时，出现时间不得少于5秒。

第十七条　违反本标准规定发布的广告，构成虚假广告或者引人误解的虚假宣传的，依照《广告法》或者《反不正当竞争法》有关规定予以处罚。

违反本标准第三条、第四条等规定发布的医疗器械广告，依照《广告法》第四十一条处罚。

违反本标准其他规定发布广告，《广告法》《反不正当竞争法》有规定的，依照《广告法》处罚；《广告法》《反不正当竞争法》没有具体规定的，对负有责任的广告主、广告经营者、广告发布者，处以一万元以下罚款；有违法所得的，处以违法所得三倍以下但不超过三万元的罚款。

第十八条 本标准自2009年5月20日起施行。1995年3月3日国家工商行政管理总局发布的《医疗器械广告审查标准》同时废止。

6. 医疗器械广告审查办法（局令第 65 号）

《医疗器械广告审查办法》已经卫生部部务会、国家工商行政管理总局局务会审议通过，现予发布，自 2009 年 5 月 20 日起施行。

第一条 为加强医疗器械广告管理，保证医疗器械广告的真实性和合法性，根据《中华人民共和国广告法》（以下简称《广告法》）《中华人民共和国反不正当竞争法》《医疗器械监督管理条例》以及国家有关广告、医疗器械监督管理的规定，制定本办法。

第二条 通过一定媒介和形式发布的广告含有医疗器械名称、产品适用范围、性能结构及组成、作用机理等内容的，应当按照本办法进行审查。

仅宣传医疗器械产品名称的广告无需审查，但在宣传时应当标注医疗器械注册证号。

第三条 申请审查的医疗器械广告，符合下列法律法规及有关规定的，方可予以通过审查：

（一）《广告法》；

（二）《医疗器械监督管理条例》；

（三）《医疗器械广告审查发布标准》；

（四）国家有关广告管理的其他规定。

第四条 省、自治区、直辖市药品监督管理部门是医疗器械广告审查机关，负责本行政区域内医疗器械广告审查工作。

县级以上工商行政管理部门是医疗器械广告监督管理机关。

第五条 国家食品药品监督管理局对医疗器械广告审查机关的医疗器械广告审查工作进行指导和监督，对医疗器械广告审查机关违反本办法的行为，依法予以处理。

第六条 医疗器械广告批准文号的申请人必须是具有合法资格的医疗器械生产企业或者医疗器械经营企业。医疗器械经营企业作为申请人的，必须征得医疗器械生产企业的同意。

申请人可以委托代办人代办医疗器械广告批准文号的申办事宜。代办人应当熟悉国家有关广告管理的相关法律、法规及规定。

第七条 申请医疗器械广告批准文号,应当向医疗器械生产企业所在地的医疗器械广告审查机关提出。

申请进口医疗器械广告批准文号,应当向《医疗器械注册登记表》中列明的代理人所在地的医疗器械广告审查机关提出;如果该产品的境外医疗器械生产企业在境内设有组织机构的,则向该组织机构所在地的医疗器械广告审查机关提出。

第八条 申请医疗器械广告批准文号,应当填写《医疗器械广告审查表》,并附与发布内容相一致的样稿(样片、样带)和医疗器械广告电子文件,同时提交以下真实、合法、有效的证明文件:

(一)申请人的《营业执照》复印件;

(二)申请人的"医疗器械生产企业许可证"或者"医疗器械经营企业许可证"复印件;

(三)申请人是医疗器械经营企业的,应当提交医疗器械生产企业同意其作为申请人的证明文件原件;

(四)代办人代为申办医疗器械广告批准文号的,应当提交申请人的委托书原件和代办人营业执照复印件等主体资格证明文件;

(五)医疗器械产品注册证书(含"医疗器械注册证"《医疗器械注册登记表》等)的复印件;

(六)申请进口医疗器械广告批准文号的,应当提供《医疗器械注册登记表》中列明的代理人或者境外医疗器械生产企业在境内设立的组织机构的主体资格证明文件复印件;

(七)广告中涉及医疗器械注册商标、专利、认证等内容的,应当提交相关有效证明文件的复印件及其他确认广告内容真实性的证明文件。

提供本条规定的证明文件的复印件,需证件持有人签章确认。

第九条 有下列情形之一的,医疗器械广告审查机关不予受理该企业该品种医疗器械广告的申请:

(一)属于本办法第十七条、第十九条、第二十条规定的不受理情形的;

(二) 撤销医疗器械广告批准文号行政程序正在执行中的。

第十条 医疗器械广告审查机关收到医疗器械广告批准文号申请后，对申请材料齐全并符合法定要求的，发给《医疗器械广告受理通知书》；申请材料不齐全或者不符合法定要求的，应当当场或者在5个工作日内一次告知申请人需要补正的全部内容；逾期不告知的，自收到申请材料之日起即为受理。

第十一条 医疗器械广告审查机关应当自受理之日起20个工作日内，依法对广告内容进行审查。对审查合格的医疗器械广告，发给医疗器械广告批准文号；对审查不合格的医疗器械广告，应当作出不予核发医疗器械广告批准文号的决定，书面通知申请人并说明理由，同时告知申请人享有依法申请行政复议或者提起行政诉讼的权利。

对批准的医疗器械广告，医疗器械广告审查机关应当报国家食品药品监督管理局备案。国家食品药品监督管理局对备案中存在问题的医疗器械广告，应当责成医疗器械广告审查机关予以纠正。

对批准的医疗器械广告，药品监督管理部门应当通过政府网站向社会予以公布。

第十二条 医疗器械广告批准文号有效期为1年。

第十三条 经批准的医疗器械广告，在发布时不得更改广告内容。医疗器械广告内容需要改动的，应当重新申请医疗器械广告批准文号。

第十四条 医疗器械广告申请人自行发布医疗器械广告的，应当将《医疗器械广告审查表》原件保存2年备查。

广告发布者、广告经营者受广告申请人委托代理、发布医疗器械广告的，应当查验《医疗器械广告审查表》原件，按照审查批准的内容发布，并将该《医疗器械广告审查表》复印件保存2年备查。

第十五条 已经批准的医疗器械广告，有下列情形之一的，原审批的医疗器械广告审查机关进行复审。复审期间，该医疗器械广告可以继续发布：

(一) 国家食品药品监督管理局认为医疗器械广告审查机关批准的医疗

器械广告内容不符合规定的；

（二）省级以上广告监督管理机关提出复审建议的；

（三）医疗器械广告审查机关认为应当复审的其他情形。

经复审，认为医疗器械广告不符合法定条件的，医疗器械广告审查机关应当予以纠正，收回《医疗器械广告审查表》，该医疗器械广告批准文号作废。

第十六条　有下列情形之一的，医疗器械广告审查机关应当注销医疗器械广告批准文号：

（一）医疗器械广告申请人的"医疗器械生产企业许可证""医疗器械经营企业许可证"被吊销的；

（二）医疗器械产品注册证书被撤销、吊销、注销的；

（三）药品监督管理部门责令终止生产、销售和使用的医疗器械；

（四）其他法律、法规规定的应当注销行政许可的情况。

第十七条　篡改经批准的医疗器械广告内容进行虚假宣传的，由药品监督管理部门责令立即停止该医疗器械广告的发布，撤销该企业该品种的医疗器械广告批准文号，1年内不受理该企业该品种的广告审批申请。

第十八条　向个人推荐使用的医疗器械广告中含有任意扩大医疗器械适用范围、绝对化夸大医疗器械疗效等严重欺骗和误导消费者内容的，省级以上药品监督管理部门一经发现，应当采取行政强制措施，在违法发布广告的企业消除不良影响前，暂停该医疗器械产品在辖区内的销售。

违法发布广告的企业如果申请解除行政强制措施，必须在相应的媒体上发布更正启示，且连续刊播不得少于3天；同时向作出行政强制措施决定的药品监督管理部门提供如下材料：

（一）发布《更正启事》的媒体原件或光盘；

（二）违法发布医疗器械广告企业的整改报告；

（三）解除行政强制措施的申请。

作出行政强制措施决定的药品监督管理部门在收到违法发布医疗器械广告企业提交的材料后，在15个工作日内作出是否解除行政强制措施的决定。

第十九条　对提供虚假材料申请医疗器械广告审批，被医疗器械广告审查机关发现的，1年内不受理该企业该品种的广告审批申请。

第二十条　对提供虚假材料申请医疗器械广告审批，取得医疗器械广告批准文号的，医疗器械广告审查机关在发现后应当撤销该医疗器械广告批准文号，并在3年内不受理该企业该品种的广告审批申请。

第二十一条　按照本办法第十五条、第十六条、第十七条、第二十条收回、注销或者撤销医疗器械广告批准文号的医疗器械广告，必须立即停止发布。

医疗器械广告审查机关按照本办法第十五条、第十六条、第十七条、第二十条收回、注销或者撤销医疗器械广告批准文号的，应当及时报国家食品药品监督管理局，同时在作出行政处理决定之日起5个工作日内通知同级广告监督管理机关。该广告继续发布的，由广告监督管理机关依法予以处理。

第二十二条　药品监督管理部门应当对审查批准的医疗器械广告发布情况进行监测检查。对违法发布的医疗器械广告，药品监督管理部门填写《违法医疗器械广告移送通知书》，连同违法医疗器械广告等样件，移送同级广告监督管理机关查处。

属于异地发布篡改经批准的医疗器械广告内容的，发布地医疗器械广告审查机关还应当向原审批的医疗器械广告审查机关提出依照本办法第十七条撤销医疗器械广告批准文号的建议。

第二十三条　对违法发布的医疗器械广告情节严重的，省、自治区、直辖市药品监督管理部门应当定期予以公告，并及时上报国家食品药品监督管理局，由国家食品药品监督管理局汇总发布。

对发布虚假医疗器械广告情节严重的，必要时，由国家工商行政管理总局会同国家食品药品监督管理局联合予以公告。

第二十四条　未经审查批准发布的医疗器械广告以及发布的医疗器械广告与审查批准的内容不一致的，广告监督管理机关应当依据《广告法》第四十三条规定予以处罚；构成虚假广告或者引人误解的虚假宣传的，广告监督管理机关应当依照《广告法》或者《中华人民共和国反不正当竞争法》有关规定予以处罚。

第二十五条　广告监督管理机关查处违法医疗器械广告案件，涉及医疗器械专业技术内容需要认定的，应当将需要认定的内容通知省级以上药品监督管理部门，省级以上药品监督管理部门应当在收到通知书后的10个工作日内将认定的结果反馈广告监督管理机关。

第二十六条　医疗器械广告审查工作人员和广告监督管理工作人员应当接受《广告法》《医疗器械监督管理条例》等有关法律法规的培训。医疗器械广告审查机关和广告监督管理机关的工作人员玩忽职守、滥用职权、徇私舞弊的，应当按照有关规定给予行政处分；构成犯罪的，依法追究刑事责任。

第二十七条　医疗器械广告批准文号为"╳医械广审（视）第0000000000号""╳医械广审（声）第0000000000号""╳医械广审（文）第0000000000号"。其中"╳"为各省、自治区、直辖市的简称；"0"由10位数字组成，前6位代表审查的年月，后4位代表广告批准的序号。"视""声""文"代表用于广告媒介形式的分类代号。

第二十八条　本办法自2009年5月20日起施行。1995年3月8日发布的《医疗器械广告审查办法》（国家工商行政管理局、国家医药管理局令第24号）同时废止。

7. 食品药品行政处罚程序规定（总局令第3号）

《食品药品行政处罚程序规定》已于2014年3月14日经国家食品药品监督管理总局局务会议审议通过，现予公布，自2014年6月1日起施行。

第一章 总 则

第一条 为规范食品药品监督管理部门行使行政处罚权，保护公民、法人和其他组织的合法权益，根据《中华人民共和国行政处罚法》（以下简称行政处罚法）《中华人民共和国行政强制法》（以下简称行政强制法）《中华人民共和国食品安全法》《中华人民共和国药品管理法》等有关法律法规，制定本规定。

第二条 食品药品监督管理部门对违反食品、保健食品、药品、化妆品、医疗器械管理法律、法规、规章的单位或者个人实施行政处罚，应当遵照本规定。

第三条 食品药品监督管理部门实施行政处罚，遵循公开、公平、公正的原则，做到事实清楚、证据确凿、程序合法、法律法规规章适用准确适当、执法文书使用规范。

第四条 公民、法人或者其他组织对食品药品监督管理部门给予的行政处罚，享有陈述、申辩权；对行政处罚不服的，有权依法申请行政复议或者提起行政诉讼。

第五条 食品药品监督管理部门建立行政处罚监督制度。

上级食品药品监督管理部门对下级食品药品监督管理部门实施的行政处罚进行监督。上级食品药品监督管理部门对下级食品药品监督管理部门作出的违法或者不适当的行政处罚决定，责令其限期改正；逾期不改正的，依法予以变更或者撤销。

第二章 管 辖

第六条 行政处罚由违法行为发生地的食品药品监督管理部门管辖。

第七条 县（区）、市（地、州）食品药品监督管理部门依职权管辖本行政区域内的食品药品行政处罚案件。

省、自治区、直辖市食品药品监督管理部门依职权管辖本行政区域内重大、复杂的食品药品行政处罚案件。

国家食品药品监督管理总局依职权管辖应当由自己实施行政处罚的案件及全国范围内发生的重大、复杂的食品药品行政处罚案件。

省、自治区、直辖市食品药品监督管理部门可以依据法律法规和规章，结合本地区实际，规定本行政区域内级别管辖的具体分工。

第八条 县级以上食品药品监督管理部门可以在法定权限内委托符合行政处罚法第十九条规定条件的组织实施行政处罚。

受委托的组织应当在委托范围内，以委托部门的名义作出具体行政行为。委托部门应当对受委托组织的行政处罚行为及其相关的行政执法行为进行指导和监督，并对该行为的后果承担法律责任。

第九条 县级食品药品监督管理部门在乡镇或者区域设置的食品药品监督管理派出机构，依照法律法规和规章的规定，行使行政处罚权。

第十条 对当事人的同一违法行为，两个以上食品药品监督管理部门均有管辖权的，由先行立案的食品药品监督管理部门管辖。对管辖权有争议的，应当协商解决；协商不成的，报请共同的上一级食品药品监督管理部门指定管辖。

第十一条 上级食品药品监督管理部门认为必要时可以直接查处下级食品药品监督管理部门管辖的案件，也可以将自己管辖的案件移交下级食品药品监督管理部门查处。下级食品药品监督管理部门对本部门管辖的案件由于特殊原因不能行使管辖权的，可以报请上级食品药品监督管理部门管辖或者指定管辖。

第十二条 上级食品药品监督管理部门接到管辖争议或者报请指定管辖请示后，应当在10个工作日内作出指定管辖的决定，并书面通知下级部门。

第十三条 食品药品监督管理部门发现案件不属于本部门管辖的，应当及时移送有管辖权的食品药品监督管理部门或者相关行政管理部门处理。

受移送的食品药品监督管理部门应当将案件查处结果及时函告移送案件的食品药品监督管理部门；认为移送不当的，应当报请共同的上一级食品药品监督管理部门指定管辖，不得再次移送。

第十四条 食品药品监督管理部门在查处案件时，发现违法行为涉嫌犯罪的，应当按照《行政执法机关移送涉嫌犯罪案件的规定》的要求，及时移送同级公安机关。

公安机关决定立案的，食品药品监督管理部门应当自接到公安机关立案通知书之日起3日内将涉案物品以及与案件有关的其他材料移交公安机关，并办结交接手续；对涉案的查封扣押物品，还应当填写查封扣押物品移交通知书，并书面告知当事人。

第十五条 食品药品监督管理部门办理行政处罚案件需要其他地区食品药品监督管理部门协助调查、取证的，应当出具协助调查函。协助部门一般应当在接到协助调查函之日起15个工作日内完成相关工作；需要延期完成的，应当及时告知提出协查请求的部门。

第十六条 依法应当吊销食品药品行政许可证或者撤销批准证明文件的，由原发证或者批准的食品药品监督管理部门决定。

食品药品监督管理部门查处违法案件，对依法应当吊销许可证或者撤销批准证明文件的，在其权限内依法实施行政处罚的同时，应当将取得的证据及相关材料报送原发证、批准的食品药品监督管理部门，由原发证、批准的部门依法作出是否吊销许可证或者撤销批准证明文件的行政处罚决定。需由国家食品药品监督管理总局撤销批准证明文件的，由省、自治区、直辖市食品药品监督管理部门报国家食品药品监督管理总局决定。

原发证、批准的部门依法作出吊销许可证和撤销批准证明文件的行政处罚决定，依照本规定进行。

第三章 立　案

第十七条 食品药品监督管理部门应当对下列事项及时调查处理：

（一）在监督检查及抽验中发现案件线索的；

（二）公民、法人或者其他组织投诉、举报的；

（三）上级机关交办或者下级机关报请查处的；

（四）有关部门移送或者经由其他方式、途径披露的。

符合立案条件的，应当在7个工作日内立案。

第十八条　立案应当符合下列条件：

（一）有明确的违法嫌疑人；

（二）有违法事实；

（三）属于食品药品监督管理行政处罚的范围；

（四）属于本部门管辖。

符合立案条件的，应当报分管负责人批准立案，并确定2名以上执法人员为案件承办人。

第十九条　办案人员有下列情形之一的，应当自行回避；当事人也有权申请其回避：

（一）是本案的当事人或者当事人的近亲属；

（二）与本案有直接利害关系；

（三）与本案当事人有其他关系，可能影响案件公正处理的。

办案人员的回避由食品药品监督管理部门分管负责人决定，负责人的回避由部门其他负责人集体研究决定。

回避决定作出前，被申请回避人员不得擅自停止对案件的调查处理。

第四章　调查取证

第二十条　食品药品监督管理部门进行案件调查时，执法人员不得少于2人，并应当出示执法证件。

首次向案件当事人收集、调取证据的，应当告知其有申请办案人员回避的权利。

被调查人或者有关人员应当如实回答询问并协助、配合调查，及时提供依法应当保存的票据、凭证、记录等相关材料，不得阻挠、干扰案件的调查。

办案过程中涉及国家秘密、商业秘密和个人隐私的，执法人员应当保守秘密。

第二十一条　执法人员进行现场调查时，应当制作笔录。笔录应当注明执法人员身份、证件名称、证件编号及调查目的。执法人员应当在笔录上签字。

笔录经核对无误后，被调查人应当在笔录上逐页签字或者按指纹，并在笔录上注明对笔录真实性的意见。笔录修改处，应当由被调查人签字或者按指纹。

第二十二条　办案人员应当依法收集与案件有关的证据。证据包括书证、物证、视听资料、证人证言、当事人陈述、检验报告、鉴定意见、调查笔录、电子数据、现场检查笔录等。立案前调查或者检查过程中依法取得的证据，可以作为认定事实的依据。

第二十三条　调取的证据应当是原件、原物。调取原件、原物确有困难的，可以由提交证据的单位或者个人在复制品上签字或者加盖公章，并注明"此件由×××提供，经核对与原件（物）相同"的字样或者文字说明。

第二十四条　在中华人民共和国领域外形成的证据，应当说明来源，经所在国公证机关证明，并经中华人民共和国驻该国使领馆认证，或者履行中华人民共和国与证据所在国订立的有关条约中规定的证明手续。

境外证据所包含的语言、文字应当提供经具有翻译资质的机构翻译的或者其他翻译准确的中文译文。

在中华人民共和国香港特别行政区、澳门特别行政区和台湾地区形成的证据，应当按照有关规定办理证明手续。

第二十五条　在证据可能灭失或者以后难以取得的情况下，经分管负责人批准，可以先行登记保存，并向当事人出具先行登记保存物品通知书。先行登记保存期间，当事人或者有关人员不得损毁、销毁或者转移证据。

第二十六条　食品药品监督管理部门对先行登记保存的证据，应当在7日内作出以下处理决定：

（一）需要采取证据保全措施的，采取记录、复制、拍照、录像等证据保全措施后予以返还；

（二）需要检验、检测、检疫、鉴定的，送交检验、检测、检疫、鉴定；

（三）依法应当予以没收的，作出行政处罚决定，没收违法物品；

（四）需要查封、扣押的，依法采取查封、扣押措施；

（五）违法事实不成立，或者违法事实成立但依法不应当予以查封、扣押或者没收的，解除先行登记保存措施。

逾期未作出处理决定的，应当解除先行登记保存。

第二十七条 食品药品监督管理部门在案件调查时，经分管负责人批准可以依法采取查封、扣押等行政强制措施，执法人员应当向当事人出具查封、扣押决定书。

情况紧急，需要当场采取查封、扣押措施的，执法人员应当在查封扣押后24小时内向分管负责人报告，并补办批准手续。分管负责人认为不应当采取行政强制措施的，应当立即解除。

第二十八条 食品药品监督管理部门实施先行登记保存或者查封、扣押时，应当通知当事人到场，并在现场检查笔录中对采取的相关措施情况予以记载。

对查封、扣押的场所、设施或者财物，应当使用盖有本部门公章的封条就地或者异地封存，当事人不得擅自启封。

对先行登记保存或者查封、扣押的物品应当开列物品清单，由执法人员、当事人或者有关人员签字或者加盖公章。

第二十九条 查封、扣押的场所、设施或者财物应当妥善保管，不得使用、损毁或者擅自转移、处置。

对容易腐烂、变质的物品，法律法规规定可以直接先行处理的，或者当事人同意先行处理的，经食品药品监督管理部门分管负责人批准，在采取相关措施留存证据后可以先行处理。

第三十条 查封、扣押的期限不得超过30日；情况复杂的，经食品药品监督管理部门分管负责人批准，可以延长，但延长的期限不得超过30日。

作出延长查封、扣押期限决定后应当及时填写查封扣押延期通知书，书面告知当事人，并说明理由。

对物品需要进行检验、检测、检疫或者鉴定的，应当填写检验（检测、检疫、鉴定）告知书。查封、扣押的期间不包括检验、检测、检疫或者鉴定的期间。符合《行政强制法》第二十八条规定的，应当解除查封、扣押。

第三十一条　执法人员在调查取证过程中，要求当事人在笔录或者其他材料上签名、盖章或者以其他方式确认，当事人拒绝到场，拒绝签名、盖章或者以其他方式确认，或者无法找到当事人的，应当由两名执法人员在笔录或者其他材料上注明原因，并邀请有关人员作为见证人签字或者盖章，也可以采取录音、录像等方式记录。

第三十二条　执法人员调查违法事实，需要抽取样品检验的，应当按照有关规定抽取样品。检验机构应当在规定时限内及时进行检验。

第三十三条　案件调查终结后，案件承办人应当撰写调查终结报告，简易程序除外。调查终结报告内容包括：当事人基本情况、案由、违法事实及证据、调查经过等；拟给予行政处罚的，还应当包括所适用的依据及处罚建议。

第三十四条　食品药品监督管理部门进行案件调查时，对已有证据证明有违法行为的，应当出具责令改正通知书，责令当事人改正或者限期改正违法行为。

第五章　处罚决定

第一节　一般程序

第三十五条　承办人提交案件调查终结报告后，食品药品监督管理部门应当组织3名以上有关人员对违法行为的事实、性质、情节、社会危害程度、办案程序、处罚意见等进行合议。

合议应当根据认定的事实，提出予以处罚、补充证据、重新调查、撤销案件或者其他处理意见。

第三十六条　食品药品监督管理部门在作出处罚决定前应当填写行政处罚事先告知书，告知当事人违法事实、处罚的理由和依据，以及当事人依法享有的陈述、申辩权。

食品药品监督管理部门应当充分听取当事人的陈述和申辩。当事人提出的事实、理由或者证据经复核成立的，应当采纳。

食品药品监督管理部门不得因当事人申辩而加重处罚。

第三十七条　食品药品监督管理部门在作出责令停产停业、吊销许可证、撤销批准证明文件、较大数额罚款、没收较大数额财物等行政处罚决定前，应当告知当事人有要求举行听证的权利。当事人要求听证的，应当按照法定程序组织听证。

较大数额罚款的标准，按照地方性法规、地方政府规章等有关规范性文件的规定执行。

第三十八条　拟作出的行政处罚决定应当报食品药品监督管理部门负责人审查。食品药品监督管理部门负责人根据不同情况，分别作出如下决定：

（一）确有应受行政处罚的违法行为的，根据情节轻重及具体情况，作出行政处罚决定；

（二）违法行为轻微，依法可以不予行政处罚的，不予行政处罚；

（三）违法事实不能成立的，不得给予行政处罚；

（四）违法行为已构成犯罪的，移送公安机关。

第三十九条　对情节复杂或者重大违法行为给予较重的行政处罚，应当由食品药品监督管理部门负责人集体讨论决定。集体讨论决定的过程应当有书面记录。

重大、复杂案件标准由各省、自治区、直辖市食品药品监督管理部门根据实际确定。

第四十条　食品药品监督管理部门作出行政处罚决定，应当制作行政处罚决定书。行政处罚决定书应当载明下列事项：

（一）当事人的姓名或者名称、地址；

（二）违反法律、法规或者规章的事实和证据；

（三）行政处罚的种类和依据；

（四）行政处罚的履行方式和期限；

（五）不服行政处罚决定，申请行政复议或者提起行政诉讼的途径和期限；

（六）作出行政处罚决定的食品药品监督管理部门名称和作出决定的日期。

行政处罚决定中涉及没收食品药品或者其他有关物品的，还应当附没收物品凭证。

行政处罚决定书应当盖有作出行政处罚决定的食品药品监督管理部门的公章。

第四十一条　除依法应当予以销毁的物品外，食品药品监督管理部门对依法没收的非法财物，经分管负责人批准，依照《行政处罚法》第五十三条规定予以处理。处理的物品应当核实品种、数量，并填写清单。

第二节　简易程序

第四十二条　违法事实确凿并有法定依据，对公民处以50元以下、对法人或者其他组织处以1000元以下罚款或者警告的行政处罚的，可以当场作出行政处罚决定。

第四十三条　执法人员当场作出行政处罚决定的，应当向当事人出示执法证件，填写预定格式、编有号码并加盖食品药品监督管理部门公章的当场行政处罚决定书。

当场行政处罚决定书应当当场交付当事人，当事人签字或者盖章签收。

第四十四条　执法人员当场作出的行政处罚决定，应当在7个工作日以内报所属部门备案。

第六章　送　达

第四十五条　行政处罚决定书应当在宣告后当场交付当事人；当事人不在场的，应当在7日内依照本章规定，将行政处罚决定书送达当事人。

行政处罚决定书由承办人直接送交当事人签收。受送达人是公民的，本人不在时，交其同住成年家属签收；受送达人是法人的，应当由其法定代表人签收；受送达人是其他组织的，由其主要负责人签收。受送达人有代理人的，可以送交其代理人签收。

受送达人应当在送达回执上注明收到日期并签字或者盖章。签收日期即为送达日期。

第四十六条　受送达人或者其同住成年家属拒收行政处罚决定书的，送达人可以邀请有关基层组织或者所在单位人员到场并说明情况，在送达回执上注明拒收事由和日期，由送达人、见证人签字或者盖章，将行政处罚决定书留在受送达人的住所，即视为送达。

第四十七条　直接送达有困难的，可以委托就近的食品药品监督管理部门代为送达或者邮寄送达。邮寄送达的，回执注明的收件日期即为送达日期。

国家食品药品监督管理总局作出的撤销食品药品批准证明文件的行政处罚，交由当事人所在地的省、自治区、直辖市食品药品监督管理部门送达。

第四十八条　受送达人下落不明，或者依据本章规定的其他方式无法送达的，公告送达。自发出公告之日起60日即视为送达。

公告送达，可以在受送达人原住所地张贴公告，也可以在报纸、电视等刊登公告。

公告送达，应当在案卷中载明公告送达的原因和经过。

第七章　执行与结案

第四十九条　行政处罚决定书送达后，当事人应当在处罚决定的期限内予以履行。

当事人确有经济困难，可以提出延期或者分期缴纳罚款的申请，并提交书面材料。经案件承办人员审核，确定延期或者分期缴纳罚款的期限和金额，报分管负责人批准后执行。

第五十条　当事人对行政处罚决定不服，申请行政复议或者提起行政诉讼的，行政处罚不停止执行，但行政复议或者行政诉讼期间决定或者裁定停止执行的除外。

第五十一条　作出罚款和没收违法所得决定的食品药品监督管理部门应当与收缴罚没款的机构分离。除按规定当场收缴的罚款外，执法人员不得自行收缴罚没款。

第五十二条　依据本规定当场作出行政处罚决定，有下列情形之一的，执法人员可以当场收缴罚款：

（一）依法给予20元以下罚款的；

（二）不当场收缴事后难以执行的。

第五十三条　在边远、水上、交通不便地区，食品药品监督管理部门及其执法人员依照本规定作出处罚决定后，当事人向指定的银行缴纳罚款确有困难的，经当事人提出，执法人员可以当场收缴罚款。

第五十四条　食品药品监督管理部门及其执法人员当场收缴罚款的，应当向当事人出具省、自治区、直辖市财政部门统一制发的罚款收据。

执法人员当场收缴的罚款，应当自收缴罚款之日起2日内交至食品药品监督管理部门；食品药品监督管理部门应当在2日内将罚款缴付指定的银行。

第五十五条　当事人在法定期限内不申请行政复议或者提起行政诉讼，又不履行行政处罚决定的，食品药品监督管理部门应当向人民法院申请强制执行。

食品药品监督管理部门申请人民法院强制执行前应当填写履行行政处罚决定催告书，书面催告当事人履行义务，并告知履行义务的期限和方式、依法享有的陈述和申辩权，涉及加处罚款的，应当有明确的金额和给付方式。

加处罚款的总数额不得超过原罚款数额。

当事人进行陈述、申辩的，食品药品监督管理部门应当对当事人提出的事实、理由和证据进行记录、复核，并制作陈述申辩笔录、陈述申辩复核意见书。当事人提出的事实、理由或者证据成立的，食品药品监督管理部门应当采纳。

履行行政处罚决定催告书送达 10 个工作日后，当事人仍未履行处罚决定的，食品药品监督管理部门可以申请人民法院强制执行，并填写行政处罚强制执行申请书。

第五十六条　行政处罚决定履行或者执行后，办案人应当填写行政处罚结案报告，将有关案件材料进行整理装订，归档保存。

第八章　附　　则

第五十七条　本规定中的期限以时、日计算，开始的时和日不计算在内。期限届满的最后一日是节假日的，以节假日后的第一日为届满的日期。法律、法规另有规定的除外。

第五十八条　本规定中的"以上""以下""以内"，均包括本数。

第五十九条　各省、自治区、直辖市食品药品监督管理部门可以根据本行政区域实际制定本规定的实施细则。

第六十条　国家食品药品监督管理总局负责制定行政处罚所适用的文书格式范本。各省、自治区、直辖市食品药品监督管理部门可以参照文书格式范本，制定本行政区域行政处罚所适用的文书格式并自行印制。

第六十一条　本规定自 2014 年 6 月 1 日起施行。2003 年 4 月 28 日公布的《药品监督行政处罚程序规定》（原国家食品药品监督管理局令第 1 号）同时废止。

8. 医疗器械注册管理办法（总局令第 4 号）

《医疗器械注册管理办法》已于 2014 年 6 月 27 日经国家食品药品监督管理总局局务会议审议通过，现予公布，自 2014 年 10 月 1 日起施行。

第一章 总 则

第一条 为规范医疗器械的注册与备案管理，保证医疗器械的安全、有效，根据《医疗器械监督管理条例》，制定本办法。

第二条 在中华人民共和国境内销售、使用的医疗器械，应当按照本办法的规定申请注册或者办理备案。

第三条 医疗器械注册是食品药品监督管理部门根据医疗器械注册申请人的申请，依照法定程序，对其拟上市医疗器械的安全性、有效性研究及其结果进行系统评价，以决定是否同意其申请的过程。

医疗器械备案是医疗器械备案人向食品药品监督管理部门提交备案资料，食品药品监督管理部门对提交的备案资料存档备查。

第四条 医疗器械注册与备案应当遵循公开、公平、公正的原则。

第五条 第一类医疗器械实行备案管理。第二类、第三类医疗器械实行注册管理。

境内第一类医疗器械备案，备案人向设区的市级食品药品监督管理部门提交备案资料。

境内第二类医疗器械由省、自治区、直辖市食品药品监督管理部门审查，批准后发给医疗器械注册证。

境内第三类医疗器械由国家食品药品监督管理总局审查，批准后发给医疗器械注册证。

进口第一类医疗器械备案，备案人向国家食品药品监督管理总局提交备案资料。

进口第二类、第三类医疗器械由国家食品药品监督管理总局审查，批准后发给医疗器械注册证。

香港、澳门、台湾地区医疗器械的注册、备案，参照进口医疗器械办理。

第六条　医疗器械注册人、备案人以自己名义把产品推向市场，对产品负法律责任。

第七条　食品药品监督管理部门依法及时公布医疗器械注册、备案相关信息。申请人可以查询审批进度和结果，公众可以查阅审批结果。

第八条　国家鼓励医疗器械的研究与创新，对创新医疗器械实行特别审批，促进医疗器械新技术的推广与应用，推动医疗器械产业的发展。

第二章　基本要求

第九条　医疗器械注册申请人和备案人应当建立与产品研制、生产有关的质量管理体系，并保持有效运行。

按照创新医疗器械特别审批程序审批的境内医疗器械申请注册时，样品委托其他企业生产的，应当委托具有相应生产范围的医疗器械生产企业；不属于按照创新医疗器械特别审批程序审批的境内医疗器械申请注册时，样品不得委托其他企业生产。

第十条　办理医疗器械注册或者备案事务的人员应当具有相应的专业知识，熟悉医疗器械注册或者备案管理的法律、法规、规章和技术要求。

第十一条　申请人或者备案人申请注册或者办理备案，应当遵循医疗器械安全有效基本要求，保证研制过程规范，所有数据真实、完整和可溯源。

第十二条　申请注册或者办理备案的资料应当使用中文。根据外文资料翻译的，应当同时提供原文。引用未公开发表的文献资料时，应当提供资料所有者许可使用的证明文件。

申请人、备案人对资料的真实性负责。

第十三条　申请注册或者办理备案的进口医疗器械，应当在申请人或者备案人注册地或者生产地址所在国家（地区）已获准上市销售。

申请人或者备案人注册地或者生产地址所在国家（地区）未将该产品

作为医疗器械管理的，申请人或者备案人需提供相关证明文件，包括注册地或者生产地址所在国家（地区）准许该产品上市销售的证明文件。

第十四条　境外申请人或者备案人应当通过其在中国境内设立的代表机构或者指定中国境内的企业法人作为代理人，配合境外申请人或者备案人开展相关工作。

代理人除办理医疗器械注册或者备案事宜外，还应当承担以下责任：

（一）与相应食品药品监督管理部门、境外申请人或者备案人的联络；

（二）向申请人或者备案人如实、准确传达相关的法规和技术要求；

（三）收集上市后医疗器械不良事件信息并反馈境外注册人或者备案人，同时向相应的食品药品监督管理部门报告；

（四）协调医疗器械上市后的产品召回工作，并向相应的食品药品监督管理部门报告；

（五）其他涉及产品质量和售后服务的连带责任。

第三章　产品技术要求和注册检验

第十五条　申请人或者备案人应当编制拟注册或者备案医疗器械的产品技术要求。第一类医疗器械的产品技术要求由备案人办理备案时提交食品药品监督管理部门。第二类、第三类医疗器械的产品技术要求由食品药品监督管理部门在批准注册时予以核准。

产品技术要求主要包括医疗器械成品的性能指标和检验方法，其中性能指标是指可进行客观判定的成品的功能性、安全性指标以及与质量控制相关的其他指标。

在中国上市的医疗器械应当符合经注册核准或者备案的产品技术要求。

第十六条　申请第二类、第三类医疗器械注册，应当进行注册检验。医疗器械检验机构应当依据产品技术要求对相关产品进行注册检验。

注册检验样品的生产应当符合医疗器械质量管理体系的相关要求，注册检验合格的方可进行临床试验或者申请注册。

办理第一类医疗器械备案的，备案人可以提交产品自检报告。

第十七条 申请注册检验，申请人应当向检验机构提供注册检验所需要的有关技术资料、注册检验用样品及产品技术要求。

第十八条 医疗器械检验机构应当具有医疗器械检验资质、在其承检范围内进行检验，并对申请人提交的产品技术要求进行预评价。预评价意见随注册检验报告一同出具给申请人。

尚未列入医疗器械检验机构承检范围的医疗器械，由相应的注册审批部门指定有能力的检验机构进行检验。

第十九条 同一注册单元内所检验的产品应当能够代表本注册单元内其他产品的安全性和有效性。

第四章 临床评价

第二十条 医疗器械临床评价是指申请人或者备案人通过临床文献资料、临床经验数据、临床试验等信息对产品是否满足使用要求或者适用范围进行确认的过程。

第二十一条 临床评价资料是指申请人或者备案人进行临床评价所形成的文件。

需要进行临床试验的，提交的临床评价资料应当包括临床试验方案和临床试验报告。

第二十二条 办理第一类医疗器械备案，不需进行临床试验。申请第二类、第三类医疗器械注册，应当进行临床试验。

有下列情形之一的，可以免于进行临床试验：

（一）工作机理明确、设计定型，生产工艺成熟，已上市的同品种医疗器械临床应用多年且无严重不良事件记录，不改变常规用途的；

（二）通过非临床评价能够证明该医疗器械安全、有效的；

（三）通过对同品种医疗器械临床试验或者临床使用获得的数据进行分析评价，能够证明该医疗器械安全、有效的。

免于进行临床试验的医疗器械目录由国家食品药品监督管理总局制定、调整并公布。未列入免于进行临床试验的医疗器械目录的产品，通过对同品种医疗器械临床试验或者临床使用获得的数据进行分析评价,能够证明该医疗器械安全、有效的,申请人可以在申报注册时予以说明,并提交相关证明资料。

第二十三条　开展医疗器械临床试验,应当按照医疗器械临床试验质量管理规范的要求,在取得资质的临床试验机构内进行。临床试验样品的生产应当符合医疗器械质量管理体系的相关要求。

第二十四条　第三类医疗器械进行临床试验对人体具有较高风险的,应当经国家食品药品监督管理总局批准。需进行临床试验审批的第三类医疗器械目录由国家食品药品监督管理总局制定、调整并公布。

第二十五条　临床试验审批是指国家食品药品监督管理总局根据申请人的申请,对拟开展临床试验的医疗器械的风险程度、临床试验方案、临床受益与风险对比分析报告等进行综合分析,以决定是否同意开展临床试验的过程。

第二十六条　需进行医疗器械临床试验审批的,申请人应当按照相关要求向国家食品药品监督管理总局报送申报资料。

第二十七条　国家食品药品监督管理总局受理医疗器械临床试验审批申请后,应当自受理申请之日起3个工作日内将申报资料转交医疗器械技术审评机构。

技术审评机构应当在40个工作日内完成技术审评。国家食品药品监督管理总局应当在技术审评结束后20个工作日内作出决定。准予开展临床试验的,发给医疗器械临床试验批件;不予批准的,应当书面说明理由。

第二十八条　技术审评过程中需要申请人补正资料的,技术审评机构应当一次告知需要补正的全部内容。申请人应当在1年内按照补正通知的要求一次提供补充资料。技术审评机构应当自收到补充资料之日起40个工作日内完成技术审评。申请人补充资料的时间不计算在审评时限内。

申请人逾期未提交补充资料的,由技术审评机构终止技术审评,提出不予批准的建议,国家食品药品监督管理总局核准后作出不予批准的决定。

第二十九条　有下列情形之一的,国家食品药品监督管理总局应当撤销已获得的医疗器械临床试验批准文件：

（一）临床试验申报资料虚假的；

（二）已有最新研究证实原批准的临床试验伦理性和科学性存在问题的；

（三）其他应当撤销的情形。

第三十条　医疗器械临床试验应当在批准后3年内实施；逾期未实施的，原批准文件自行废止，仍需进行临床试验的，应当重新申请。

第五章　产品注册

第三十一条　申请医疗器械注册，申请人应当按照相关要求向食品药品监督管理部门报送申报资料。

第三十二条　食品药品监督管理部门收到申请后对申报资料进行形式审查，并根据下列情况分别作出处理：

（一）申请事项属于本部门职权范围，申报资料齐全、符合形式审查要求的，予以受理；

（二）申报资料存在可以当场更正的错误的，应当允许申请人当场更正；

（三）申报资料不齐全或者不符合形式审查要求的，应当在5个工作日内一次告知申请人需要补正的全部内容，逾期不告知的，自收到申报资料之日起即为受理；

（四）申请事项不属于本部门职权范围的，应当即时告知申请人不予受理。

食品药品监督管理部门受理或者不予受理医疗器械注册申请，应当出具加盖本部门专用印章并注明日期的受理或者不予受理的通知书。

第三十三条　受理注册申请的食品药品监督管理部门应当自受理之日起3个工作日内将申报资料转交技术审评机构。

技术审评机构应当在60个工作日内完成第二类医疗器械注册的技术审评工作，在90个工作日内完成第三类医疗器械注册的技术审评工作。

需要外聘专家审评、药械组合产品需与药品审评机构联合审评的，所需时间不计算在内，技术审评机构应当将所需时间书面告知申请人。

第三十四条　食品药品监督管理部门在组织产品技术审评时可以调阅原始研究资料，并组织对申请人进行与产品研制、生产有关的质量管理体系核查。

境内第二类、第三类医疗器械注册质量管理体系核查，由省、自治区、直辖市食品药品监督管理部门开展，其中境内第三类医疗器械注册质量管理体系核查，由国家食品药品监督管理总局技术审评机构通知相应省、自治区、直辖市食品药品监督管理部门开展核查，必要时参与核查。省、自治区、直辖市食品药品监督管理部门应当在30个工作日内根据相关要求完成体系核查。

国家食品药品监督管理总局技术审评机构在对进口第二类、第三类医疗器械开展技术审评时，认为有必要进行质量管理体系核查的，通知国家食品药品监督管理总局质量管理体系检查技术机构根据相关要求开展核查，必要时技术审评机构参与核查。

质量管理体系核查的时间不计算在审评时限内。

第三十五条　技术审评过程中需要申请人补正资料的，技术审评机构应当一次告知需要补正的全部内容。申请人应当在1年内按照补正通知的要求一次提供补充资料；技术审评机构应当自收到补充资料之日起60个工作日内完成技术审评。申请人补充资料的时间不计算在审评时限内。

申请人对补正资料通知内容有异议的，可以向相应的技术审评机构提出书面意见，说明理由并提供相应的技术支持资料。

申请人逾期未提交补充资料的，由技术审评机构终止技术审评，提出不予注册的建议，由食品药品监督管理部门核准后作出不予注册的决定。

第三十六条　受理注册申请的食品药品监督管理部门应当在技术审评结束后20个工作日内作出决定。对符合安全、有效要求的，准予注册，自作出审批决定之日起10个工作日内发给医疗器械注册证，经过核准的产品技术要求以附件形式发给申请人。对不予注册的，应当书面说明理由，并同时告知申请人享有申请复审和依法申请行政复议或者提起行政诉讼的权利。

医疗器械注册证有效期为5年。

第三十七条　医疗器械注册事项包括许可事项和登记事项。许可事项包括产品名称、型号、规格、结构及组成、适用范围、产品技术要求、进口医疗器械的生产地址等；登记事项包括注册人名称和住所、代理人名称和住所、境内医疗器械的生产地址等。

第三十八条　对用于治疗罕见疾病以及应对突发公共卫生事件急需的医疗器械，食品药品监督管理部门可以在批准该医疗器械注册时要求申请人在产品上市后进一步完成相关工作，并将要求载明于医疗器械注册证中。

第三十九条　对于已受理的注册申请，有下列情形之一的，食品药品监督管理部门作出不予注册的决定，并告知申请人：

（一）申请人对拟上市销售医疗器械的安全性、有效性进行的研究及其结果无法证明产品安全、有效的；

（二）注册申报资料虚假的；

（三）注册申报资料内容混乱、矛盾的；

（四）注册申报资料的内容与申报项目明显不符的；

（五）不予注册的其他情形。

第四十条　对于已受理的注册申请，申请人可以在行政许可决定作出前，向受理该申请的食品药品监督管理部门申请撤回注册申请及相关资料，并说明理由。

第四十一条　对于已受理的注册申请，有证据表明注册申报资料可能虚假的，食品药品监督管理部门可以中止审批。经核实后，根据核实结论继续审查或者作出不予注册的决定。

第四十二条　申请人对食品药品监督管理部门作出的不予注册决定有异议的，可以自收到不予注册决定通知之日起20个工作日内，向作出审批决定的食品药品监督管理部门提出复审申请。复审申请的内容仅限于原申请事项和原申报资料。

第四十三条 食品药品监督管理部门应当自受理复审申请之日起30个工作日内作出复审决定,并书面通知申请人。维持原决定的,食品药品监督管理部门不再受理申请人再次提出的复审申请。

第四十四条 申请人对食品药品监督管理部门作出的不予注册的决定有异议,且已申请行政复议或者提起行政诉讼的,食品药品监督管理部门不受理其复审申请。

第四十五条 医疗器械注册证遗失的,注册人应当立即在原发证机关指定的媒体上登载遗失声明。自登载遗失声明之日起满1个月后,向原发证机关申请补发,原发证机关在20个工作日内予以补发。

第四十六条 医疗器械注册申请直接涉及申请人与他人之间重大利益关系的,食品药品监督管理部门应当告知申请人、利害关系人可以依照法律、法规以及国家食品药品监督管理总局的其他规定享有申请听证的权利;对医疗器械注册申请进行审查时,食品药品监督管理部门认为属于涉及公共利益的重大许可事项,应当向社会公告,并举行听证。

第四十七条 对新研制的尚未列入分类目录的医疗器械,申请人可以直接申请第三类医疗器械产品注册,也可以依据分类规则判断产品类别并向国家食品药品监督管理总局申请类别确认后,申请产品注册或者办理产品备案。

直接申请第三类医疗器械注册的,国家食品药品监督管理总局按照风险程度确定类别。境内医疗器械确定为第二类的,国家食品药品监督管理总局将申报资料转申请人所在地省、自治区、直辖市食品药品监督管理部门审评审批;境内医疗器械确定为第一类的,国家食品药品监督管理总局将申报资料转申请人所在地设区的市级食品药品监督管理部门备案。

第四十八条 注册申请审查过程中及批准后发生专利权纠纷的,应当按照有关法律、法规的规定处理。

第六章 注册变更

第四十九条 已注册的第二类、第三类医疗器械,医疗器械注册证及其附件载明的内容发生变化，注册人应当向原注册部门申请注册变更，并按照相关要求提交申报资料。

产品名称、型号、规格、结构及组成、适用范围、产品技术要求、进口医疗器械生产地址等发生变化的，注册人应当向原注册部门申请许可事项变更。

注册人名称和住所、代理人名称和住所发生变化的，注册人应当向原注册部门申请登记事项变更；境内医疗器械生产地址变更的，注册人应当在相应的生产许可变更后办理注册登记事项变更。

第五十条　登记事项变更资料符合要求的，食品药品监督管理部门应当在10个工作日内发给医疗器械注册变更文件。登记事项变更资料不齐全或者不符合形式审查要求的，食品药品监督管理部门应当一次告知需要补正的全部内容。

第五十一条　对于许可事项变更，技术审评机构应当重点针对变化部分进行审评，对变化后产品是否安全、有效作出评价。

受理许可事项变更申请的食品药品监督管理部门应当按照本办法第五章规定的时限组织技术审评。

第五十二条　医疗器械注册变更文件与原医疗器械注册证合并使用，其有效期与该注册证相同。取得注册变更文件后，注册人应当根据变更内容自行修改产品技术要求、说明书和标签。

第五十三条　许可事项变更申请的受理与审批程序，本章未作规定的，适用本办法第五章的相关规定。

第七章　延续注册

第五十四条　医疗器械注册证有效期届满需要延续注册的，注册人应当在医疗器械注册证有效期届满6个月前，向食品药品监督管理部门申请延续注册，并按照相关要求提交申报资料。

除有本办法第五十五条规定情形外，接到延续注册申请的食品药品监督管理部门应当在医疗器械注册证有效期届满前作出准予延续的决定。逾期未作决定的，视为准予延续。

第五十五条　有下列情形之一的，不予延续注册：

（一）注册人未在规定期限内提出延续注册申请的；

（二）医疗器械强制性标准已经修订，该医疗器械不能达到新要求的；

（三）对用于治疗罕见疾病以及应对突发公共卫生事件急需的医疗器械，批准注册部门在批准上市时提出要求，注册人未在规定期限内完成医疗器械注册证载明事项的。

第五十六条　医疗器械延续注册申请的受理与审批程序，本章未作规定的，适用本办法第五章的相关规定。

第八章　产品备案

第五十七条　第一类医疗器械生产前，应当办理产品备案。

第五十八条　办理医疗器械备案，备案人应当按照《医疗器械监督管理条例》第九条的规定提交备案资料。

备案资料符合要求的，食品药品监督管理部门应当当场备案；备案资料不齐全或者不符合规定形式的，应当一次告知需要补正的全部内容，由备案人补正后备案。

对备案的医疗器械，食品药品监督管理部门应当按照相关要求的格式制作备案凭证，并将备案信息表中登载的信息在其网站上予以公布。

第五十九条　已备案的医疗器械，备案信息表中登载内容及备案的产品技术要求发生变化的，备案人应当提交变化情况的说明及相关证明文件，向原备案部门提出变更备案信息。备案资料符合形式要求的，食品药品监督管理部门应当将变更情况登载于变更信息中，将备案资料存档。

第六十条　已备案的医疗器械管理类别调整的，备案人应当主动向食品药品监督管理部门提出取消原备案；管理类别调整为第二类或者第三类医疗器械的，按照本办法规定申请注册。

第九章　监督管理

第六十一条　国家食品药品监督管理总局负责全国医疗器械注册与备

案的监督管理工作，对地方食品药品监督管理部门医疗器械注册与备案工作进行监督和指导。

第六十二条　省、自治区、直辖市食品药品监督管理部门负责本行政区域的医疗器械注册与备案的监督管理工作，组织开展监督检查，并将有关情况及时报送国家食品药品监督管理总局。

第六十三条　省、自治区、直辖市食品药品监督管理部门按照属地管理原则，对进口医疗器械代理人注册与备案相关工作实施日常监督管理。

第六十四条　设区的市级食品药品监督管理部门应当定期对备案工作开展检查，并及时向省、自治区、直辖市食品药品监督管理部门报送相关信息。

第六十五条　已注册的医疗器械有法律、法规规定应当注销的情形，或者注册证有效期未满但注册人主动提出注销的，食品药品监督管理部门应当依法注销，并向社会公布。

第六十六条　已注册的医疗器械，其管理类别由高类别调整为低类别的，在有效期内的医疗器械注册证继续有效。如需延续的，注册人应当在医疗器械注册证有效期届满6个月前，按照改变后的类别向食品药品监督管理部门申请延续注册或者办理备案。

医疗器械管理类别由低类别调整为高类别的，注册人应当依照本办法第五章的规定，按照改变后的类别向食品药品监督管理部门申请注册。国家食品药品监督管理总局在管理类别调整通知中应当对完成调整的时限作出规定。

第六十七条　省、自治区、直辖市食品药品监督管理部门违反本办法规定实施医疗器械注册的，由国家食品药品监督管理总局责令限期改正；逾期不改正的，国家食品药品监督管理总局可以直接公告撤销该医疗器械注册证。

第六十八条　食品药品监督管理部门、相关技术机构及其工作人员，对申请人或者备案人提交的试验数据和技术秘密负有保密义务。

第十章 法律责任

第六十九条 提供虚假资料或者采取其他欺骗手段取得医疗器械注册证的，按照《医疗器械监督管理条例》第六十四条第一款的规定予以处罚。

备案时提供虚假资料的，按照《医疗器械监督管理条例》第六十五条第二款的规定予以处罚。

第七十条 伪造、变造、买卖、出租、出借医疗器械注册证的，按照《医疗器械监督管理条例》第六十四条第二款的规定予以处罚。

第七十一条 违反本办法规定，未依法办理第一类医疗器械变更备案或者第二类、第三类医疗器械注册登记事项变更的，按照《医疗器械监督管理条例》有关未备案的情形予以处罚。

第七十二条 违反本办法规定，未依法办理医疗器械注册许可事项变更的，按照《医疗器械监督管理条例》有关未取得医疗器械注册证的情形予以处罚。

第七十三条 申请人未按照《医疗器械监督管理条例》和本办法规定开展临床试验的，由县级以上食品药品监督管理部门责令改正，可以处3万元以下罚款；情节严重的，应当立即停止临床试验，已取得临床试验批准文件的，予以注销。

第十一章 附　则

第七十四条 医疗器械注册或者备案单元原则上以产品的技术原理、结构组成、性能指标和适用范围为划分依据。

第七十五条 医疗器械注册证中"结构及组成"栏内所载明的组合部件，以更换耗材、售后服务、维修等为目的，用于原注册产品的，可以单独销售。

第七十六条 医疗器械注册证格式由国家食品药品监督管理总局统一制定。

注册证编号的编排方式为：

×1械注×2××× 3×4××5××××6。其中：

×1为注册审批部门所在地的简称：

境内第三类医疗器械、进口第二类、第三类医疗器械为"国"字；

境内第二类医疗器械为注册审批部门所在地省、自治区、直辖市简称。

×2为注册形式：

"准"字适用于境内医疗器械；

"进"字适用于进口医疗器械；

"许"字适用于香港、澳门、台湾地区的医疗器械。

××××3为首次注册年份；

×4为产品管理类别；

××5为产品分类编码；

××××6为首次注册流水号。

延续注册的，××××3和××××6数字不变。产品管理类别调整的，应当重新编号。

第七十七条 第一类医疗器械备案凭证编号的编排方式为：

×1械备××××2××××3号。

其中：

×1为备案部门所在地的简称：

进口第一类医疗器械为"国"字；

境内第一类医疗器械为备案部门所在地省、自治区、直辖市简称加所在地设区的市级行政区域的简称（无相应设区的市级行政区域时，仅为省、自治区、直辖市的简称）。

××××2为备案年份。

××××3为备案流水号。

第七十八条 按医疗器械管理的体外诊断试剂的注册与备案适用《体外诊断试剂注册管理办法》。

第七十九条 医疗器械应急审批程序和创新医疗器械特别审批程序由国家食品药品监督管理总局另行制定。

第八十条 根据工作需要，国家食品药品监督管理总局可以委托省、自治区、直辖市食品药品监督管理部门或者技术机构、相关社会组织承担医疗器械注册有关的具体工作。

第八十一条 医疗器械产品注册收费项目、收费标准按照国务院财政、价格主管部门的有关规定执行。

第八十二条 本办法自2014年10月1日起施行。2004年8月9日公布的《医疗器械注册管理办法》（原国家食品药品监督管理局令第16号）同时废止。

9. 体外诊断试剂注册管理办法（总局令第 5 号）

《体外诊断试剂注册管理办法》已于 2014 年 6 月 27 日经国家食品药品监督管理总局局务会议审议通过，现予公布，自 2014 年 10 月 1 日起施行。

第一章 总 则

第一条 为规范体外诊断试剂的注册与备案管理，保证体外诊断试剂的安全、有效，根据《医疗器械监督管理条例》，制定本办法。

第二条 在中华人民共和国境内销售、使用的体外诊断试剂，应当按照本办法的规定申请注册或者办理备案。

第三条 本办法所称体外诊断试剂，是指按医疗器械管理的体外诊断试剂，包括在疾病的预测、预防、诊断、治疗监测、预后观察和健康状态评价的过程中，用于人体样本体外检测的试剂、试剂盒、校准品、质控品等产品。可以单独使用，也可以与仪器、器具、设备或者系统组合使用。

按照药品管理的用于血源筛查的体外诊断试剂和采用放射性核素标记的体外诊断试剂，不属于本办法管理范围。

第四条 体外诊断试剂注册是食品药品监督管理部门根据注册申请人的申请，依照法定程序，对其拟上市体外诊断试剂的安全性、有效性研究及其结果进行系统评价，以决定是否同意其申请的过程。

体外诊断试剂备案是备案人向食品药品监督管理部门提交备案资料，食品药品监督管理部门对提交的备案资料存档备查。

第五条 体外诊断试剂注册与备案应当遵循公开、公平、公正的原则。

第六条 第一类体外诊断试剂实行备案管理，第二类、第三类体外诊断试剂实行注册管理。

境内第一类体外诊断试剂备案，备案人向设区的市级食品药品监督管理部门提交备案资料。

境内第二类体外诊断试剂由省、自治区、直辖市食品药品监督管理部门审查，批准后发给医疗器械注册证。

境内第三类体外诊断试剂由国家食品药品监督管理总局审查，批准后发给医疗器械注册证。

进口第一类体外诊断试剂备案，备案人向国家食品药品监督管理总局提交备案资料。

进口第二类、第三类体外诊断试剂由国家食品药品监督管理总局审查，批准后发给医疗器械注册证。

香港、澳门、台湾地区体外诊断试剂的注册、备案，参照进口体外诊断试剂办理。

第七条　体外诊断试剂注册人、备案人以自己名义把产品推向市场，对产品负法律责任。

第八条　食品药品监督管理部门依法及时公布体外诊断试剂注册、备案相关信息。申请人可以查询审批进度和结果，公众可以查阅审批结果。

第九条　国家鼓励体外诊断试剂的研究与创新，对创新体外诊断试剂实行特别审批，促进体外诊断试剂新技术的推广与应用，推动医疗器械产业的发展。

第二章　基本要求

第十条　体外诊断试剂注册申请人和备案人应当建立与产品研制、生产有关的质量管理体系，并保持有效运行。

按照创新医疗器械特别审批程序审批的境内体外诊断试剂申请注册时，样品委托其他企业生产的，应当委托具有相应生产范围的医疗器械生产企业；不属于按照创新医疗器械特别审批程序审批的境内体外诊断试剂申请注册时，样品不得委托其他企业生产。

第十一条　办理体外诊断试剂注册或者备案事务的人员应当具有相应的专业知识，熟悉医疗器械注册或者备案管理的法律、法规、规章和技术要求。

第十二条　体外诊断试剂产品研制包括：主要原材料的选择、制备，产品生产工艺的确定，产品技术要求的拟订，产品稳定性研究，阳性判断值或者参考区间确定，产品分析性能评估，临床评价等相关工作。

申请人或者备案人可以参考相关技术指导原则进行产品研制，也可以采用不同的实验方法或者技术手段，但应当说明其合理性。

第十三条 申请人或者备案人申请注册或者办理备案，应当遵循体外诊断试剂安全有效的各项要求，保证研制过程规范，所有数据真实、完整和可溯源。

第十四条 申请注册或者办理备案的资料应当使用中文。根据外文资料翻译的，应当同时提供原文。引用未公开发表的文献资料时，应当提供资料所有者许可使用的证明文件。

申请人、备案人对资料的真实性负责。

第十五条 申请注册或者办理备案的进口体外诊断试剂，应当在申请人或者备案人注册地或者生产地址所在国家（地区）已获准上市销售。

申请人或者备案人注册地或者生产地址所在国家（地区）未将该产品作为医疗器械管理的，申请人或者备案人需提供相关证明文件，包括注册地或者生产地址所在国家（地区）准许该产品上市销售的证明文件。

第十六条 境外申请人或者备案人应当通过其在中国境内设立的代表机构或者指定中国境内的企业法人作为代理人，配合境外申请人或者备案人开展相关工作。

代理人除办理体外诊断试剂注册或者备案事宜外，还应当承担以下责任：

（一）与相应食品药品监督管理部门、境外申请人或者备案人的联络；

（二）向申请人或者备案人如实、准确传达相关的法规和技术要求；

（三）收集上市后体外诊断试剂不良事件信息并反馈境外注册人或者备案人，同时向相应的食品药品监督管理部门报告；

（四）协调体外诊断试剂上市后的产品召回工作，并向相应的食品药品监督管理部门报告；

（五）其他涉及产品质量和售后服务的连带责任。

第三章 产品的分类与命名

第十七条 根据产品风险程度由低到高,体外诊断试剂分为第一类、第二类、第三类产品。

(一) 第一类产品

1. 微生物培养基(不用于微生物鉴别和药敏试验);
2. 样本处理用产品,如溶血剂、稀释液、染色液等。

(二) 第二类产品

除已明确为第一类、第三类的产品,其他为第二类产品,主要包括:

1. 用于蛋白质检测的试剂;
2. 用于糖类检测的试剂;
3. 用于激素检测的试剂;
4. 用于酶类检测的试剂;
5. 用于酯类检测的试剂;
6. 用于维生素检测的试剂;
7. 用于无机离子检测的试剂;
8. 用于药物及药物代谢物检测的试剂;
9. 用于自身抗体检测的试剂;
10. 用于微生物鉴别或者药敏试验的试剂;
11. 用于其他生理、生化或者免疫功能指标检测的试剂。

(三) 第三类产品

1. 与致病性病原体抗原、抗体以及核酸等检测相关的试剂;
2. 与血型、组织配型相关的试剂;
3. 与人类基因检测相关的试剂;
4. 与遗传性疾病相关的试剂;
5. 与麻醉药品、精神药品、医疗用毒性药品检测相关的试剂;
6. 与治疗药物作用靶点检测相关的试剂;
7. 与肿瘤标志物检测相关的试剂;

8. 与变态反应（过敏原）相关的试剂。

第十八条　第十七条所列的第二类产品如用于肿瘤的诊断、辅助诊断、治疗过程的监测，或者用于遗传性疾病的诊断、辅助诊断等，按第三类产品注册管理。用于药物及药物代谢物检测的试剂，如该药物属于麻醉药品、精神药品或者医疗用毒性药品范围的，按第三类产品注册管理。

第十九条　校准品、质控品可以与配合使用的体外诊断试剂合并申请注册，也可以单独申请注册。

与第一类体外诊断试剂配合使用的校准品、质控品，按第二类产品进行注册；与第二类、第三类体外诊断试剂配合使用的校准品、质控品单独申请注册时，按与试剂相同的类别进行注册；多项校准品、质控品，按其中的高类别进行注册。

第二十条　国家食品药品监督管理总局负责体外诊断试剂产品分类目录的制定和调整。

对新研制的尚未列入体外诊断试剂分类目录的体外诊断试剂，申请人可以直接申请第三类体外诊断试剂产品注册，也可以依据分类规则判断产品类别向国家食品药品监督管理总局申请类别确认后，申请产品注册或者办理产品备案。

直接申请第三类体外诊断试剂注册的，国家食品药品监督管理总局按照风险程度确定类别。境内体外诊断试剂确定为第二类的，国家食品药品监督管理总局将申报资料转申请人所在地省、自治区、直辖市食品药品监督管理部门审评审批；境内体外诊断试剂确定为第一类的，国家食品药品监督管理总局将申报资料转申请人所在地设区的市级食品药品监督管理部门备案。

第二十一条　体外诊断试剂的命名应当遵循以下原则：

体外诊断试剂的产品名称一般可以由三部分组成。第一部分：被测物质的名称；第二部分：用途，如诊断血清、测定试剂盒、质控品等；第三部分：方法或者原理，如酶联免疫吸附法、胶体金法等，本部分应当在括号中列出。

如果被测物组分较多或者有其他特殊情况，可以采用与产品相关的适应症名称或者其他替代名称。

第一类产品和校准品、质控品，依据其预期用途进行命名。

第四章 产品技术要求和注册检验

第二十二条 申请人或者备案人应当在原材料质量和生产工艺稳定的前提下，根据产品研制、临床评价等结果，依据国家标准、行业标准及有关文献资料，拟订产品技术要求。

产品技术要求主要包括体外诊断试剂成品的性能指标和检验方法，其中性能指标是指可进行客观判定的成品的功能性、安全性指标以及与质量控制相关的其他指标。

第三类体外诊断试剂的产品技术要求中应当以附录形式明确主要原材料、生产工艺及半成品要求。

第一类体外诊断试剂的产品技术要求由备案人办理备案时提交食品药品监督管理部门。第二类、第三类体外诊断试剂的产品技术要求由食品药品监督管理部门在批准注册时予以核准。

在中国上市的体外诊断试剂应当符合经注册核准或者备案的产品技术要求。

第二十三条 申请第二类、第三类体外诊断试剂注册，应当进行注册检验；第三类产品应当进行连续3个生产批次样品的注册检验。医疗器械检验机构应当依据产品技术要求对相关产品进行检验。

注册检验样品的生产应当符合医疗器械质量管理体系的相关要求，注册检验合格的方可进行临床试验或者申请注册。

办理第一类体外诊断试剂备案的，备案人可以提交产品自检报告。

第二十四条 申请注册检验，申请人应当向检验机构提供注册检验所需要的有关技术资料、注册检验用样品、产品技术要求及标准品或者参考品。

境内申请人的注册检验用样品由食品药品监督管理部门抽取。

第二十五条 有国家标准品、参考品的产品应当使用国家标准品、参考品进行注册检验。中国食品药品检定研究院负责组织国家标准品、参考品的制备和标定工作。

第二十六条 医疗器械检验机构应当具有医疗器械检验资质、在其承检范围内进行检验，并对申请人提交的产品技术要求进行预评价。预评价意见随注册检验报告一同出具给申请人。

尚未列入医疗器械检验机构承检范围的产品，由相应的注册审批部门指定有能力的检验机构进行检验。

第二十七条 同一注册申请包括不同包装规格时，可以只进行一种包装规格产品的注册检验。

第五章 临床评价

第二十八条 体外诊断试剂临床评价是指申请人或者备案人通过临床文献资料、临床经验数据、临床试验等信息对产品是否满足使用要求或者预期用途进行确认的过程。

第二十九条 临床评价资料是指申请人或者备案人进行临床评价所形成的文件。

体外诊断试剂临床试验（包括与已上市产品进行的比较研究试验）是指在相应的临床环境中，对体外诊断试剂的临床性能进行的系统性研究。

无需进行临床试验的体外诊断试剂，申请人或者备案人应当通过对涵盖预期用途及干扰因素的临床样本的评估、综合文献资料等非临床试验的方式对体外诊断试剂的临床性能进行评价。申请人或者备案人应当保证评价所用的临床样本具有可追溯性。

第三十条 办理第一类体外诊断试剂备案，不需进行临床试验。申请第二类、第三类体外诊断试剂注册，应当进行临床试验。

有下列情形之一的，可以免于进行临床试验：

（一）反应原理明确、设计定型、生产工艺成熟，已上市的同品种体外诊断试剂临床应用多年且无严重不良事件记录，不改变常规用途，申请人能够提供与已上市产品等效性评价数据的；

（二）通过对涵盖预期用途及干扰因素的临床样本的评价能够证明该体外诊断试剂安全、有效的。

免于进行临床试验的体外诊断试剂目录由国家食品药品监督管理总局制定、调整并公布。

第三十一条　同一注册申请包括不同包装规格时，可以只采用一种包装规格的样品进行临床评价。

第三十二条　第三类产品申请人应当选定不少于3家（含3家）、第二类产品申请人应当选定不少于2家（含2家）取得资质的临床试验机构，按照有关规定开展临床试验。临床试验样品的生产应当符合医疗器械质量管理体系的相关要求。

第三十三条　申请人应当与临床试验机构签订临床试验合同，参考相关技术指导原则制定并完善临床试验方案，免费提供临床试验用样品，并承担临床试验费用。

第三十四条　临床试验病例数应当根据临床试验目的、统计学要求，并参照相关技术指导原则确定。临床试验技术指导原则另行发布。

用于罕见疾病以及应对突发公共卫生事件急需的体外诊断试剂，要求减少临床试验病例数或者免做临床试验的，申请人应当在提交注册申报资料的同时，提出减免临床试验的申请，并详细说明理由。食品药品监督管理部门技术审评机构对注册申报资料进行全面的技术审评后予以确定，需要补充临床试验的，以补正资料的方式通知申请人。

第三十五条　申请进口体外诊断试剂注册，需要提供境外的临床评价资料。申请人应当按照临床评价的要求，同时考虑不同国家或者地区的流行病学背景、不同病种的特性、不同种属人群所适用的阳性判断值或者参考区间等因素，在中国境内进行具有针对性的临床评价。

第三十六条　临床试验机构完成临床试验后，应当分别出具临床试验报告。申请人或者临床试验牵头单位根据相关技术指导原则，对临床试验结果进行汇总，完成临床试验总结报告。

第三十七条　由消费者个人自行使用的体外诊断试剂，在临床试验时，应当包含无医学背景的消费者对产品说明书认知能力的评价。

第三十八条　申请人发现临床试验机构违反有关规定或者未执行临床试验方案的，应当督促其改正；情节严重的，可以要求暂停或者终止临床试验，并向临床试验机构所在地省、自治区、直辖市食品药品监督管理部门和国家食品药品监督管理总局报告。

第三十九条　参加临床试验的机构及人员，对申请人违反有关规定或者要求改变试验数据、结论的，应当向申请人所在地省、自治区、直辖市食品药品监督管理部门和国家食品药品监督管理总局报告。

第四十条　开展体外诊断试剂临床试验，应当向申请人所在地省、自治区、直辖市食品药品监督管理部门备案。接受备案的食品药品监督管理部门应当将备案情况通报临床试验机构所在地的同级食品药品监督管理部门和卫生计生主管部门。

国家食品药品监督管理总局和省、自治区、直辖市食品药品监督管理部门根据需要对临床试验的实施情况进行监督检查。

第六章　产品注册

第四十一条　申请体外诊断试剂注册，申请人应当按照相关要求向食品药品监督管理部门报送申报资料。

第四十二条　食品药品监督管理部门收到申请后对申报资料进行形式审查，并根据下列情况分别作出处理：

（一）申请事项属于本部门职权范围，申报资料齐全、符合形式审查要求的，予以受理；

（二）申报资料存在可以当场更正的错误的，应当允许申请人当场更正；

（三）申报资料不齐全或者不符合形式审查要求的，应当在5个工作日内一次告知申请人需要补正的全部内容，逾期不告知的，自收到申报资料之日起即为受理；

（四）申请事项不属于本部门职权范围的，应当即时告知申请人不予受理。

食品药品监督管理部门受理或者不予受理体外诊断试剂注册申请，应当出具加盖本部门专用印章并注明日期的受理或者不予受理的通知书。

第四十三条　受理注册申请的食品药品监督管理部门应当自受理之日起3个工作日内将申报资料转交技术审评机构。

技术审评机构应当在60个工作日内完成第二类体外诊断试剂注册的技术审评工作，在90个工作日内完成第三类体外诊断试剂注册的技术审评工作。

需要外聘专家审评的，所需时间不计算在内，技术审评机构应当将所需时间书面告知申请人。

第四十四条　食品药品监督管理部门在组织产品技术审评时可以调阅原始研究资料，并组织对申请人进行与产品研制、生产有关的质量管理体系核查。

境内第二类、第三类医疗器械注册质量管理体系核查，由省、自治区、直辖市食品药品监督管理部门开展，其中境内第三类医疗器械注册质量管理体系核查，由国家食品药品监督管理总局技术审评机构通知相应省、自治区、直辖市食品药品监督管理部门开展核查，必要时参与核查。省、自治区、直辖市食品药品监督管理部门应当在30个工作日内根据相关要求完成体系核查。

国家食品药品监督管理总局技术审评机构在对进口第二类、第三类体外诊断试剂开展技术审评时，认为有必要进行质量管理体系核查的，通知国家食品药品监督管理总局质量管理体系检查技术机构根据相关要求开展核查，必要时技术审评机构参与核查。

质量管理体系核查的时间不计算在审评时限内。

第四十五条　技术审评过程中需要申请人补正资料的，技术审评机构应当一次告知需要补正的全部内容。申请人应当在1年内按照补正通知的要求一次提供补充资料；技术审评机构应当自收到补充资料之日起60个工作日内完成技术审评。申请人补充资料的时间不计算在审评时限内。

申请人对补正资料通知内容有异议的，可以向相应的技术审评机构提出书面意见，说明理由并提供相应的技术支持资料。

申请人逾期未提交补充资料的，由技术审评机构终止技术审评，提出不予注册的建议，由食品药品监督管理部门核准后作出不予注册的决定。

第四十六条 受理注册申请的食品药品监督管理部门应当在技术审评结束后20个工作日内作出决定。对符合安全、有效要求的，准予注册，自作出审批决定之日起10个工作日内发给医疗器械注册证，经过核准的产品技术要求和产品说明书以附件形式发给申请人。对不予注册的，应当书面说明理由，并同时告知申请人享有申请复审和依法申请行政复议或者提起行政诉讼的权利。

医疗器械注册证有效期为5年。

第四十七条 体外诊断试剂注册事项包括许可事项和登记事项。许可事项包括产品名称、包装规格、主要组成成分、预期用途、产品技术要求、产品说明书、产品有效期、进口体外诊断试剂的生产地址等；登记事项包括注册人名称和住所、代理人名称和住所、境内体外诊断试剂的生产地址等。

第四十八条 对用于罕见疾病以及应对突发公共卫生事件急需的体外诊断试剂，食品药品监督管理部门可以在批准该体外诊断试剂注册时要求申请人在产品上市后进一步完成相关工作，并将要求载明于医疗器械注册证中。

第四十九条 对于已受理的注册申请，有下列情形之一的，食品药品监督管理部门作出不予注册的决定，并告知申请人：

（一）申请人对拟上市销售体外诊断试剂的安全性、有效性进行的研究及其结果无法证明产品安全、有效的；

（二）注册申报资料虚假的；

（三）注册申报资料内容混乱、矛盾的；

（四）注册申报资料的内容与申报项目明显不符的；

（五）不予注册的其他情形。

第五十条　对于已受理的注册申请，申请人可以在行政许可决定作出前，向受理该申请的食品药品监督管理部门申请撤回注册申请及相关资料，并说明理由。

第五十一条　对于已受理的注册申请，有证据表明注册申报资料可能虚假的，食品药品监督管理部门可以中止审批。经核实后，根据核实结论继续审查或者作出不予注册的决定。

第五十二条　申请人对食品药品监督管理部门作出的不予注册决定有异议的，可以自收到不予注册决定通知之日起20个工作日内，向作出审批决定的食品药品监督管理部门提出复审申请。复审申请的内容仅限于原申请事项和原申报资料。

食品药品监督管理部门应当自受理复审申请之日起30个工作日内作出复审决定，并书面通知申请人。维持原决定的，食品药品监督管理部门不再受理申请人再次提出的复审申请。

第五十三条　申请人对食品药品监督管理部门作出的不予注册的决定有异议，且已申请行政复议或者提起行政诉讼的，食品药品监督管理部门不受理其复审申请。

第五十四条　医疗器械注册证遗失的，注册人应当立即在原发证机关指定的媒体上登载遗失声明。自登载遗失声明之日起满1个月后，向原发证机关申请补发，原发证机关在20个工作日内予以补发。

第五十五条　体外诊断试剂上市后，其产品技术要求和说明书应当与食品药品监督管理部门核准的内容一致。注册人或者备案人应当对上市后产品的安全性和有效性进行跟踪，必要时及时提出产品技术要求、说明书的变更申请。

第五十六条　体外诊断试剂注册申请直接涉及申请人与他人之间重大利益关系的，食品药品监督管理部门应当告知申请人、利害关系人依照法律、法规以及国家食品药品监督管理总局的有关规定享有申请听证的权利；对体外诊断试剂注册申请进行审查时，食品药品监督管理部门认为属于涉及公共利益的重大许可事项,应当向社会公告,并举行听证。

第五十七条 注册申请审查过程中及批准后发生专利权纠纷的,应当按照有关法律、法规的规定处理。

第七章 注册变更

第五十八条 已注册的第二类、第三类体外诊断试剂,医疗器械注册证及其附件载明的内容发生变化,注册人应当向原注册部门申请注册变更,并按照相关要求提交申报资料。

注册人名称和住所、代理人名称和住所发生变化的,注册人应当向原注册部门申请登记事项变更;境内体外诊断试剂生产地址变更的,注册人应当在相应的生产许可变更后办理注册登记事项变更。

注册证及附件载明内容发生以下变化的,申请人应当向原注册部门申请许可事项变更:

(一)抗原、抗体等主要材料供应商变更的;

(二)检测条件、阳性判断值或者参考区间变更的;

(三)注册产品技术要求中所设定的项目、指标、试验方法变更的;

(四)包装规格、适用机型变更的;

(五)产品储存条件或者产品有效期变更的;

(六)增加预期用途,如增加临床适应症、增加临床测定用样本类型的;

(七)进口体外诊断试剂生产地址变更的;

(八)可能影响产品安全性、有效性的其他变更。

第五十九条 下列情形不属于本章规定的变更申请事项,应当按照注册申请办理:

(一)产品基本反应原理改变;

(二)产品阳性判断值或者参考区间改变,并具有新的临床诊断意义;

(三)其他影响产品性能的重大改变。

第六十条 登记事项变更资料符合要求的,食品药品监督管理部门应当在 10 个工作日内发给医疗器械注册变更文件。登记事项变更资料不齐全或者不符合形式审查要求的，食品药品监督管理部门应当一次告知需要补正的全部内容。

第六十一条　对于许可事项变更，技术审评机构应当重点针对变化部分及其对产品性能的影响进行审评，对变化后产品是否安全、有效作出评价。

受理许可事项变更申请的食品药品监督管理部门应当按照本办法第六章规定的时限组织技术审评。

第六十二条　医疗器械注册变更文件与原医疗器械注册证合并使用，其有效期与该注册证相同。取得注册变更文件后，注册人应当根据变更内容自行修改产品技术要求、说明书和标签。

第六十三条　许可事项变更申请的受理与审批程序，本章未作规定的，适用本办法第六章的相关规定。

第八章　延续注册

第六十四条　医疗器械注册证有效期届满需要延续注册的，注册人应当在医疗器械注册证有效期届满 6 个月前，向食品药品监督管理部门申请延续注册，并按照相关要求提交申报资料。

除有本办法第六十五条规定情形外，接到延续注册申请的食品药品监督管理部门应当在医疗器械注册证有效期届满前作出准予延续的决定。逾期未作决定的，视为准予延续。

第六十五条　有下列情形之一的，不予延续注册：

（一）注册人未在规定期限内提出延续注册申请的；

（二）体外诊断试剂强制性标准已经修订或者有新的国家标准品、参考品，该体外诊断试剂不能达到新要求的；

（三）对用于罕见疾病以及应对突发公共卫生事件急需的体外诊断试剂，批准注册部门在批准上市时提出要求，注册人未在规定期限内完成医疗器械注册证载明事项的。

第六十六条 体外诊断试剂延续注册申请的受理与审批程序，本章未作规定的，适用本办法第六章的相关规定。

第九章 产品备案

第六十七条 第一类体外诊断试剂生产前，应当办理产品备案。

第六十八条 办理体外诊断试剂备案，备案人应当按照《医疗器械监督管理条例》第九条的规定提交备案资料。

备案资料符合要求的，食品药品监督管理部门应当当场备案；备案资料不齐全或者不符合规定形式的，应当一次告知需要补正的全部内容，由备案人补正后备案。

对备案的体外诊断试剂，食品药品监督管理部门应当按照相关要求的格式制作备案凭证，并将备案信息表中登载的信息在其网站上予以公布。

第六十九条 已备案的体外诊断试剂，备案信息表中登载内容及备案的产品技术要求发生变化的，备案人应当提交变化情况的说明及相关证明文件，向原备案部门提出变更备案信息。备案资料符合形式要求的，食品药品监督管理部门应当将变更情况登载于变更信息中，将备案资料存档。

第七十条 已备案的体外诊断试剂管理类别调整的，备案人应当主动向食品药品监督管理部门提出取消原备案；管理类别调整为第二类或者第三类体外诊断试剂的，按照本办法规定申请注册。

第十章 监督管理

第七十一条 国家食品药品监督管理总局负责全国体外诊断试剂注册与备案的监督管理工作，对地方食品药品监督管理部门体外诊断试剂注册与备案工作进行监督和指导。

第七十二条 省、自治区、直辖市食品药品监督管理部门负责本行政区域的体外诊断试剂注册与备案的监督管理工作，组织开展监督检查，并将有关情况及时报送国家食品药品监督管理总局。

第七十三条 省、自治区、直辖市食品药品监督管理部门按照属地管理原则，对进口体外诊断试剂代理人注册与备案相关工作实施日常监督管理。

第七十四条 设区的市级食品药品监督管理部门应当定期对备案工作开展检查，并及时向省、自治区、直辖市食品药品监督管理部门报送相关信息。

第七十五条 已注册的体外诊断试剂有法律、法规规定应当注销的情形，或者注册证有效期未满但注册人主动提出注销的，食品药品监督管理部门应当依法注销，并向社会公布。

第七十六条 已注册的体外诊断试剂，其管理类别由高类别调整为低类别的，在有效期内的医疗器械注册证继续有效。如需延续的，注册人应当在医疗器械注册证有效期届满6个月前，按照改变后的类别向食品药品监督管理部门申请延续注册或者办理备案。

体外诊断试剂管理类别由低类别调整为高类别的，注册人应当依照本办法第六章的规定，按照改变后的类别向食品药品监督管理部门申请注册。国家食品药品监督管理总局在管理类别调整通知中应当对完成调整的时限作出规定。

第七十七条 省、自治区、直辖市食品药品监督管理部门违反本办法规定实施体外诊断试剂注册的，由国家食品药品监督管理总局责令限期改正；逾期不改正的，国家食品药品监督管理总局可以直接公告撤销该医疗器械注册证。

第七十八条 食品药品监督管理部门、相关技术机构及其工作人员，对申请人或者备案人提交的试验数据和技术秘密负有保密义务。

第十一章 法律责任

第七十九条 提供虚假资料或者采取其他欺骗手段取得医疗器械注册证的，按照《医疗器械监督管理条例》第六十四条第一款的规定予以处罚。

备案时提供虚假资料的，按照《医疗器械监督管理条例》第六十五条第二款的规定予以处罚。

第八十条　伪造、变造、买卖、出租、出借医疗器械注册证的，按照《医疗器械监督管理条例》第六十四条第二款的规定予以处罚。

第八十一条　违反本办法规定，未依法办理第一类体外诊断试剂变更备案或者第二类、第三类体外诊断试剂注册登记事项变更的，按照《医疗器械监督管理条例》有关未备案的情形予以处罚。

第八十二条　违反本办法规定，未依法办理体外诊断试剂注册许可事项变更的，按照《医疗器械监督管理条例》有关未取得医疗器械注册证的情形予以处罚。

第八十三条　申请人未按照《医疗器械监督管理条例》和本办法规定开展临床试验的，由县级以上食品药品监督管理部门责令改正，可以处3万元以下罚款；情节严重的，应当立即停止临床试验。

第十二章　附　　则

第八十四条　体外诊断试剂的注册或者备案单元应为单一试剂或者单一试剂盒，一个注册或者备案单元可以包括不同的包装规格。

第八十五条　医疗器械注册证格式由国家食品药品监督管理总局统一制定。

注册证编号的编排方式为：

×1械注×2××××3×4××5××××6。其中：

×1为注册审批部门所在地的简称：

境内第三类体外诊断试剂、进口第二类、第三类体外诊断试剂为"国"字；

境内第二类体外诊断试剂为注册审批部门所在地省、自治区、直辖市简称；

×2为注册形式：

"准"字适用于境内体外诊断试剂；

"进"字适用于进口体外诊断试剂；

"许"字适用于香港、澳门、台湾地区的体外诊断试剂；

××××3 为首次注册年份；

×4 为产品管理类别；

××5 为产品分类编码；

××××6 为首次注册流水号。

延续注册的，××××3 和 ××××6 数字不变。产品管理类别调整的，应当重新编号。

第八十六条　第一类体外诊断试剂备案凭证编号的编排方式为：

×1 械备××××2××××3 号。

其中：

×1 为备案部门所在地的简称：

进口第一类体外诊断试剂为"国"字；

境内第一类体外诊断试剂为备案部门所在地省、自治区、直辖市简称加所在地设区的市级行政区域的简称（无相应设区的市级行政区域时，仅为省、自治区、直辖市的简称）。

××××2 为备案年份。

××××3 为备案流水号。

第八十七条　体外诊断试剂的应急审批和创新特别审批按照国家食品药品监督管理总局制定的医疗器械应急审批程序和创新医疗器械特别审批程序执行。

第八十八条　根据工作需要，国家食品药品监督管理总局可以委托省、自治区、直辖市食品药品监督管理部门或者技术机构、相关社会组织承担体外诊断试剂注册有关的具体工作。

第八十九条　体外诊断试剂注册收费项目、收费标准按照国务院财政、价格主管部门的有关规定执行。

第九十条　本办法自 2014 年 10 月 1 日起施行。

10. 医疗器械说明书和标签管理规定（总局令第6号）

《医疗器械说明书和标签管理规定》已于2014年6月27日经国家食品药品监督管理总局局务会议审议通过，现予公布，自2014年10月1日起施行。

第一条　为规范医疗器械说明书和标签，保证医疗器械使用的安全，根据《医疗器械监督管理条例》，制定本规定。

第二条　凡在中华人民共和国境内销售、使用的医疗器械，应当按照本规定要求附有说明书和标签。

第三条　医疗器械说明书是指由医疗器械注册人或者备案人制作，随产品提供给用户，涵盖该产品安全有效的基本信息，用以指导正确安装、调试、操作、使用、维护、保养的技术文件。

医疗器械标签是指在医疗器械或者其包装上附有的用于识别产品特征和标明安全警示等信息的文字说明及图形、符号。

第四条　医疗器械说明书和标签的内容应当科学、真实、完整、准确，并与产品特性相一致。

医疗器械说明书和标签的内容应当与经注册或者备案的相关内容一致。

医疗器械标签的内容应当与说明书有关内容相符合。

第五条　医疗器械说明书和标签对疾病名称、专业名词、诊断治疗过程和结果的表述，应当采用国家统一发布或者规范的专用词汇，度量衡单位应当符合国家相关标准的规定。

第六条　医疗器械说明书和标签中使用的符号或者识别颜色应当符合国家相关标准的规定；无相关标准规定的，该符号及识别颜色应当在说明书中描述。

第七条　医疗器械最小销售单元应当附有说明书。

医疗器械的使用者应当按照说明书使用医疗器械。

第八条　医疗器械的产品名称应当使用通用名称，通用名称应当符合国家食品药品监督管理总局制定的医疗器械命名规则。第二类、第三类医疗器械的产品名称应当与医疗器械注册证中的产品名称一致。

产品名称应当清晰地标明在说明书和标签的显著位置。

第九条 医疗器械说明书和标签文字内容应当使用中文，中文的使用应当符合国家通用的语言文字规范。医疗器械说明书和标签可以附加其他文种，但应当以中文表述为准。

医疗器械说明书和标签中的文字、符号、表格、数字、图形等应当准确、清晰、规范。

第十条 医疗器械说明书一般应当包括以下内容：

（一）产品名称、型号、规格；

（二）注册人或者备案人的名称、住所、联系方式及售后服务单位，进口医疗器械还应当载明代理人的名称、住所及联系方式；

（三）生产企业的名称、住所、生产地址、联系方式及生产许可证编号或者生产备案凭证编号，委托生产的还应当标注受托企业的名称、住所、生产地址、生产许可证编号或者生产备案凭证编号；

（四）医疗器械注册证编号或者备案凭证编号；

（五）产品技术要求的编号；

（六）产品性能、主要结构组成或者成分、适用范围；

（七）禁忌症、注意事项、警示以及提示的内容；

（八）安装和使用说明或者图示，由消费者个人自行使用的医疗器械还应当具有安全使用的特别说明；

（九）产品维护和保养方法，特殊储存、运输条件、方法；

（十）生产日期，使用期限或者失效日期；

（十一）配件清单，包括配件、附属品、损耗品更换周期以及更换方法的说明等；

（十二）医疗器械标签所用的图形、符号、缩写等内容的解释；

（十三）说明书的编制或者修订日期；

（十四）其他应当标注的内容。

第十一条 医疗器械说明书中有关注意事项、警示以及提示性内容主要包括：

（一）产品使用的对象；

（二）潜在的安全危害及使用限制；

（三）产品在正确使用过程中出现意外时，对操作者、使用者的保护措施以及应当采取的应急和纠正措施；

（四）必要的监测、评估、控制手段；

（五）一次性使用产品应当注明"一次性使用"字样或者符号，已灭菌产品应当注明灭菌方式以及灭菌包装损坏后的处理方法，使用前需要消毒或者灭菌的应当说明消毒或者灭菌的方法；

（六）产品需要同其他医疗器械一起安装或者联合使用时，应当注明联合使用器械的要求、使用方法、注意事项；

（七）在使用过程中，与其他产品可能产生的相互干扰及其可能出现的危害；

（八）产品使用中可能带来的不良事件或者产品成分中含有的可能引起副作用的成分或者辅料；

（九）医疗器械废弃处理时应当注意的事项，产品使用后需要处理的，应当注明相应的处理方法；

（十）根据产品特性，应当提示操作者、使用者注意的其他事项。

第十二条　重复使用的医疗器械应当在说明书中明确重复使用的处理过程，包括清洁、消毒、包装及灭菌的方法和重复使用的次数或者其他限制。

第十三条　医疗器械标签一般应当包括以下内容：

（一）产品名称、型号、规格；

（二）注册人或者备案人的名称、住所、联系方式，进口医疗器械还应当载明代理人的名称、住所及联系方式；

（三）医疗器械注册证编号或者备案凭证编号；

（四）生产企业的名称、住所、生产地址、联系方式及生产许可证编号或者生产备案凭证编号，委托生产的还应当标注受托企业的名称、住所、生产地址、生产许可证编号或者生产备案凭证编号；

（五）生产日期，使用期限或者失效日期；

（六）电源连接条件、输入功率；

（七）根据产品特性应当标注的图形、符号以及其他相关内容；

（八）必要的警示、注意事项；

（九）特殊储存、操作条件或者说明；

（十）使用中对环境有破坏或者负面影响的医疗器械，其标签应当包含警示标志或者中文警示说明；

（十一）带放射或者辐射的医疗器械，其标签应当包含警示标志或者中文警示说明。

医疗器械标签因位置或者大小受限而无法全部标明上述内容的，至少应当标注产品名称、型号、规格、生产日期和使用期限或者失效日期，并在标签中明确"其他内容详见说明书"。

第十四条　医疗器械说明书和标签不得有下列内容：

（一）含有"疗效最佳""保证治愈""包治""根治""即刻见效""完全无毒副作用"等表示功效的断言或者保证的；

（二）含有"最高技术""最科学""最先进""最佳"等绝对化语言和表示的；

（三）说明治愈率或者有效率的；

（四）与其他企业产品的功效和安全性相比较的；

（五）含有"保险公司保险""无效退款"等承诺性语言的；

（六）利用任何单位或者个人的名义、形象作证明或者推荐的；

（七）含有误导性说明，使人感到已经患某种疾病，或者使人误解不使用该医疗器械会患某种疾病或者加重病情的表述，以及其他虚假、夸大、误导性的内容；

（八）法律、法规规定禁止的其他内容。

第十五条　医疗器械说明书应当由注册申请人或者备案人在医疗器械注册或者备案时，提交食品药品监督管理部门审查或者备案，提交的说明书内容应当与其他注册或者备案资料相符。

第十六条　经食品药品监督管理部门注册审查的医疗器械说明书的内容不得擅自更改。

已注册的医疗器械发生注册变更的，申请人应当在取得变更文件后，依据变更文件自行修改说明书和标签。

说明书的其他内容发生变化的，应当向医疗器械注册的审批部门书面告知，并提交说明书更改情况对比说明等相关文件。审批部门自收到书面告知之日起20个工作日内未发出不予同意通知件的，说明书更改生效。

第十七条　已备案的医疗器械，备案信息表中登载内容、备案产品技术要求以及说明书其他内容发生变化的，备案人自行修改说明书和标签的相关内容。

第十八条　说明书和标签不符合本规定要求的，由县级以上食品药品监督管理部门按照《医疗器械监督管理条例》第六十七条的规定予以处罚。

第十九条　本规定自2014年10月1日起施行。2004年7月8日公布的《医疗器械说明书、标签和包装标识管理规定》（原国家食品药品监督管理局令第10号）同时废止。

11. 医疗器械生产监督管理办法（总局令第7号）

《医疗器械生产监督管理办法》已于2014年6月27日经国家食品药品监督管理总局局务会议审议通过，现予公布，自2014年10月1日起施行。

第一章 总 则

第一条 为加强医疗器械生产监督管理，规范医疗器械生产行为，保证医疗器械安全、有效，根据《医疗器械监督管理条例》，制定本办法。

第二条 在中华人民共和国境内从事医疗器械生产活动及其监督管理，应当遵守本办法。

第三条 国家食品药品监督管理总局负责全国医疗器械生产监督管理工作。县级以上食品药品监督管理部门负责本行政区域的医疗器械生产监督管理工作。

上级食品药品监督管理部门负责指导和监督下级食品药品监督管理部门开展医疗器械生产监督管理工作。

第四条 国家食品药品监督管理总局制定医疗器械生产质量管理规范并监督实施。

第五条 食品药品监督管理部门依法及时公布医疗器械生产许可和备案相关信息。申请人可以查询审批进度和审批结果；公众可以查阅审批结果。

第六条 医疗器械生产企业应当对生产的医疗器械质量负责。委托生产的，委托方对所委托生产的医疗器械质量负责。

第二章 生产许可与备案管理

第七条 从事医疗器械生产，应当具备以下条件：

（一）有与生产的医疗器械相适应的生产场地、环境条件、生产设备以及专业技术人员；

（二）有对生产的医疗器械进行质量检验的机构或者专职检验人员以及

检验设备；

（三）有保证医疗器械质量的管理制度；

（四）有与生产的医疗器械相适应的售后服务能力；

（五）符合产品研制、生产工艺文件规定的要求。

第八条　开办第二类、第三类医疗器械生产企业的，应当向所在地省、自治区、直辖市食品药品监督管理部门申请生产许可，并提交以下资料：

（一）营业执照、组织机构代码证复印件；

（二）申请企业持有的所生产医疗器械的注册证及产品技术要求复印件；

（三）法定代表人、企业负责人身份证明复印件；

（四）生产、质量和技术负责人的身份、学历、职称证明复印件；

（五）生产管理、质量检验岗位从业人员学历、职称一览表；

（六）生产场地的证明文件，有特殊生产环境要求的还应当提交设施、环境的证明文件复印件；

（七）主要生产设备和检验设备目录；

（八）质量手册和程序文件；

（九）工艺流程图；

（十）经办人授权证明；

（十一）其他证明资料。

第九条　省、自治区、直辖市食品药品监督管理部门收到申请后，应当根据下列情况分别作出处理：

（一）申请事项属于其职权范围，申请资料齐全、符合法定形式的，应当受理申请；

（二）申请资料不齐全或者不符合法定形式的，应当当场或者在5个工作日内一次告知申请人需要补正的全部内容，逾期不告知的，自收到申请资料之日起即为受理；

（三）申请资料存在可以当场更正的错误的，应当允许申请人当场更正；

（四）申请事项不属于本部门职权范围的，应当即时作出不予受理的决定，并告知申请人向有关行政部门申请。

省、自治区、直辖市食品药品监督管理部门受理或者不予受理医疗器械生产许可申请的，应当出具受理或者不予受理的通知书。

第十条　省、自治区、直辖市食品药品监督管理部门应当自受理之日起30个工作日内对申请资料进行审核，并按照医疗器械生产质量管理规范的要求开展现场核查。现场核查应当根据情况，避免重复核查。需要整改的，整改时间不计入审核时限。

符合规定条件的，依法作出准予许可的书面决定，并于10个工作日内发给"医疗器械生产许可证"；不符合规定条件的，作出不予许可的书面决定，并说明理由。

第十一条　开办第一类医疗器械生产企业的，应当向所在地设区的市级食品药品监督管理部门办理第一类医疗器械生产备案，提交备案企业持有的所生产医疗器械的备案凭证复印件和本办法第八条规定的资料（第二项除外）。

食品药品监督管理部门应当当场对企业提交资料的完整性进行核对，符合规定条件的予以备案，发给第一类医疗器械生产备案凭证。

第十二条　医疗器械生产许可申请直接涉及申请人与他人之间重大利益关系的，食品药品监督管理部门应当告知申请人、利害关系人依照法律、法规以及国家食品药品监督管理总局的有关规定享有申请听证的权利；在对医疗器械生产许可进行审查时，食品药品监督管理部门认为涉及公共利益的重大许可事项，应当向社会公告，并举行听证。

第十三条　"医疗器械生产许可证"有效期为5年，载明许可证编号、企业名称、法定代表人、企业负责人、住所、生产地址、生产范围、发证部门、发证日期和有效期限等事项。

"医疗器械生产许可证"附医疗器械生产产品登记表，载明生产产品名称、注册号等信息。

第十四条　增加生产产品的，医疗器械生产企业应当向原发证部门提交本办法第八条规定中涉及变更内容的有关资料。

申请增加生产的产品不属于原生产范围的，原发证部门应当依照本办法第十条的规定进行审核并开展现场核查，符合规定条件的，变更"医疗器械生产许可证"载明的生产范围，并在医疗器械生产产品登记表中登载产品信息。

申请增加生产的产品属于原生产范围，并且与原许可生产产品的生产工艺和生产条件等要求相似的，原发证部门应当对申报资料进行审核，符合规定条件的，在医疗器械生产产品登记表中登载产品信息；与原许可生产产品的生产工艺和生产条件要求有实质性不同的，应当依照本办法第十条的规定进行审核并开展现场核查，符合规定条件的，在医疗器械生产产品登记表中登载产品信息。

第十五条　生产地址非文字性变更的，应当向原发证部门申请医疗器械生产许可变更，并提交本办法第八条规定中涉及变更内容的有关资料。原发证部门应当依照本办法第十条的规定审核并开展现场核查，于30个工作日内作出准予变更或者不予变更的决定。医疗器械生产企业跨省、自治区、直辖市设立生产场地的，应当单独申请医疗器械生产许可。

第十六条　企业名称、法定代表人、企业负责人、住所变更或者生产地址文字性变更的，医疗器械生产企业应当在变更后30个工作日内，向原发证部门办理"医疗器械生产许可证"变更登记，并提交相关部门的证明资料。原发证部门应当及时办理变更。对变更资料不齐全或者不符合形式审查规定的，应当一次告知需要补正的全部内容。

第十七条　"医疗器械生产许可证"有效期届满延续的，医疗器械生产企业应当自有效期届满6个月前，向原发证部门提出"医疗器械生产许可证"延续申请。

原发证部门应当依照本办法第十条的规定对延续申请进行审查，必要时开展现场核查，在"医疗器械生产许可证"有效期届满前作出是否准予延续的决定。符合规定条件的，准予延续。不符合规定条件的，责令限期整改；整改后仍不符合规定条件的，不予延续，并书面说明理由。逾期未作出决定的，视为准予延续。

第十八条　因分立、合并而存续的医疗器械生产企业，应当依照本办法规定申请变更许可；因企业分立、合并而解散的医疗器械生产企业，应当申请注销"医疗器械生产许可证"；因企业分立、合并而新设立的医疗器械生产企业应当申请办理"医疗器械生产许可证"。

第十九条　"医疗器械生产许可证"遗失的，医疗器械生产企业应当立即在原发证部门指定的媒体上登载遗失声明。自登载遗失声明之日起满1个月后，向原发证部门申请补发。原发证部门及时补发"医疗器械生产许可证"。

第二十条　变更、补发的"医疗器械生产许可证"编号和有效期限不变。延续的"医疗器械生产许可证"编号不变。

第二十一条　第一类医疗器械生产备案凭证内容发生变化的，应当变更备案。

备案凭证遗失的，医疗器械生产企业应当及时向原备案部门办理补发手续。

第二十二条　医疗器械生产企业因违法生产被食品药品监督管理部门立案调查但尚未结案的，或者收到行政处罚决定但尚未履行的，食品药品监督管理部门应当中止许可，直至案件处理完毕。

第二十三条　医疗器械生产企业有法律、法规规定应当注销的情形，或者有效期未满但企业主动提出注销的，省、自治区、直辖市食品药品监督管理部门应当依法注销其"医疗器械生产许可证"，并在网站上予以公布。

第二十四条　省、自治区、直辖市食品药品监督管理部门应当建立"医疗器械生产许可证"核发、延续、变更、补发、撤销和注销等许可档案。

设区的市级食品药品监督管理部门应当建立第一类医疗器械生产备案信息档案。

第二十五条　任何单位或者个人不得伪造、变造、买卖、出租、出借

"医疗器械生产许可证"和医疗器械生产备案凭证。

第三章 委托生产管理

第二十六条 医疗器械委托生产的委托方应当是委托生产医疗器械的境内注册人或者备案人。其中，委托生产不属于按照创新医疗器械特别审批程序审批的境内医疗器械的，委托方应当取得委托生产医疗器械的生产许可或者办理第一类医疗器械生产备案。

医疗器械委托生产的受托方应当是取得受托生产医疗器械相应生产范围的生产许可或者办理第一类医疗器械生产备案的境内生产企业。受托方对受托生产医疗器械的质量负相应责任。

第二十七条 委托方应当向受托方提供委托生产医疗器械的质量管理体系文件和经注册或者备案的产品技术要求，对受托方的生产条件、技术水平和质量管理能力进行评估，确认受托方具有受托生产的条件和能力，并对生产过程和质量控制进行指导和监督。

第二十八条 受托方应当按照医疗器械生产质量管理规范、强制性标准、产品技术要求和委托生产合同组织生产，并保存所有受托生产文件和记录。

第二十九条 委托方和受托方应当签署委托生产合同，明确双方的权利、义务和责任。

第三十条 委托生产第二类、第三类医疗器械的，委托方应当向所在地省、自治区、直辖市食品药品监督管理部门办理委托生产备案；委托生产第一类医疗器械的，委托方应当向所在地设区的市级食品药品监督管理部门办理委托生产备案。符合规定条件的，食品药品监督管理部门应当发给医疗器械委托生产备案凭证。

备案时应当提交以下资料：

（一）委托生产医疗器械的注册证或者备案凭证复印件；

（二）委托方和受托方企业营业执照和组织机构代码证复印件；

（三）受托方的"医疗器械生产许可证"或者第一类医疗器械生产备案

凭证复印件；

（四）委托生产合同复印件；

（五）经办人授权证明。

委托生产不属于按照创新医疗器械特别审批程序审批的境内医疗器械的，还应当提交委托方的"医疗器械生产许可证"或者第一类医疗器械生产备案凭证复印件；属于按照创新医疗器械特别审批程序审批的境内医疗器械的，应当提交创新医疗器械特别审批证明资料。

第三十一条　受托生产第二类、第三类医疗器械的，受托方应当依照本办法第十四条的规定办理相关手续，在医疗器械生产产品登记表中登载受托生产产品信息。

受托生产第一类医疗器械的，受托方应当依照本办法第二十一条的规定，向原备案部门办理第一类医疗器械生产备案变更。

第三十二条　受托方办理增加受托生产产品信息或者第一类医疗器械生产备案变更时，除提交符合本办法规定的资料外，还应当提交以下资料：

（一）委托方和受托方营业执照、组织机构代码证复印件；

（二）受托方"医疗器械生产许可证"或者第一类医疗器械生产备案凭证复印件；

（三）委托方医疗器械委托生产备案凭证复印件；

（四）委托生产合同复印件；

（五）委托生产医疗器械拟采用的说明书和标签样稿；

（六）委托方对受托方质量管理体系的认可声明；

（七）委托方关于委托生产医疗器械质量、销售及售后服务责任的自我保证声明。

受托生产不属于按照创新医疗器械特别审批程序审批的境内医疗器械的，还应当提交委托方的"医疗器械生产许可证"或者第一类医疗器械生产备案凭证复印件；属于按照创新医疗器械特别审批程序审批的境内医疗器械的，应当提交创新医疗器械特别审批证明资料。

第三十三条　受托方"医疗器械生产许可证"生产产品登记表和第一

类医疗器械生产备案凭证中的受托生产产品应当注明"受托生产"字样和受托生产期限。

第三十四条　委托生产医疗器械的说明书、标签除应当符合有关规定外，还应当标明受托方的企业名称、住所、生产地址、生产许可证编号或者生产备案凭证编号。

第三十五条　委托生产终止时，委托方和受托方应当向所在地省、自治区、直辖市或者设区的市级食品药品监督管理部门及时报告。

第三十六条　委托方在同一时期只能将同一医疗器械产品委托一家医疗器械生产企业（绝对控股企业除外）进行生产。

第三十七条　具有高风险的植入性医疗器械不得委托生产，具体目录由国家食品药品监督管理总局制定、调整并公布。

第四章　生产质量管理

第三十八条　医疗器械生产企业应当按照医疗器械生产质量管理规范的要求，建立质量管理体系并保持有效运行。

第三十九条　医疗器械生产企业应当开展医疗器械法律、法规、规章、标准等知识培训，并建立培训档案。

生产岗位操作人员应当具有相应的理论知识和实际操作技能。

第四十条　医疗器械生产企业应当按照经注册或者备案的产品技术要求组织生产，保证出厂的医疗器械符合强制性标准以及经注册或者备案的产品技术要求。出厂的医疗器械应当经检验合格并附有合格证明文件。

第四十一条　医疗器械生产企业应当定期按照医疗器械生产质量管理规范的要求对质量管理体系运行情况进行全面自查，并于每年年底前向所在地省、自治区、直辖市或者设区的市级食品药品监督管理部门提交年度自查报告。

第四十二条　医疗器械生产企业的生产条件发生变化，不再符合医疗器械质量管理体系要求的，医疗器械生产企业应当立即采取整改措施；可能影响医疗器械安全、有效的，应当立即停止生产活动，并向所在地县级食品药品监督管理部门报告。

第四十三条　医疗器械产品连续停产一年以上且无同类产品在产的，重新生产时，医疗器械生产企业应当提前书面报告所在地省、自治区、直辖市或者设区的市级食品药品监督管理部门，经核查符合要求后方可恢复生产。

第四十四条　医疗器械生产企业不具备原生产许可条件或者与备案信息不符，且无法取得联系的，经原发证或者备案部门公示后，依法注销其"医疗器械生产许可证"或者在第一类医疗器械生产备案信息中予以标注，并向社会公告。

第四十五条　医疗器械生产企业应当在经许可或者备案的生产场地进行生产，对生产设备、工艺装备和检验仪器等设施设备进行维护，保证其正常运行。

第四十六条　医疗器械生产企业应当加强采购管理，建立供应商审核制度，对供应商进行评价，确保采购产品符合法定要求。

第四十七条　医疗器械生产企业应当对原材料采购、生产、检验等过程进行记录。记录应当真实、准确、完整，并符合可追溯的要求。

第四十八条　国家鼓励医疗器械生产企业采用先进技术手段，建立信息化管理系统。

第四十九条　医疗器械生产企业生产的医疗器械发生重大质量事故的，应当在24小时内报告所在地省、自治区、直辖市食品药品监督管理部门，省、自治区、直辖市食品药品监督管理部门应当立即报告国家食品药品监督管理总局。

第五章　监督管理

第五十条　食品药品监督管理部门依照风险管理原则，对医疗器械生产实施分类分级管理。

第五十一条　省、自治区、直辖市食品药品监督管理部门应当编制本行政区域的医疗器械生产企业监督检查计划，确定医疗器械监管的重点、检查频次和覆盖率，并监督实施。

第五十二条　医疗器械生产监督检查应当检查医疗器械生产企业执行法律、法规、规章、规范、标准等要求的情况，重点检查《医疗器械监督管理条例》第五十三条规定的事项。

第五十三条　食品药品监督管理部门组织监督检查，应当制定检查方案，明确检查标准，如实记录现场检查情况，将检查结果书面告知被检查企业。需要整改的，应当明确整改内容及整改期限，并实施跟踪检查。

第五十四条　食品药品监督管理部门应当加强对医疗器械的抽查检验。

省级以上食品药品监督管理部门应当根据抽查检验结论及时发布医疗器械质量公告。

第五十五条　对投诉举报或者其他信息显示以及日常监督检查发现可能存在产品安全隐患的医疗器械生产企业，或者有不良行为记录的医疗器械生产企业，食品药品监督管理部门可以实施飞行检查。

第五十六条　有下列情形之一的，食品药品监督管理部门可以对医疗器械生产企业的法定代表人或者企业负责人进行责任约谈：

（一）生产存在严重安全隐患的；

（二）生产产品因质量问题被多次举报投诉或者媒体曝光的；

（三）信用等级评定为不良信用企业的；

（四）食品药品监督管理部门认为有必要开展责任约谈的其他情形。

第五十七条　地方各级食品药品监督管理部门应当建立本行政区域医疗器械生产企业的监管档案。监管档案应当包括医疗器械生产企业产品注册和备案、生产许可和备案、委托生产、监督检查、抽查检验、不良事件监测、产品召回、不良行为记录和投诉举报等信息。

第五十八条　国家食品药品监督管理总局建立统一的医疗器械生产监督管理信息平台，地方各级食品药品监督管理部门应当加强信息化建设，保证信息衔接。

第五十九条　地方各级食品药品监督管理部门应当根据医疗器械生产企业监督管理的有关记录，对医疗器械生产企业进行信用评价，建立信用档案。对有不良信用记录的企业，应当增加检查频次。

对列入"黑名单"的企业，按照国家食品药品监督管理总局的相关规定执行。

第六十条　个人和组织发现医疗器械生产企业进行违法生产的活动，有权向食品药品监督管理部门举报，食品药品监督管理部门应当及时核实、处理。经查证属实的，应当按照有关规定给予奖励。

第六章　法律责任

第六十一条　有下列情形之一的，按照《医疗器械监督管理条例》第六十三条的规定处罚：

（一）生产未取得医疗器械注册证的第二类、第三类医疗器械的；

（二）未经许可从事第二类、第三类医疗器械生产活动的；

（三）生产超出生产范围或者与医疗器械生产产品登记表载明生产产品不一致的第二类、第三类医疗器械的；

（四）在未经许可的生产场地生产第二类、第三类医疗器械的；

（五）第二类、第三类医疗器械委托生产终止后，受托方继续生产受托产品的。

第六十二条　"医疗器械生产许可证"有效期届满后，未依法办理延续，仍继续从事医疗器械生产的，按照《医疗器械监督管理条例》第六十三条的规定予以处罚。

第六十三条　提供虚假资料或者采取其他欺骗手段取得"医疗器械生产许可证"的，按照《医疗器械监督管理条例》第六十四条第一款的规定处罚。

第六十四条　从事第一类医疗器械生产活动未按规定向食品药品监督管理部门备案的，按照《医疗器械监督管理条例》第六十五条第一款的规定处罚；备案时提供虚假资料的，按照《医疗器械监督管理条例》第六十五条第二款的规定处罚。

第六十五条　伪造、变造、买卖、出租、出借"医疗器械生产许可证"的，按照《医疗器械监督管理条例》第六十四条第二款的规定处罚。

伪造、变造、买卖、出租、出借医疗器械生产备案凭证的，由县级以上食品药品监督管理部门责令改正，处1万元以下罚款。

第六十六条　有下列情形之一的，按照《医疗器械监督管理条例》第六十六条的规定处罚：

（一）生产不符合强制性标准或者不符合经注册或者备案的产品技术要求的医疗器械的；

（二）医疗器械生产企业未按照经注册、备案的产品技术要求组织生产，或者未依照本办法规定建立质量管理体系并保持有效运行的；

（三）委托不具备本办法规定条件的企业生产医疗器械或者未对受托方的生产行为进行管理的。

第六十七条　医疗器械生产企业的生产条件发生变化、不再符合医疗器械质量管理体系要求，未依照本办法规定整改、停止生产、报告的，按照《医疗器械监督管理条例》第六十七条的规定处罚。

第六十八条　医疗器械生产企业未按规定向省、自治区、直辖市或者设区的市级食品药品监督管理部门提交本企业质量管理体系运行情况自查报告的，按照《医疗器械监督管理条例》第六十八条的规定处罚。

第六十九条　有下列情形之一的，由县级以上食品药品监督管理部门给予警告，责令限期改正，可以并处3万元以下罚款：

（一）出厂医疗器械未按照规定进行检验的；

（二）出厂医疗器械未按照规定附有合格证明文件的；

（三）未按照本办法第十六条规定办理"医疗器械生产许可证"变更登记的；

（四）未按照规定办理委托生产备案手续的；

（五）医疗器械产品连续停产一年以上且无同类产品在产，未经所在地省、自治区、直辖市或者设区的市级食品药品监督管理部门核查符合要求即恢复生产的；

（六）向监督检查的食品药品监督管理部门隐瞒有关情况、提供虚假资料或者拒绝提供反映其活动的真实资料的。

有前款所列情形，情节严重或者造成危害后果，属于违反《医疗器械监督管理条例》相关规定的，依照《医疗器械监督管理条例》的规定处罚。

第七章 附 则

第七十条 生产出口医疗器械的，应当保证其生产的医疗器械符合进口国（地区）的要求，并将产品相关信息向所在地设区的市级食品药品监督管理部门备案。

生产企业接受境外企业委托生产在境外上市销售的医疗器械的，应当取得医疗器械质量管理体系第三方认证或者同类产品境内生产许可或者备案。

第七十一条 "医疗器械生产许可证"和第一类医疗器械生产备案凭证的格式由国家食品药品监督管理总局统一制定。

"医疗器械生产许可证"由省、自治区、直辖市食品药品监督管理部门印制。

"医疗器械生产许可证"编号的编排方式为：×食药监械生产许×××××××号。其中：

第一位×代表许可部门所在地省、自治区、直辖市的简称；第二到五位×代表4位数许可年份；

第六到九位×代表4位数许可流水号。

第一类医疗器械生产备案凭证备案编号的编排方式为：××食药监械生产备××××××××号。其中：

第一位×代表备案部门所在地省、自治区、直辖市的简称；

第二位×代表备案部门所在地设区的市级行政区域的简称；

第三到六位×代表4位数备案年份；

第七到十位×代表4位数备案流水号。

第七十二条 本办法自2014年10月1日起施行。2004年7月20日公布的《医疗器械生产监督管理办法》（原国家食品药品监督管理局令第12号）同时废止。

12. 医疗器械经营监督管理办法（总局令第8号）

《医疗器械经营监督管理办法》已于2014年6月27日经国家食品药品监督管理总局局务会议审议通过，现予公布，自2014年10月1日起施行。

第一章 总 则

第一条 为加强医疗器械经营监督管理，规范医疗器械经营行为，保证医疗器械安全、有效，根据《医疗器械监督管理条例》，制定本办法。

第二条 在中华人民共和国境内从事医疗器械经营活动及其监督管理，应当遵守本办法。

第三条 国家食品药品监督管理总局负责全国医疗器械经营监督管理工作。县级以上食品药品监督管理部门负责本行政区域的医疗器械经营监督管理工作。

上级食品药品监督管理部门负责指导和监督下级食品药品监督管理部门开展医疗器械经营监督管理工作。

第四条 按照医疗器械风险程度，医疗器械经营实施分类管理。

经营第一类医疗器械不需许可和备案，经营第二类医疗器械实行备案管理，经营第三类医疗器械实行许可管理。

第五条 国家食品药品监督管理总局制定医疗器械经营质量管理规范并监督实施。

第六条 食品药品监督管理部门依法及时公布医疗器械经营许可和备案信息。申请人可以查询审批进度和审批结果，公众可以查阅审批结果。

第二章 经营许可与备案管理

第七条 从事医疗器械经营，应当具备以下条件：

（一）具有与经营范围和经营规模相适应的质量管理机构或者质量管理人员，质量管理人员应当具有国家认可的相关专业学历或者职称；

（二）具有与经营范围和经营规模相适应的经营、贮存场所；

（三）具有与经营范围和经营规模相适应的贮存条件，全部委托其他医疗器械经营企业贮存的可以不设立库房；

（四）具有与经营的医疗器械相适应的质量管理制度；

（五）具备与经营的医疗器械相适应的专业指导、技术培训和售后服务的能力，或者约定由相关机构提供技术支持。

从事第三类医疗器械经营的企业还应当具有符合医疗器械经营质量管理要求的计算机信息管理系统，保证经营的产品可追溯。鼓励从事第一类、第二类医疗器械经营的企业建立符合医疗器械经营质量管理要求的计算机信息管理系统。

第八条　从事第三类医疗器械经营的，经营企业应当向所在地设区的市级食品药品监督管理部门提出申请，并提交以下资料：

（一）营业执照和组织机构代码证复印件；

（二）法定代表人、企业负责人、质量负责人的身份证明、学历或者职称证明复印件；

（三）组织机构与部门设置说明；

（四）经营范围、经营方式说明；

（五）经营场所、库房地址的地理位置图、平面图、房屋产权证明文件或者租赁协议（附房屋产权证明文件）复印件；

（六）经营设施、设备目录；

（七）经营质量管理制度、工作程序等文件目录；

（八）计算机信息管理系统基本情况介绍和功能说明；

（九）经办人授权证明；

（十）其他证明材料。

第九条　对于申请人提出的第三类医疗器械经营许可申请，设区的市级食品药品监督管理部门应当根据下列情况分别作出处理：

（一）申请事项属于其职权范围，申请资料齐全、符合法定形式的，应当受理申请；

（二）申请资料不齐全或者不符合法定形式的，应当当场或者在5个工

作日内一次告知申请人需要补正的全部内容,逾期不告知的,自收到申请资料之日起即为受理;

(三) 申请资料存在可以当场更正的错误的,应当允许申请人当场更正;

(四) 申请事项不属于本部门职权范围的,应当即时作出不予受理的决定,并告知申请人向有关行政部门申请。

设区的市级食品药品监督管理部门受理或者不予受理医疗器械经营许可申请的,应当出具受理或者不予受理的通知书。

第十条 设区的市级食品药品监督管理部门应当自受理之日起30个工作日内对申请资料进行审核,并按照医疗器械经营质量管理规范的要求开展现场核查。需要整改的,整改时间不计入审核时限。

符合规定条件的,依法作出准予许可的书面决定,并于10个工作日内发给"医疗器械经营许可证";不符合规定条件的,作出不予许可的书面决定,并说明理由。

第十一条 医疗器械经营许可申请直接涉及申请人与他人之间重大利益关系的,食品药品监督管理部门应当告知申请人、利害关系人依照法律、法规以及国家食品药品监督管理总局的有关规定享有申请听证的权利;在对医疗器械经营许可进行审查时,食品药品监督管理部门认为涉及公共利益的重大许可事项,应当向社会公告,并举行听证。

第十二条 从事第二类医疗器械经营的,经营企业应当向所在地设区的市级食品药品监督管理部门备案,填写第二类医疗器械经营备案表,并提交本办法第八条规定的资料(第八项除外)。

第十三条 食品药品监督管理部门应当当场对企业提交资料的完整性进行核对,符合规定的予以备案,发给第二类医疗器械经营备案凭证。

第十四条 设区的市级食品药品监督管理部门应当在医疗器械经营企业备案之日起3个月内,按照医疗器械经营质量管理规范的要求对第二类医疗器械经营企业开展现场核查。

第十五条 "医疗器械经营许可证"有效期为5年,载明许可证编号、企业名称、法定代表人、企业负责人、住所、经营场所、经营方式、经营范围、库房地址、发证部门、发证日期和有效期限等事项。

医疗器械经营备案凭证应当载明编号、企业名称、法定代表人、企业负责人、住所、经营场所、经营方式、经营范围、库房地址、备案部门、备案日期等事项。

第十六条 "医疗器械经营许可证"事项的变更分为许可事项变更和登记事项变更。

许可事项变更包括经营场所、经营方式、经营范围、库房地址的变更。

登记事项变更是指上述事项以外其他事项的变更。

第十七条 许可事项变更的,应当向原发证部门提出"医疗器械经营许可证"变更申请,并提交本办法第八条规定中涉及变更内容的有关资料。

跨行政区域设置库房的,应当向库房所在地设区的市级食品药品监督管理部门办理备案。

原发证部门应当自收到变更申请之日起15个工作日内进行审核,并作出准予变更或者不予变更的决定;需要按照医疗器械经营质量管理规范的要求开展现场核查的,自收到变更申请之日起30个工作日内作出准予变更或者不予变更的决定。不予变更的,应当书面说明理由并告知申请人。变更后的"医疗器械经营许可证"编号和有效期限不变。

第十八条 新设立独立经营场所的,应当单独申请医疗器械经营许可或者备案。

第十九条 登记事项变更的,医疗器械经营企业应当及时向设区的市级食品药品监督管理部门办理变更手续。

第二十条 因分立、合并而存续的医疗器械经营企业,应当依照本办法规定申请变更许可;因企业分立、合并而解散的,应当申请注销"医疗器械经营许可证";因企业分立、合并而新设立的,应当申请办理"医疗器械经营许可证"。

第二十一条 医疗器械注册人、备案人或者生产企业在其住所或者生产地址销售医疗器械,不需办理经营许可或者备案;在其他场所贮存并现货销售医疗器械的，应当按照规定办理经营许可或者备案。

第二十二条 "医疗器械经营许可证"有效期届满需要延续的，医疗器械经营企业应当在有效期届满6个月前，向原发证部门提出"医疗器械经营许可证"延续申请。

原发证部门应当按照本办法第十条的规定对延续申请进行审核，必要时开展现场核查，在"医疗器械经营许可证"有效期届满前作出是否准予延续的决定。符合规定条件的，准予延续，延续后的"医疗器械经营许可证"编号不变。不符合规定条件的，责令限期整改；整改后仍不符合规定条件的，不予延续，并书面说明理由。逾期未作出决定的，视为准予延续。

第二十三条 医疗器械经营备案凭证中企业名称、法定代表人、企业负责人、住所、经营场所、经营方式、经营范围、库房地址等备案事项发生变化的，应当及时变更备案。

第二十四条 "医疗器械经营许可证"遗失的，医疗器械经营企业应当立即在原发证部门指定的媒体上登载遗失声明。自登载遗失声明之日起满1个月后，向原发证部门申请补发。原发证部门及时补发"医疗器械经营许可证"。

补发的"医疗器械经营许可证"编号和有效期限与原证一致。

第二十五条 医疗器械经营备案凭证遗失的，医疗器械经营企业应当及时向原备案部门办理补发手续。

第二十六条 医疗器械经营企业因违法经营被食品药品监督管理部门立案调查但尚未结案的，或者收到行政处罚决定但尚未履行的，设区的市级食品药品监督管理部门应当中止许可，直至案件处理完毕。

第二十七条 医疗器械经营企业有法律、法规规定应当注销的情形，或者有效期未满但企业主动提出注销的，设区的市级食品药品监督管理部门应当依法注销其"医疗器械经营许可证"，并在网站上予以公布。

第二十八条 设区的市级食品药品监督管理部门应当建立"医疗器械经营许可证"核发、延续、变更、补发、撤销、注销等许可档案和医疗器械经营备案信息档案。

第二十九条 任何单位以及个人不得伪造、变造、买卖、出租、出借"医疗器械经营许可证"和医疗器械经营备案凭证。

第三章 经营质量管理

第三十条 医疗器械经营企业应当按照医疗器械经营质量管理规范要求，建立覆盖质量管理全过程的经营管理制度，并做好相关记录，保证经营条件和经营行为持续符合要求。

第三十一条 医疗器械经营企业对其办事机构或者销售人员以本企业名义从事的医疗器械购销行为承担法律责任。医疗器械经营企业销售人员销售医疗器械，应当提供加盖本企业公章的授权书。授权书应当载明授权销售的品种、地域、期限，注明销售人员的身份证号码。

第三十二条 医疗器械经营企业应当建立并执行进货查验记录制度。从事第二类、第三类医疗器械批发业务以及第三类医疗器械零售业务的经营企业应当建立销售记录制度。进货查验记录和销售记录信息应当真实、准确、完整。

从事医疗器械批发业务的企业，其购进、贮存、销售等记录应当符合可追溯要求。

进货查验记录和销售记录应当保存至医疗器械有效期后2年；无有效期的，不得少于5年。植入类医疗器械进货查验记录和销售记录应当永久保存。

鼓励其他医疗器械经营企业建立销售记录制度。

第三十三条 医疗器械经营企业应当从具有资质的生产企业或者经营企业购进医疗器械。

医疗器械经营企业应当与供货者约定质量责任和售后服务责任，保证医疗器械售后的安全使用。

与供货者或者相应机构约定由其负责产品安装、维修、技术培训服务的医疗器械经营企业，可以不设从事技术培训和售后服务的部门，但应当有相应的管理人员。

第三十四条 医疗器械经营企业应当采取有效措施，确保医疗器械运输、贮存过程符合医疗器械说明书或者标签标示要求，并做好相应记录，保证医疗器械质量安全。

说明书和标签标示要求低温、冷藏的，应当按照有关规定，使用低温、冷藏设施设备运输和贮存。

第三十五条 医疗器械经营企业委托其他单位运输医疗器械的，应当对承运方运输医疗器械的质量保障能力进行考核评估，明确运输过程中的质量责任，确保运输过程中的质量安全。

第三十六条 医疗器械经营企业为其他医疗器械生产经营企业提供贮存、配送服务的，应当与委托方签订书面协议，明确双方权利义务，并具有与产品贮存配送条件和规模相适应的设备设施，具备与委托方开展实时电子数据交换和实现产品经营全过程可追溯的计算机信息管理平台和技术手段。

第三十七条 从事医疗器械批发业务的经营企业应当销售给具有资质的经营企业或者使用单位。

第三十八条 医疗器械经营企业应当配备专职或者兼职人员负责售后管理，对客户投诉的质量问题应当查明原因，采取有效措施及时处理和反馈，并做好记录，必要时应当通知供货者及医疗器械生产企业。

第三十九条 医疗器械经营企业不具备原经营许可条件或者与备案信息不符且无法取得联系的，经原发证或者备案部门公示后，依法注销其"医疗器械经营许可证"或者在第二类医疗器械经营备案信息中予以标注，并向社会公告。

第四十条 第三类医疗器械经营企业应当建立质量管理自查制度，并按照医疗器械经营质量管理规范要求进行全项目自查，于每年年底前向所在地设区的市级食品药品监督管理部门提交年度自查报告。

第四十一条 第三类医疗器械经营企业自行停业一年以上，重新经营时，应当提前书面报告所在地设区的市级食品药品监督管理部门，经核查符合要求后方可恢复经营。

第四十二条 医疗器械经营企业不得经营未经注册或者备案、无合格证明文件以及过期、失效、淘汰的医疗器械。

第四十三条 医疗器械经营企业经营的医疗器械发生重大质量事故的，应当在24小时内报告所在地省、自治区、直辖市食品药品监督管理部门，省、自治区、直辖市食品药品监督管理部门应当立即报告国家食品药品监督管理总局。

第四章 监督管理

第四十四条 食品药品监督管理部门应当定期或者不定期对医疗器械经营企业符合经营质量管理规范要求的情况进行监督检查，督促企业规范经营活动。对第三类医疗器械经营企业按照医疗器械经营质量管理规范要求进行全项目自查的年度自查报告，应当进行审查，必要时开展现场核查。

第四十五条 省、自治区、直辖市食品药品监督管理部门应当编制本行政区域的医疗器械经营企业监督检查计划，并监督实施。设区的市级食品药品监督管理部门应当制定本行政区域的医疗器械经营企业的监管重点、检查频次和覆盖率，并组织实施。

第四十六条 食品药品监督管理部门组织监督检查，应当制定检查方案，明确检查标准，如实记录现场检查情况，将检查结果书面告知被检查企业。需要整改的，应当明确整改内容以及整改期限，并实施跟踪检查。

第四十七条 食品药品监督管理部门应当加强对医疗器械的抽查检验。

省级以上食品药品监督管理部门应当根据抽查检验结论及时发布医疗器械质量公告。

第四十八条 有下列情形之一的，食品药品监督管理部门应当加强现场检查：

（一）上一年度监督检查中存在严重问题的；

（二）因违反有关法律、法规受到行政处罚的；

（三）新开办的第三类医疗器械经营企业；

（四）食品药品监督管理部门认为需要进行现场检查的其他情形。

第四十九条 食品药品监督管理部门应当建立医疗器械经营日常监督管理制度,加强对医疗器械经营企业的日常监督检查。

第五十条 对投诉举报或者其他信息显示以及日常监督检查发现可能存在产品安全隐患的医疗器械经营企业,或者有不良行为记录的医疗器械经营企业,食品药品监督管理部门可以实施飞行检查。

第五十一条 有下列情形之一的,食品药品监督管理部门可以对医疗器械经营企业的法定代表人或者企业负责人进行责任约谈:

(一) 经营存在严重安全隐患的;

(二) 经营产品因质量问题被多次举报投诉或者媒体曝光的;

(三) 信用等级评定为不良信用企业的;

(四) 食品药品监督管理部门认为有必要开展责任约谈的其他情形。

第五十二条 食品药品监督管理部门应当建立医疗器械经营企业监管档案,记录许可和备案信息、日常监督检查结果、违法行为查处等情况,并对有不良信用记录的医疗器械经营企业实施重点监管。

第五章 法律责任

第五十三条 有下列情形之一的,由县级以上食品药品监督管理部门责令限期改正,给予警告;拒不改正的,处5000元以上2万元以下罚款:

(一) 医疗器械经营企业未依照本办法规定办理登记事项变更的;

(二) 医疗器械经营企业派出销售人员销售医疗器械,未按照本办法要求提供授权书的;

(三) 第三类医疗器械经营企业未在每年年底前向食品药品监督管理部门提交年度自查报告的。

第五十四条 有下列情形之一的,由县级以上食品药品监督管理部门责令改正,处1万元以上3万元以下罚款:

(一) 医疗器械经营企业经营条件发生变化,不再符合医疗器械经营质量管理规范要求,未按照规定进行整改的;

(二) 医疗器械经营企业擅自变更经营场所或者库房地址、扩大经营范

围或者擅自设立库房的;

(三) 从事医疗器械批发业务的经营企业销售给不具有资质的经营企业或者使用单位的;

(四) 医疗器械经营企业从不具有资质的生产、经营企业购进医疗器械的。

第五十五条 未经许可从事医疗器械经营活动,或者"医疗器械经营许可证"有效期届满后未依法办理延续、仍继续从事医疗器械经营的,按照《医疗器械监督管理条例》第六十三条的规定予以处罚。

第五十六条 提供虚假资料或者采取其他欺骗手段取得"医疗器械经营许可证"的,按照《医疗器械监督管理条例》第六十四条的规定予以处罚。

第五十七条 伪造、变造、买卖、出租、出借"医疗器械经营许可证"的,按照《医疗器械监督管理条例》第六十四条的规定予以处罚。

伪造、变造、买卖、出租、出借医疗器械经营备案凭证的,由县级以上食品药品监督管理部门责令改正,并处 1 万元以下罚款。

第五十八条 未依照本办法规定备案或者备案时提供虚假资料的,按照《医疗器械监督管理条例》第六十五条的规定予以处罚。

第五十九条 有下列情形之一的,由县级以上食品药品监督管理部门责令限期改正,并按照《医疗器械监督管理条例》第六十六条的规定予以处罚:

(一) 经营不符合强制性标准或者不符合经注册或者备案的产品技术要求的医疗器械的;

(二) 经营无合格证明文件、过期、失效、淘汰的医疗器械的;

(三) 食品药品监督管理部门责令停止经营后,仍拒不停止经营医疗器械的。

第六十条 有下列情形之一的,由县级以上食品药品监督管理部门责令改正,并按照《医疗器械监督管理条例》第六十七条的规定予以处罚:

(一) 经营的医疗器械的说明书、标签不符合有关规定的;

（二）未按照医疗器械说明书和标签示要求运输、贮存医疗器械的。

第六十一条　有下列情形之一的，由县级以上食品药品监督管理部门责令改正，并按照《医疗器械监督管理条例》第六十八条的规定予以处罚：

（一）经营企业未依照本办法规定建立并执行医疗器械进货查验记录制度的；

（二）从事第二类、第三类医疗器械批发业务以及第三类医疗器械零售业务的经营企业未依照本办法规定建立并执行销售记录制度的。

第六章　附　　则

第六十二条　本办法下列用语的含义是：

医疗器械经营，是指以购销的方式提供医疗器械产品的行为，包括采购、验收、贮存、销售、运输、售后服务等。

医疗器械批发，是指将医疗器械销售给具有资质的经营企业或者使用单位的医疗器械经营行为。

医疗器械零售，是指将医疗器械直接销售给消费者的医疗器械经营行为。

第六十三条　互联网医疗器械经营有关管理规定由国家食品药品监督管理总局另行制定。

第六十四条　"医疗器械经营许可证"和医疗器械经营备案凭证的格式由国家食品药品监督管理总局统一制定。

"医疗器械经营许可证"和医疗器械经营备案凭证由设区的市级食品药品监督管理部门印制。

"医疗器械经营许可证"编号的编排方式为：××食药监械经营许×× ××××××号。其中：

第一位×代表许可部门所在地省、自治区、直辖市的简称；

第二位×代表所在地设区的市级行政区域的简称；

第三到六位×代表4位数许可年份；

第七到十位×代表4位数许可流水号。

第二类医疗器械经营备案凭证备案编号的编排方式为：××食药监械经营备××××××××号。其中：

第一位×代表备案部门所在地省、自治区、直辖市的简称；

第二位×代表所在地设区的市级行政区域的简称；

第三到六位×代表4位数备案年份；

第七到十位×代表4位数备案流水号。

第六十五条 "医疗器械经营许可证"和医疗器械经营备案凭证列明的经营范围按照医疗器械管理类别、分类编码及名称确定。医疗器械管理类别、分类编码及名称按照国家食品药品监督管理总局发布的医疗器械分类目录核定。

第六十六条 本办法自2014年10月1日起施行。2004年8月9日公布的《医疗器械经营企业许可证管理办法》（原国家食品药品监督管理局令第15号）同时废止。

13. 药品医疗器械飞行检查办法（总局令第 14 号）

《药品医疗器械飞行检查办法》已于 2015 年 5 月 18 日经国家食品药品监督管理总局局务会议审议通过，现予公布，自 2015 年 9 月 1 日起施行。

第一章 总　　则

第一条　为加强药品和医疗器械监督检查，强化安全风险防控，根据《中华人民共和国药品管理法》《中华人民共和国药品管理法实施条例》《医疗器械监督管理条例》等有关法律法规，制定本办法。

第二条　本办法所称药品医疗器械飞行检查，是指食品药品监督管理部门针对药品和医疗器械研制、生产、经营、使用等环节开展的不预先告知的监督检查。

第三条　国家食品药品监督管理总局负责组织实施全国范围内的药品医疗器械飞行检查。地方各级食品药品监督管理部门负责组织实施本行政区域的药品医疗器械飞行检查。

第四条　药品医疗器械飞行检查应当遵循依法独立、客观公正、科学处置的原则，围绕安全风险防控开展。

第五条　被检查单位对食品药品监督管理部门组织实施的药品医疗器械飞行检查应当予以配合，不得拒绝、逃避或者阻碍。

第六条　食品药品监督管理部门应当按照政府信息公开的要求公开检查结果，对重大或者典型案件，可以采取新闻发布等方式向社会公开。

第七条　食品药品监督管理部门及有关工作人员应当严格遵守有关法律法规、廉政纪律和工作要求，不得向被检查单位提出与检查无关的要求，不得泄露飞行检查相关情况、举报人信息及被检查单位的商业秘密。

第二章 启　　动

第八条　有下列情形之一的，食品药品监督管理部门可以开展药品医疗器械飞行检查：

（一）投诉举报或者其他来源的线索表明可能存在质量安全风险的；

（二）检验发现存在质量安全风险的；

（三）药品不良反应或者医疗器械不良事件监测提示可能存在质量安全风险的；

（四）对申报资料真实性有疑问的；

（五）涉嫌严重违反质量管理规范要求的；

（六）企业有严重不守信记录的；

（七）其他需要开展飞行检查的情形。

第九条 开展飞行检查应当制定检查方案，明确检查事项、时间、人员构成和方式等。需要采用不公开身份的方式进行调查的，检查方案中应当予以明确。

必要时，食品药品监督管理部门可以联合公安机关等有关部门共同开展飞行检查。

第十条 食品药品监督管理部门派出的检查组应当由2名以上检查人员组成，检查组实行组长负责制。检查人员应当是食品药品行政执法人员、依法取得检查员资格的人员或者取得本次检查授权的其他人员；根据检查工作需要，食品药品监督管理部门可以请相关领域专家参加检查工作。

参加检查的人员应当签署无利益冲突声明和廉政承诺书；所从事的检查活动与其个人利益之间可能发生矛盾或者冲突的，应当主动提出回避。

第十一条 检查组应当调查核实被检查单位执行药品和医疗器械监管法律法规的实际情况，按照检查方案明确现场检查重点，并可以根据风险研判提出风险管控预案。

第十二条 检查组成员不得事先告知被检查单位检查行程和检查内容，指定地点集中后，第一时间直接进入检查现场；直接针对可能存在的问题开展检查；不得透露检查过程中的进展情况、发现的违法线索等相关信息。

第十三条 上级食品药品监督管理部门组织实施飞行检查的，可以适时通知被检查单位所在地食品药品监督管理部门。被检查单位所在地食品药品监督管理部门应当派员协助检查，协助检查的人员应当服从检查组的安排。

第十四条　组织实施飞行检查的食品药品监督管理部门应当加强对检查组的指挥，根据现场检查反馈的情况及时调整应对策略，必要时启动协调机制，并可以派相关人员赴现场协调和指挥。

第三章　检　　查

第十五条　检查组到达检查现场后，检查人员应当出示相关证件和受食品药品监督管理部门委派开展监督检查的执法证明文件，通报检查要求及被检查单位的权利和义务。

第十六条　被检查单位及有关人员应当及时按照检查组要求，明确检查现场负责人，开放相关场所或者区域，配合对相关设施设备的检查，保持正常生产经营状态，提供真实、有效、完整的文件、记录、票据、凭证、电子数据等相关材料，如实回答检查组的询问。

第十七条　检查组应当详细记录检查时间、地点、现场状况等；对发现的问题应当进行书面记录，并根据实际情况收集或者复印相关文件资料、拍摄相关设施设备及物料等实物和现场情况、采集实物以及询问有关人员等。询问记录应当包括询问对象姓名、工作岗位和谈话内容等，并经询问对象逐页签字或者按指纹。

记录应当及时、准确、完整，客观真实反映现场检查情况。

飞行检查过程中形成的记录及依法收集的相关资料、实物等，可以作为行政处罚中认定事实的依据。

第十八条　需要抽取成品及其他物料进行检验的，检查组可以按照抽样检验相关规定抽样或者通知被检查单位所在地食品药品监督管理部门按规定抽样。抽取的样品应当由具备资质的技术机构进行检验或者鉴定，所抽取样品的检验费、鉴定费由组织实施飞行检查的食品药品监督管理部门承担。

第十九条　检查组认为证据可能灭失或者以后难以取得的，以及需要采取行政强制措施的，可以通知被检查单位所在地食品药品监督管理部门。被检查单位所在地食品药品监督管理部门应当依法采取证据保全或者行政强制措施。

第二十条 有下列情形之一的，检查组应当立即报组织实施飞行检查的食品药品监督管理部门及时作出决定：

（一）需要增加检查力量或者延伸检查范围的；

（二）需要采取产品召回或者暂停研制、生产、销售、使用等风险控制措施的；

（三）需要立案查处的；

（四）涉嫌犯罪需要移送公安机关的；

（五）其他需要报告的事项。

需要采取风险控制措施的，被检查单位应当按照食品药品监督管理部门的要求采取相应措施。

第二十一条 现场检查时间由检查组根据检查需要确定，以能够查清查实问题为原则。经组织实施飞行检查的食品药品监督管理部门同意后，检查组方可结束检查。

第二十二条 检查结束时，检查组应当向被检查单位通报检查相关情况。被检查单位有异议的，可以陈述和申辩，检查组应当如实记录。

第二十三条 检查结束后，检查组应当撰写检查报告。检查报告的内容包括：检查过程、发现问题、相关证据、检查结论和处理建议等。

第二十四条 检查组一般应当在检查结束后5个工作日内，将检查报告、检查记录、相关证据材料等报组织实施飞行检查的食品药品监督管理部门。必要时，可以抄送被检查单位所在地食品药品监督管理部门。

第四章 处 理

第二十五条 根据飞行检查结果，食品药品监督管理部门可以依法采取限期整改、发告诫信、约谈被检查单位、监督召回产品、收回或者撤销相关资格认证认定证书，以及暂停研制、生产、销售、使用等风险控制措施。风险因素消除后，应当及时解除相关风险控制措施。

第二十六条　国家食品药品监督管理总局组织实施的飞行检查发现违法行为需要立案查处的，国家食品药品监督管理总局可以直接组织查处，也可以指定被检查单位所在地食品药品监督管理部门查处。

地方各级食品药品监督管理部门组织实施的飞行检查发现违法行为需要立案查处的，原则上应当直接查处。

由下级食品药品监督管理部门查处的，组织实施飞行检查的食品药品监督管理部门应当跟踪督导查处情况。

第二十七条　飞行检查发现的违法行为涉嫌犯罪的，由负责立案查处的食品药品监督管理部门移送公安机关，并抄送同级检察机关。

第二十八条　食品药品监督管理部门有权在任何时间进入被检查单位研制、生产、经营、使用等场所进行检查，被检查单位不得拒绝、逃避。

被检查单位有下列情形之一的，视为拒绝、逃避检查：

（一）拖延、限制、拒绝检查人员进入被检查场所或者区域的，或者限制检查时间的；

（二）无正当理由不提供或者延迟提供与检查相关的文件、记录、票据、凭证、电子数据等材料的；

（三）以声称工作人员不在、故意停止生产经营等方式欺骗、误导、逃避检查的；

（四）拒绝或者限制拍摄、复印、抽样等取证工作的；

（五）其他不配合检查的情形。

检查组对被检查单位拒绝、逃避检查的行为应当进行书面记录，责令改正并及时报告组织实施飞行检查的食品药品监督管理部门；经责令改正后仍不改正、造成无法完成检查工作的，检查结论判定为不符合相关质量管理规范或者其他相关要求。

第二十九条　被检查单位因违法行为应当受到行政处罚，且具有拒绝、逃避监督检查或者伪造、销毁、隐匿有关证据材料等情形的，由食品药品监督管理部门按照《中华人民共和国药品管理法》《中华人民共和国药品管理法实施条例》《医疗器械监督管理条例》等有关规定从重处罚。

第三十条 被检查单位有下列情形之一，构成违反治安管理行为的，由食品药品监督管理部门商请公安机关依照《中华人民共和国治安管理处罚法》的规定进行处罚：

（一）阻碍检查人员依法执行职务，或者威胁检查人员人身安全的；

（二）伪造、变造、买卖或者使用伪造、变造的审批文件、认证认定证书等的；

（三）隐藏、转移、变卖、损毁食品药品监督管理部门依法查封、扣押的财物的；

（四）伪造、隐匿、毁灭证据或者提供虚假证言，影响依法开展检查的。

第三十一条 上级食品药品监督管理部门应当及时将其组织实施的飞行检查结果通报被检查单位所在地食品药品监督管理部门。

下级食品药品监督管理部门应当及时将其组织实施的飞行检查中发现的重大问题书面报告上一级食品药品监督管理部门，并于每年年底前将该年度飞行检查的总结报告报上一级食品药品监督管理部门。

第三十二条 针对飞行检查中发现的区域性、普遍性或者长期存在、比较突出的问题，上级食品药品监督管理部门可以约谈被检查单位所在地食品药品监督管理部门主要负责人或者当地人民政府负责人。

被约谈的食品药品监督管理部门应当及时提出整改措施，并将整改情况上报。

第三十三条 食品药品监督管理部门及有关工作人员有下列情形之一的，应当公开通报；对有关工作人员按照干部管理权限给予行政处分和纪律处分，或者提出处理建议；涉嫌犯罪的，依法移交司法机关处理：

（一）泄露飞行检查信息的；

（二）泄露举报人信息或者被检查单位商业秘密的；

（三）出具虚假检查报告或者检验报告的；

（四）干扰、拖延检查或者拒绝立案查处的；

（五）违反廉政纪律的；

（六）有其他滥用职权或者失职渎职行为的。

第五章 附 则

第三十四条 各级食品药品监督管理部门应当将药品医疗器械飞行检查所需费用及相关抽检费用纳入年度经费预算，并根据工作需要予以足额保障。

第三十五条 本办法自 2015 年 9 月 1 日起施行。

14. 医疗器械分类规则（总局令第15号）

《医疗器械分类规则》已经2015年6月3日国家食品药品监督管理总局局务会议审议通过，现予公布，自2016年1月1日起施行。

第一条 为规范医疗器械分类，根据《医疗器械监督管理条例》，制定本规则。

第二条 本规则用于指导制定医疗器械分类目录和确定新的医疗器械的管理类别。

第三条 本规则有关用语的含义是：

（一）预期目的

指产品说明书、标签或者宣传资料载明的，使用医疗器械应当取得的作用。

（二）无源医疗器械

不依靠电能或者其他能源，但是可以通过由人体或者重力产生的能量，发挥其功能的医疗器械。

（三）有源医疗器械

任何依靠电能或者其他能源，而不是直接由人体或者重力产生的能量，发挥其功能的医疗器械。

（四）侵入器械

借助手术全部或者部分通过体表侵入人体，接触体内组织、血液循环系统、中枢神经系统等部位的医疗器械，包括介入手术中使用的器材、一次性使用无菌手术器械和暂时或短期留在人体内的器械等。本规则中的侵入器械不包括重复使用手术器械。

（五）重复使用手术器械

用于手术中进行切、割、钻、锯、抓、刮、钳、抽、夹等过程，不连接任何有源医疗器械，通过一定的处理可以重新使用的无源医疗器械。

（六）植入器械

借助手术全部或者部分进入人体内或腔道（口）中，或者用于替代人体上皮表面或眼表面，并且在手术过程结束后留在人体内 30 日（含）以上或者被人体吸收的医疗器械。

（七）接触人体器械

直接或间接接触患者或者能够进入患者体内的医疗器械。

（八）使用时限

1. 连续使用时间：医疗器械按预期目的、不间断的实际作用时间；
2. 暂时：医疗器械预期的连续使用时间在 24 小时以内；
3. 短期：医疗器械预期的连续使用时间在 24 小时（含）以上、30 日以内；
4. 长期：医疗器械预期的连续使用时间在 30 日（含）以上。

（九）皮肤

未受损皮肤表面。

（十）腔道（口）

口腔、鼻腔、食道、外耳道、直肠、阴道、尿道等人体自然腔道和永久性人造开口。

（十一）创伤

各种致伤因素作用于人体所造成的组织结构完整性破坏或者功能障碍。

（十二）组织

人体体内组织，包括骨、牙髓或者牙本质，不包括血液循环系统和中枢神经系统。

（十三）血液循环系统

血管（毛细血管除外）和心脏。

（十四）中枢神经系统

脑和脊髓。

（十五）独立软件

具有一个或者多个医疗目的，无需医疗器械硬件即可完成自身预期目的，运行于通用计算平台的软件。

（十六）具有计量测试功能的医疗器械

用于测定生理、病理、解剖参数，或者定量测定进出人体的能量或物质的医疗器械，其测量结果需要精确定量，并且该结果的准确性会对患者的健康和安全产生明显影响。

（十七）慢性创面

各种原因形成的长期不愈合创面，如静脉性溃疡、动脉性溃疡、糖尿病性溃疡、创伤性溃疡、压力性溃疡等。

第四条　医疗器械按照风险程度由低到高，管理类别依次分为第一类、第二类和第三类。

医疗器械风险程度，应当根据医疗器械的预期目的，通过结构特征、使用形式、使用状态、是否接触人体等因素综合判定。

第五条　依据影响医疗器械风险程度的因素，医疗器械可以分为以下几种情形：

（一）根据结构特征的不同，分为无源医疗器械和有源医疗器械。

（二）根据是否接触人体，分为接触人体器械和非接触人体器械。

（三）根据不同的结构特征和是否接触人体，医疗器械的使用形式包括：

无源接触人体器械：液体输送器械、改变血液体液器械、医用敷料、侵入器械、重复使用手术器械、植入器械、避孕和计划生育器械、其他无源接触人体器械。

无源非接触人体器械：护理器械、医疗器械清洗消毒器械、其他无源非接触人体器械。

有源接触人体器械：能量治疗器械、诊断监护器械、液体输送器械、电离辐射器械、植入器械、其他有源接触人体器械。

有源非接触人体器械：临床检验仪器设备、独立软件、医疗器械消毒灭菌设备、其他有源非接触人体器械。

（四）根据不同的结构特征、是否接触人体以及使用形式，医疗器械的使用状态或者其产生的影响包括以下情形：

无源接触人体器械：根据使用时限分为暂时使用、短期使用、长期使用；接触人体的部位分为皮肤或腔道（口）、创伤或组织、血液循环系统或中枢神经系统。

无源非接触人体器械：根据对医疗效果的影响程度分为基本不影响、轻微影响、重要影响。

有源接触人体器械：根据失控后可能造成的损伤程度分为轻微损伤、中度损伤、严重损伤。

有源非接触人体器械：根据对医疗效果的影响程度分为基本不影响、轻微影响、重要影响。

第六条　医疗器械的分类应当根据医疗器械分类判定表（见附件）进行分类判定。有以下情形的，还应当结合下述原则进行分类：

（一）如果同一医疗器械适用两个或者两个以上的分类，应当采取其中风险程度最高的分类；由多个医疗器械组成的医疗器械包，其分类应当与包内风险程度最高的医疗器械一致。

（二）可作为附件的医疗器械，其分类应当综合考虑该附件对配套主体医疗器械安全性、有效性的影响；如果附件对配套主体医疗器械有重要影响，附件的分类应不低于配套主体医疗器械的分类。

（三）监控或者影响医疗器械主要功能的医疗器械，其分类应当与被监控、影响的医疗器械的分类一致。

（四）以医疗器械作用为主的药械组合产品，按照第三类医疗器械管理。

（五）可被人体吸收的医疗器械，按照第三类医疗器械管理。

（六）对医疗效果有重要影响的有源接触人体器械，按照第三类医疗器械管理。

（七）医用敷料如果有以下情形，按照第三类医疗器械管理，包括：预期具有防组织或器官粘连功能，作为人工皮肤，接触真皮深层或其以下组织受损的创面，用于慢性创面，或者可被人体全部或部分吸收的。

（八）以无菌形式提供的医疗器械，其分类应不低于第二类。

（九）通过牵拉、撑开、扭转、压握、弯曲等作用方式，主动施加持续作用力于人体、可动态调整肢体固定位置的矫形器械（不包括仅具有固定、支撑作用的医疗器械，也不包括配合外科手术中进行临时矫形的医疗器械或者外科手术后或其他治疗中进行四肢矫形的医疗器械），其分类应不低于第二类。

（十）具有计量测试功能的医疗器械，其分类应不低于第二类。

（十一）如果医疗器械的预期目的是明确用于某种疾病的治疗，其分类应不低于第二类。

（十二）用于在内窥镜下完成夹取、切割组织或者取石等手术操作的无源重复使用手术器械，按照第二类医疗器械管理。

第七条　体外诊断试剂按照有关规定进行分类。

第八条　国家食品药品监督管理总局根据医疗器械生产、经营、使用情况，及时对医疗器械的风险变化进行分析、评价，对医疗器械分类目录进行调整。

第九条　国家食品药品监督管理总局可以组织医疗器械分类专家委员会制定、调整医疗器械分类目录。

第十条　本规则自 2016 年 1 月 1 日起施行。2000 年 4 月 5 日公布的《医疗器械分类规则》（原国家药品监督管理局令第 15 号）同时废止。

附件：

医疗器械分类判定表

			接触人体器械								
			暂时使用			短期使用			长期使用		
		使用状态 使用形式	皮肤/腔道(口)	创伤/组织	血循环/中枢	皮肤/腔道(口)	创伤/组织	血循环/中枢	皮肤/腔道(口)	创伤/组织	血循环/中枢
无源医疗器械	1	液体输送器械	Ⅱ	Ⅱ	Ⅲ	Ⅱ	Ⅱ	Ⅲ	Ⅱ	Ⅲ	Ⅲ
	2	改变血液体液器械	-	-	Ⅲ	-	-	Ⅲ	-	-	Ⅲ
	3	医用敷料	Ⅰ	Ⅱ	Ⅱ	Ⅰ	Ⅱ	Ⅱ	Ⅱ	Ⅲ	Ⅲ
	4	侵入器械	Ⅰ	Ⅱ	Ⅲ	Ⅱ	Ⅱ	Ⅲ	Ⅱ	-	-
	5	重复使用手术器械	Ⅰ	Ⅰ	Ⅱ	-	-	-	-	-	-
	6	植入器械	-	-	-	-	-	-	Ⅲ	Ⅲ	Ⅲ
	7	避孕和计划生育器械(不包括重复使用手术器械)	Ⅱ	Ⅱ	Ⅲ	Ⅱ	Ⅲ	Ⅲ	Ⅲ	Ⅲ	Ⅲ
	8	其他无源器械	Ⅰ	Ⅱ	Ⅱ	Ⅱ	Ⅱ	Ⅲ	Ⅱ	Ⅲ	Ⅲ

续表

接触人体器械					
		使用状态 使用形式	轻微损伤	中度损伤	严重损伤
有源医疗器械	1	能量治疗器械	Ⅱ	Ⅱ	Ⅲ
	2	诊断监护器械	Ⅱ	Ⅱ	Ⅲ
	3	液体输送器械	Ⅱ	Ⅱ	Ⅲ
	4	电离辐射器械	Ⅱ	Ⅱ	Ⅲ
	5	植入器械	Ⅲ	Ⅲ	Ⅲ
	6	其他有源器械	Ⅱ	Ⅱ	Ⅲ
非接触人体器械					
		使用状态 使用形式	基本不影响	轻微影响	重要影响
无源医疗器械	1	护理器械	Ⅰ	Ⅱ	-
	2	医疗器械清洗消毒器械	-	Ⅱ	Ⅲ
	3	其他无源器械	Ⅰ	Ⅱ	Ⅲ
		使用状态 使用形式	基本不影响	轻微影响	重要影响
有源医疗器械	1	临床检验仪器设备	Ⅰ	Ⅱ	Ⅲ
	2	独立软件	-	Ⅱ	Ⅲ
	3	医疗器械消毒灭菌设备	-	Ⅱ	Ⅲ
	4	其他有源器械	Ⅰ	Ⅱ	Ⅲ

注：1. 本表中"Ⅰ""Ⅱ""Ⅲ"分别代表第一类、第二类、第三类医疗器械；

2. 本表中"-"代表不存在这种情形。

15. 医疗器械使用质量监督管理办法（总局令第18号）

《医疗器械使用质量监督管理办法》已经2015年9月29日国家食品药品监督管理总局局务会议审议通过，现予公布，自2016年2月1日起施行。

第一章 总 则

第一条 为加强医疗器械使用质量监督管理，保证医疗器械使用安全、有效，根据《医疗器械监督管理条例》，制定本办法。

第二条 使用环节的医疗器械质量管理及其监督管理，应当遵守本办法。

第三条 国家食品药品监督管理总局负责全国医疗器械使用质量监督管理工作。县级以上地方食品药品监督管理部门负责本行政区域的医疗器械使用质量监督管理工作。

上级食品药品监督管理部门负责指导和监督下级食品药品监督管理部门开展医疗器械使用质量监督管理工作。

第四条 医疗器械使用单位应当按照本办法，配备与其规模相适应的医疗器械质量管理机构或者质量管理人员，建立覆盖质量管理全过程的使用质量管理制度，承担本单位使用医疗器械的质量管理责任。

鼓励医疗器械使用单位采用信息化技术手段进行医疗器械质量管理。

第五条 医疗器械生产经营企业销售的医疗器械应当符合强制性标准以及经注册或者备案的产品技术要求。医疗器械生产经营企业应当按照与医疗器械使用单位的合同约定，提供医疗器械售后服务，指导和配合医疗器械使用单位开展质量管理工作。

第六条 医疗器械使用单位发现所使用的医疗器械发生不良事件或者可疑不良事件的，应当按照医疗器械不良事件监测的有关规定报告并处理。

第二章 采购、验收与贮存

第七条 医疗器械使用单位应当对医疗器械采购实行统一管理，由其指定的部门或者人员统一采购医疗器械,其他部门或者人员不得自行采购。

第八条　医疗器械使用单位应当从具有资质的医疗器械生产经营企业购进医疗器械,索取、查验供货者资质、医疗器械注册证或者备案凭证等证明文件。对购进的医疗器械应当验明产品合格证明文件,并按规定进行验收。对有特殊储运要求的医疗器械还应当核实储运条件是否符合产品说明书和标签标示的要求。

第九条　医疗器械使用单位应当真实、完整、准确地记录进货查验情况。进货查验记录应当保存至医疗器械规定使用期限届满后2年或者使用终止后2年。大型医疗器械进货查验记录应当保存至医疗器械规定使用期限届满后5年或者使用终止后5年;植入性医疗器械进货查验记录应当永久保存。

医疗器械使用单位应当妥善保存购入第三类医疗器械的原始资料,确保信息具有可追溯性。

第十条　医疗器械使用单位贮存医疗器械的场所、设施及条件应当与医疗器械品种、数量相适应,符合产品说明书、标签标示的要求及使用安全、有效的需要;对温度、湿度等环境条件有特殊要求的,还应当监测和记录贮存区域的温度、湿度等数据。

第十一条　医疗器械使用单位应当按照贮存条件、医疗器械有效期限等要求对贮存的医疗器械进行定期检查并记录。

第十二条　医疗器械使用单位不得购进和使用未依法注册或者备案、无合格证明文件以及过期、失效、淘汰的医疗器械。

第三章　使用、维护与转让

第十三条　医疗器械使用单位应当建立医疗器械使用前质量检查制度。在使用医疗器械前,应当按照产品说明书的有关要求进行检查。

使用无菌医疗器械前,应当检查直接接触医疗器械的包装及其有效期限。包装破损、标示不清、超过有效期限或者可能影响使用安全、有效的,不得使用。

第十四条　医疗器械使用单位对植入和介入类医疗器械应当建立使用记录，植入性医疗器械使用记录永久保存，相关资料应当纳入信息化管理系统，确保信息可追溯。

第十五条　医疗器械使用单位应当建立医疗器械维护维修管理制度。对需要定期检查、检验、校准、保养、维护的医疗器械，应当按照产品说明书的要求进行检查、检验、校准、保养、维护并记录，及时进行分析、评估，确保医疗器械处于良好状态。

对使用期限长的大型医疗器械，应当逐台建立使用档案，记录其使用、维护等情况。记录保存期限不得少于医疗器械规定使用期限届满后5年或者使用终止后5年。

第十六条　医疗器械使用单位应当按照产品说明书等要求使用医疗器械。一次性使用的医疗器械不得重复使用，对使用过的应当按照国家有关规定销毁并记录。

第十七条　医疗器械使用单位可以按照合同的约定要求医疗器械生产经营企业提供医疗器械维护维修服务，也可以委托有条件和能力的维修服务机构进行医疗器械维护维修，或者自行对在用医疗器械进行维护维修。

医疗器械使用单位委托维修服务机构或者自行对在用医疗器械进行维护维修的，医疗器械生产经营企业应当按照合同的约定提供维护手册、维修手册、软件备份、故障代码表、备件清单、零部件、维修密码等维护维修必需的材料和信息。

第十八条　由医疗器械生产经营企业或者维修服务机构对医疗器械进行维护维修的，应当在合同中约定明确的质量要求、维修要求等相关事项，医疗器械使用单位应当在每次维护维修后索取并保存相关记录；医疗器械使用单位自行对医疗器械进行维护维修的，应当加强对从事医疗器械维护维修的技术人员的培训考核，并建立培训档案。

第十九条　医疗器械使用单位发现使用的医疗器械存在安全隐患的，应当立即停止使用，通知检修；经检修仍不能达到使用安全标准的，不得继续使用，并按照有关规定处置。

第九章　医疗器械法律法规

第二十条　医疗器械使用单位之间转让在用医疗器械，转让方应当确保所转让的医疗器械安全、有效，并提供产品合法证明文件。

转让双方应当签订协议，移交产品说明书、使用和维修记录档案复印件等资料，并经有资质的检验机构检验合格后方可转让。受让方应当参照本办法第八条关于进货查验的规定进行查验，符合要求后方可使用。

不得转让未依法注册或者备案、无合格证明文件或者检验不合格，以及过期、失效、淘汰的医疗器械。

第二十一条　医疗器械使用单位接受医疗器械生产经营企业或者其他机构、个人捐赠医疗器械的，捐赠方应当提供医疗器械的相关合法证明文件，受赠方应当参照本办法第八条关于进货查验的规定进行查验，符合要求后方可使用。

不得捐赠未依法注册或者备案、无合格证明文件或者检验不合格，以及过期、失效、淘汰的医疗器械。

医疗器械使用单位之间捐赠在用医疗器械的，参照本办法第二十条关于转让在用医疗器械的规定办理。

第四章　监督管理

第二十二条　食品药品监督管理部门按照风险管理原则，对使用环节的医疗器械质量实施监督管理。

设区的市级食品药品监督管理部门应当编制并实施本行政区域的医疗器械使用单位年度监督检查计划，确定监督检查的重点、频次和覆盖率。对存在较高风险的医疗器械、有特殊储运要求的医疗器械以及有不良信用记录的医疗器械使用单位等，应当实施重点监管。

年度监督检查计划及其执行情况应当报告省、自治区、直辖市食品药品监督管理部门。

第二十三条　食品药品监督管理部门对医疗器械使用单位建立、执行医疗器械使用质量管理制度的情况进行监督检查，应当记录监督检查结果，并纳入监督管理档案。

食品药品监督管理部门对医疗器械使用单位进行监督检查时，可以对相关的医疗器械生产经营企业、维修服务机构等进行延伸检查。

医疗器械使用单位、生产经营企业和维修服务机构等应当配合食品药品监督管理部门的监督检查，如实提供有关情况和资料，不得拒绝和隐瞒。

第二十四条 医疗器械使用单位应当按照本办法和本单位建立的医疗器械使用质量管理制度，每年对医疗器械质量管理工作进行全面自查，并形成自查报告。食品药品监督管理部门在监督检查中对医疗器械使用单位的自查报告进行抽查。

第二十五条 食品药品监督管理部门应当加强对使用环节医疗器械的抽查检验。省级以上食品药品监督管理部门应当根据抽查检验结论，及时发布医疗器械质量公告。

第二十六条 个人和组织发现医疗器械使用单位有违反本办法的行为，有权向医疗器械使用单位所在地食品药品监督管理部门举报。接到举报的食品药品监督管理部门应当及时核实、处理。经查证属实的，应当按照有关规定对举报人给予奖励。

第五章 法律责任

第二十七条 医疗器械使用单位有下列情形之一的，由县级以上食品药品监督管理部门按照《医疗器械监督管理条例》第六十六条的规定予以处罚：

（一）使用不符合强制性标准或者不符合经注册或者备案的产品技术要求的医疗器械的；

（二）使用无合格证明文件、过期、失效、淘汰的医疗器械，或者使用未依法注册的医疗器械的。

第二十八条 医疗器械使用单位有下列情形之一的，由县级以上食品药品监督管理部门按照《医疗器械监督管理条例》第六十七条的规定予以处罚：

（一）未按照医疗器械产品说明书和标签标示要求贮存医疗器械的；

(二) 转让或者捐赠过期、失效、淘汰、检验不合格的在用医疗器械的。

第二十九条 医疗器械使用单位有下列情形之一的，由县级以上食品药品监督管理部门按照《医疗器械监督管理条例》第六十八条的规定予以处罚：

(一) 未建立并执行医疗器械进货查验制度，未查验供货者的资质，或者未真实、完整、准确地记录进货查验情况的；

(二) 未按照产品说明书的要求进行定期检查、检验、校准、保养、维护并记录的；

(三) 发现使用的医疗器械存在安全隐患未立即停止使用、通知检修，或者继续使用经检修仍不能达到使用安全标准的医疗器械的；

(四) 未妥善保存购入第三类医疗器械的原始资料的；

(五) 未按规定建立和保存植入和介入类医疗器械使用记录的。

第三十条 医疗器械使用单位有下列情形之一的，由县级以上食品药品监督管理部门责令限期改正，给予警告；拒不改正的，处1万元以下罚款：

(一) 未按规定配备与其规模相适应的医疗器械质量管理机构或者质量管理人员，或者未按规定建立覆盖质量管理全过程的使用质量管理制度的；

(二) 未按规定由指定的部门或者人员统一采购医疗器械的；

(三) 购进、使用未备案的第一类医疗器械，或者从未备案的经营企业购进第二类医疗器械的；

(四) 贮存医疗器械的场所、设施及条件与医疗器械品种、数量不相适应的，或者未按照贮存条件、医疗器械有效期限等要求对贮存的医疗器械进行定期检查并记录的；

(五) 未按规定建立、执行医疗器械使用前质量检查制度的；

(六) 未按规定索取、保存医疗器械维护维修相关记录的；

(七) 未按规定对本单位从事医疗器械维护维修的相关技术人员进行培训考核、建立培训档案的；

(八) 未按规定对其医疗器械质量管理工作进行自查、形成自查报告的。

第三十一条 医疗器械生产经营企业违反本办法第十七条规定,未按要求提供维护维修服务,或者未按要求提供维护维修所必需的材料和信息的,由县级以上食品药品监督管理部门给予警告,责令限期改正;情节严重或者拒不改正的,处 5000 元以上 2 万元以下罚款。

第三十二条 医疗器械使用单位、生产经营企业和维修服务机构等不配合食品药品监督管理部门的监督检查,或者拒绝、隐瞒、不如实提供有关情况和资料的,由县级以上食品药品监督管理部门责令改正,给予警告,可以并处 2 万元以下罚款。

第六章 附 则

第三十三条 用于临床试验的试验用医疗器械的质量管理,按照医疗器械临床试验等有关规定执行。

第三十四条 对使用环节的医疗器械使用行为的监督管理,按照国家卫生和计划生育委员会的有关规定执行。

第三十五条 本办法自 2016 年 2 月 1 日起施行。

16. 医疗器械通用名称命名规则（总局令第 19 号）

《医疗器械通用名称命名规则》已经 2015 年 12 月 8 日国家食品药品监督管理总局局务会议审议通过，现予公布，自 2016 年 4 月 1 日起施行。

第一条　为加强医疗器械监督管理，保证医疗器械通用名称命名科学、规范，根据《医疗器械监督管理条例》，制定本规则。

第二条　凡在中华人民共和国境内销售、使用的医疗器械应当使用通用名称，通用名称的命名应当符合本规则。

第三条　医疗器械通用名称应当符合国家有关法律、法规的规定，科学、明确，与产品的真实属性相一致。

第四条　医疗器械通用名称应当使用中文，符合国家语言文字规范。

第五条　具有相同或者相似的预期目的、共同技术的同品种医疗器械应当使用相同的通用名称。

第六条　医疗器械通用名称由一个核心词和一般不超过三个特征词组成。

核心词是对具有相同或者相似的技术原理、结构组成或者预期目的的医疗器械的概括表述。

特征词是对医疗器械使用部位、结构特点、技术特点或者材料组成等特定属性的描述。使用部位是指产品在人体的作用部位，可以是人体的系统、器官、组织、细胞等。结构特点是对产品特定结构、外观形态的描述。技术特点是对产品特殊作用原理、机理或者特殊性能的说明或者限定。材料组成是对产品的主要材料或者主要成分的描述。

第七条　医疗器械通用名称除应当符合本规则第六条的规定外，不得含有下列内容：

（一）型号、规格；

（二）图形、符号等标志；

（三）人名、企业名称、注册商标或者其他类似名称；

（四）"最佳""唯一""精确""速效"等绝对化、排他性的词语，或

者表示产品功效的断言或者保证;

(五) 说明有效率、治愈率的用语;

(六) 未经科学证明或者临床评价证明,或者虚无、假设的概念性名称;

(七) 明示或者暗示包治百病,夸大适用范围,或者其他具有误导性、欺骗性的内容;

(八) "美容""保健"等宣传性词语;

(九) 有关法律、法规禁止的其他内容。

第八条 根据《中华人民共和国商标法》第十一条第一款的规定,医疗器械通用名称不得作为商标注册。

第九条 按照医疗器械管理的体外诊断试剂的命名依照《体外诊断试剂注册管理办法》(国家食品药品监督管理总局令第5号)的有关规定执行。

第十条 本规则自2016年4月1日起施行。

17. 医疗器械临床试验质量管理规范（总局、卫计委令第 25 号）

《医疗器械临床试验质量管理规范》已经国家食品药品监督管理总局局务会议、国家卫生和计划生育委员会委主任会议审议通过，现予公布，自 2016 年 6 月 1 日起施行。

第一章　总　　则

第一条　为加强对医疗器械临床试验的管理，维护医疗器械临床试验过程中受试者权益，保证医疗器械临床试验过程规范，结果真实、科学、可靠和可追溯，根据《医疗器械监督管理条例》，制定本规范。

第二条　在中华人民共和国境内开展医疗器械临床试验，应当遵循本规范。

本规范涵盖医疗器械临床试验全过程，包括临床试验的方案设计、实施、监查、核查、检查，以及数据的采集、记录，分析总结和报告等。

第三条　本规范所称医疗器械临床试验，是指在经资质认定的医疗器械临床试验机构中，对拟申请注册的医疗器械在正常使用条件下的安全性和有效性进行确认或者验证的过程。

第四条　医疗器械临床试验应当遵循依法原则、伦理原则和科学原则。

第五条　省级以上食品药品监督管理部门负责对医疗器械临床试验的监督管理。

卫生计生主管部门在职责范围内加强对医疗器械临床试验的管理。

食品药品监督管理部门、卫生计生主管部门应当建立医疗器械临床试验质量管理信息通报机制，加强第三类医疗器械、列入国家大型医用设备配置管理品目的医疗器械开展临床试验审批情况以及相应的临床试验监督管理数据的信息通报。

第二章　临床试验前准备

第六条　进行医疗器械临床试验应当有充分的科学依据和明确的试验

目的，并权衡对受试者和公众健康预期的受益以及风险，预期的受益应当超过可能出现的损害。

第七条 临床试验前，申办者应当完成试验用医疗器械的临床前研究，包括产品设计（结构组成、工作原理和作用机理、预期用途以及适用范围、适用的技术要求）和质量检验、动物试验以及风险分析等，且结果应当能够支持该项临床试验。质量检验结果包括自检报告和具有资质的检验机构出具的一年内的产品注册检验合格报告。

第八条 临床试验前，申办者应当准备充足的试验用医疗器械。试验用医疗器械的研制应当符合适用的医疗器械质量管理体系相关要求。

第九条 医疗器械临床试验应当在两个或者两个以上医疗器械临床试验机构中进行。

所选择的试验机构应当是经资质认定的医疗器械临床试验机构，且设施和条件应当满足安全有效地进行临床试验的需要。研究者应当具备承担该项临床试验的专业特长、资格和能力，并经过培训。

医疗器械临床试验机构资质认定管理办法由国家食品药品监督管理总局会同国家卫生和计划生育委员会另行制定。

第十条 临床试验前，申办者与临床试验机构和研究者应当就试验设计、试验质量控制、试验中的职责分工、申办者承担的临床试验相关费用以及试验中可能发生的伤害处理原则等达成书面协议。

第十一条 临床试验应当获得医疗器械临床试验机构伦理委员会的同意。列入需进行临床试验审批的第三类医疗器械目录的，还应当获得国家食品药品监督管理总局的批准。

第十二条 临床试验前，申办者应当向所在地省、自治区、直辖市食品药品监督管理部门备案。

接受备案的食品药品监督管理部门应当将备案情况通报临床试验机构所在地的同级食品药品监督管理部门以及卫生计生主管部门。

第三章 受试者权益保障

第十三条 医疗器械临床试验应当遵循《世界医学大会赫尔辛基宣言》

确定的伦理准则。

第十四条 伦理审查与知情同意是保障受试者权益的主要措施。

参与临床试验的各方应当按照试验中各自的职责承担相应的伦理责任。

第十五条 申办者应当避免对受试者、临床试验机构和研究者等临床试验参与者或者相关方产生不当影响或者误导。

临床试验机构和研究者应当避免对受试者、申办者等临床试验参与者或者相关方产生不当影响或者误导。

第十六条 申办者、临床试验机构和研究者不得夸大参与临床试验的补偿措施,误导受试者参与临床试验。

第十七条 临床试验前,申办者应当通过研究者和临床试验机构的医疗器械临床试验管理部门向伦理委员会提交下列文件:

(一) 临床试验方案;

(二) 研究者手册;

(三) 知情同意书文本和其他任何提供给受试者的书面材料;

(四) 招募受试者和向其宣传的程序性文件;

(五) 病例报告表文本;

(六) 自检报告和产品注册检验报告;

(七) 研究者简历、专业特长、能力、接受培训和其他能够证明其资格的文件;

(八) 临床试验机构的设施和条件能够满足试验的综述;

(九) 试验用医疗器械的研制符合适用的医疗器械质量管理体系相关要求的声明;

(十) 与伦理审查相关的其他文件。

伦理委员会应当秉承伦理和科学的原则,审查和监督临床试验的实施。

第十八条 在临床试验过程中发生下列情况之一的,研究者应当及时向临床试验机构的医疗器械临床试验管理部门报告,并经其及时通报申办者、报告伦理委员会:

(一) 严重不良事件;

（二）进度报告，包括安全性总结和偏离报告；

（三）对伦理委员会已批准文件的任何修订，不影响受试者权益、安全和健康，或者与临床试验目的或终点不相关的非实质性改变无需事前报告，但事后应当书面告知；

（四）暂停、终止或者暂停后请求恢复临床试验；

（五）影响受试者权益、安全和健康或者临床试验科学性的临床试验方案偏离，包括请求偏离和报告偏离。

为保护受试者权益、安全和健康，在紧急情况下发生的偏离无法及时报告的，应当在事后以书面形式尽快按照相关规定报告。

第十九条 临床试验过程中，如修订临床试验方案以及知情同意书等文件、请求偏离、恢复已暂停临床试验，应当在获得伦理委员会的书面批准后方可继续实施。

第二十条 应当尽量避免选取未成年人、孕妇、老年人、智力障碍人员、处于生命危急情况的患者等作为受试者；确需选取时，应当遵守伦理委员会提出的有关附加要求，在临床试验中针对其健康状况进行专门设计，并应当有益于其健康。

第二十一条 在受试者参与临床试验前，研究者应当充分向受试者或者无民事行为能力人、限制民事行为能力人的监护人说明临床试验的详细情况，包括已知的、可以预见的风险和可能发生的不良事件等。经充分和详细解释后由受试者或者其监护人在知情同意书上签署姓名和日期，研究者也需在知情同意书上签署姓名和日期。

第二十二条 知情同意书一般应当包括下列内容以及对事项的说明：

（一）研究者的姓名以及相关信息；

（二）临床试验机构的名称；

（三）试验名称、目的、方法、内容；

（四）试验过程、期限；

（五）试验的资金来源、可能的利益冲突；

（六）预期受试者可能的受益和已知的、可以预见的风险以及可能发生的不良事件；

（七）受试者可以获得的替代诊疗方法以及其潜在受益和风险的信息；

（八）需要时，说明受试者可能被分配到试验的不同组别；

（九）受试者参加试验应当是自愿的，且在试验的任何阶段有权退出而不会受到歧视或者报复，其医疗待遇与权益不受影响；

（十）告知受试者参加试验的个人资料属于保密，但伦理委员会、食品药品监督管理部门、卫生计生主管部门或者申办者在工作需要时按照规定程序可以查阅受试者参加试验的个人资料；

（十一）如发生与试验相关的伤害，受试者可以获得治疗和经济补偿；

（十二）受试者在试验期间可以随时了解与其有关的信息资料；

（十三）受试者在试验期间可能获得的免费诊疗项目和其他相关补助。

知情同意书应当采用受试者或者监护人能够理解的语言和文字。知情同意书不应当含有会引起受试者放弃合法权益以及免除临床试验机构和研究者、申办者或者其代理人应当负责任的内容。

第二十三条　获得知情同意还应当符合下列要求：

（一）对无行为能力的受试者，如果伦理委员会原则上同意、研究者认为受试者参加临床试验符合其自身利益时，也可以进入临床试验，但试验前应当由其监护人签名并注明日期；

（二）受试者或者其监护人均无阅读能力时，在知情过程中应当有一名见证人在场，经过详细解释知情同意书后，见证人阅读知情同意书与口头知情内容一致，由受试者或者其监护人口头同意后，见证人在知情同意书上签名并注明日期，见证人的签名与研究者的签名应当在同一天；

（三）未成年人作为受试者，应当征得其监护人的知情同意并签署知情同意书，未成年人能对是否参加试验作出意思表示的，还应当征得其本人同意；

（四）如发现涉及试验用医疗器械的重要信息或者预期以外的临床影响，应当对知情同意书相关内容进行修改，修改的知情同意书经伦理委员会认可后，应当由受试者或者其监护人重新签名确认。

第二十四条 知情同意书应当注明制定的日期或者修订后版本的日期。如知情同意书在试验过程中有修订，修订版的知情同意书执行前需再次经伦理委员会同意。修订版的知情同意书报临床试验机构后，所有未结束试验流程的受试者如受影响，都应当签署新修订的知情同意书。

第二十五条 受试者有权在临床试验的任何阶段退出并不承担任何经济责任。

第四章 临床试验方案

第二十六条 开展医疗器械临床试验，申办者应当按照试验用医疗器械的类别、风险、预期用途等组织制定科学、合理的临床试验方案。

第二十七条 未在境内外批准上市的新产品，安全性以及性能尚未经医学证实的，临床试验方案设计时应当先进行小样本可行性试验，待初步确认其安全性后，再根据统计学要求确定样本量开展后续临床试验。

第二十八条 医疗器械临床试验方案应当包括下列内容：

（一）一般信息；

（二）临床试验的背景资料；

（三）试验目的；

（四）试验设计；

（五）安全性评价方法；

（六）有效性评价方法；

（七）统计学考虑；

（八）对临床试验方案修正的规定；

（九）对不良事件和器械缺陷报告的规定；

（十）直接访问源数据、文件；

（十一）临床试验涉及的伦理问题和说明以及知情同意书文本；

（十二）数据处理与记录保存；

（十三）财务和保险；

（十四）试验结果发表约定。

上述部分内容可以包括在方案的其他相关文件如研究者手册中。临床试验机构的具体信息、试验结果发表约定、财务和保险可以在试验方案中表述，也可以另行制定协议加以规定。

第二十九条　多中心临床试验由多位研究者按照同一试验方案在不同的临床试验机构中同期进行。其试验方案的设计和实施应当至少包括以下内容：

（一）试验方案由申办者组织制定并经各临床试验机构以及研究者共同讨论认定，且明确牵头单位临床试验机构的研究者为协调研究者；

（二）协调研究者负责临床试验过程中各临床试验机构间的工作协调，在临床试验前期、中期和后期组织研究者会议，并与申办者共同对整个试验的实施负责；

（三）各临床试验机构原则上应当同期开展和结束临床试验；

（四）各临床试验机构试验样本量以及分配、符合统计分析要求的理由；

（五）申办者和临床试验机构对试验培训的计划与培训记录要求；

（六）建立试验数据传递、管理、核查与查询程序，尤其明确要求各临床试验机构试验数据有关资料应当由牵头单位集中管理与分析；

（七）多中心临床试验结束后，各临床试验机构研究者应当分别出具临床试验小结，连同病例报告表按规定经审核后交由协调研究者汇总完成总结报告。

第五章　伦理委员会职责

第三十条　医疗器械临床试验机构伦理委员会应当至少由5名委员组成，包括医学专业人员、非医学专业人员，其中应当有不同性别的委员。非医学专业委员中至少有一名为法律工作者，一名为该临床试验机构以外的人员。伦理委员会委员应当具有评估和评价该项临床试验的科学、医学和伦理学等方面的资格或者经验。所有委员应当熟悉医疗器械临床试验的伦理准则和相关规定，并遵守伦理委员会的章程。

第三十一条　医疗器械伦理委员会应当遵守《世界医学大会赫尔辛基宣言》伦理准则和食品药品监督管理部门的规定，建立相应的工作程序并形成文件，按照工作程序履行职责。

伦理委员会中独立于研究者和申办者的委员有权发表意见并参与有关试验的表决。

第三十二条　伦理委员会召开会议应当事先通知，参加评审和表决人数不能少于5人，作出任何决定应当由伦理委员会组成成员半数以上通过。

研究者可以提供有关试验的任何方面的信息，但不应当参与评审、投票或者发表意见。

伦理委员会在审查某些特殊试验时，可以邀请相关领域的专家参加。

第三十三条　伦理委员会应当从保障受试者权益的角度严格审议试验方案以及相关文件，并应当重点关注下列内容：

（一）研究者的资格、经验以及是否有充分的时间参加该临床试验。

（二）临床试验机构的人员配备以及设备条件等是否符合试验要求。

（三）受试者可能遭受的风险程度与试验预期的受益相比是否合适。

（四）试验方案是否充分考虑了伦理原则，是否符合科学性，包括研究目的是否适当、受试者的权益是否得到保障、其他人员可能遭受风险的保护以及受试者入选的方法是否科学。

（五）受试者入选方法，向受试者或者其监护人提供的有关本试验的信息资料是否完整、受试者是否可以理解、获取知情同意书的方法是否适当；必要时，伦理委员会应当组织受试人群代表对资料的可理解程度进行测试，评估知情同意是否适当，评估结果应当书面记录并保存至临床试验结束后10年。

（六）受试者若发生与临床试验相关的伤害或者死亡，给予的治疗和保险措施是否充分。

（七）对试验方案提出的修改意见是否可以接受。

（八）是否能够在临床试验进行中定期分析评估对受试者的可能危害。

（九）对试验方案的偏离可能影响受试者权益、安全和健康，或者影响试验的科学性、完整性,是否可以接受。

第三十四条 多中心临床试验的伦理审查应当由牵头单位伦理委员会负责建立协作审查工作程序,保证审查工作的一致性和及时性。

各临床试验机构试验开始前应当由牵头单位伦理委员会负责审查试验方案的伦理合理性和科学性,参加试验的其他临床试验机构伦理委员会在接受牵头单位伦理委员会审查意见的前提下,可以采用会议审查或者文件审查的方式,审查该项试验在本临床试验机构的可行性,包括研究者的资格与经验、设备与条件等,一般情况下不再对试验方案设计提出修改意见,但是有权不批准在其临床试验机构进行试验。

第三十五条 伦理委员会接到医疗器械临床试验的申请后应当召开会议,审阅讨论,签发书面意见、盖章,并附出席会议的人员名单、专业以及本人签名。伦理委员会的意见可以是:

(一) 同意;

(二) 作必要的修改后同意;

(三) 不同意;

(四) 暂停或者终止已批准的试验。

第三十六条 伦理委员会应当对本临床试验机构的临床试验进行跟踪监督,发现受试者权益不能得到保障等情形,可以在任何时间书面要求暂停或者终止该项临床试验。

被暂停的临床试验,未经伦理委员会同意,不得恢复。

第三十七条 伦理委员会应当保留全部有关记录至临床试验完成后至少10年。

第六章 申办者职责

第三十八条 申办者负责发起、申请、组织、监查临床试验,并对临床试验的真实性、可靠性负责。申办者通常为医疗器械生产企业。申办者为境外机构的,应当按规定在我国境内指定代理人。

第三十九条 申办者负责组织制定和修改研究者手册、临床试验方案、知情同意书、病例报告表、有关标准操作规程以及其他相关文件，并负责组织开展临床试验所必需的培训。

第四十条　申办者应当根据试验用医疗器械的特性，在经资质认定的医疗器械临床试验机构中选择试验机构及其研究者。申办者在与临床试验机构签署临床试验协议前，应当向临床试验机构和研究者提供最新的研究者手册以及其他相关文件，以供其决定是否可以承担该项临床试验。

第四十一条　研究者手册应当包括下列主要内容：

（一）申办者、研究者基本信息；

（二）试验用医疗器械的概要说明；

（三）支持试验用医疗器械预期用途和临床试验设计理由的概要和评价；

（四）试验用医疗器械的制造符合适用的医疗器械质量管理体系要求的声明。

第四十二条　申办者在组织临床试验方案的制定中不得夸大宣传试验用医疗器械的机理和疗效。

第四十三条　在临床试验过程中，申办者得到影响临床试验的重要信息时，应当及时对研究者手册以及相关文件进行修改，并通过临床试验机构的医疗器械临床试验管理部门提交伦理委员会审查同意。

第四十四条　申办者应当与临床试验机构和研究者就下列事项达成书面协议：

（一）按照相关法律法规和临床试验方案实施临床试验，并接受监查、核查和检查；

（二）遵循数据记录和报告程序；

（三）保留与试验有关的基本文件不少于法定时间，直至申办者通知临床试验机构和研究者不再需要该文件为止；

（四）申办者得到伦理委员会批准后，负责向临床试验机构和研究者提供试验用医疗器械，并确定其运输条件、储存条件、储存时间、有效期等；

（五）试验用医疗器械应当质量合格，具有易于识别、正确编码以及贴有"试验用"的特殊标识，并按照临床试验方案要求进行适当包装和保存；

（六）申办者应当制定临床试验质量控制相关的标准操作规程，如试验用医疗器械的运输、接收、储存、分发、处理、回收等，供临床试验机构和研究者遵循。

第四十五条　申办者对试验用医疗器械在临床试验中的安全性负责。当发现可能影响受试者安全或者试验实施可能改变伦理委员会对继续试验的批准情况时，申办者应当立即通知所有临床试验机构和研究者，并作出相应处理。

第四十六条　申办者决定暂停或者终止临床试验的，应当在5日内通知所有临床试验机构医疗器械临床试验管理部门，并书面说明理由。临床试验机构医疗器械临床试验管理部门应当及时通知相应的研究者、伦理委员会。对暂停的临床试验，未经伦理委员会同意，不得恢复。临床试验结束后，申办者应当书面告知其所在地省、自治区、直辖市食品药品监督管理部门。

第四十七条　申办者应当保证实施临床试验的所有研究者严格遵循临床试验方案，发现临床试验机构和研究者不遵从有关法律法规、本规范和临床试验方案的，应当及时指出并予以纠正；如情况严重或者持续不改，应当终止试验，并向临床试验机构所在地省、自治区、直辖市食品药品监督管理部门和国家食品药品监督管理总局报告。

第四十八条　申办者应当为发生与临床试验相关的伤害或者死亡的受试者承担治疗的费用以及相应的经济补偿，但在诊疗活动中由医疗机构及其医务人员过错造成的损害除外。

第四十九条　申办者应当对临床试验承担监查责任，并选择符合要求的监查员履行监查职责。

监查员人数以及监查的次数取决于临床试验的复杂程度和参与试验的临床试验机构数目。

第五十条　监查员应当有相应的临床医学、药学、生物医学工程、统计学等相关专业背景，并经过必要的培训，熟悉有关法规和本规范，熟悉有关试验用医疗器械的非临床和同类产品临床方面的信息、临床试验方案及其相关的文件。

第五十一条 监查员应当遵循由申办者制定的试验用医疗器械临床试验监查标准操作规程，督促临床试验按照方案实施。具体职责包括：

（一）在试验前确认临床试验机构已具有适当的条件，包括人员配备与培训符合要求，实验室设备齐全、工作情况良好，预期有足够数量的受试者，参与研究人员熟悉试验要求。

（二）在试验前、中、后期监查临床试验机构和研究者是否遵循有关法规、本规范和临床试验方案。

（三）确认每位受试者在参与临床试验前签署知情同意书，了解受试者的入选情况以及试验的进展状况；对研究者未能做到的随访、未进行的试验、未做的检查，以及是否对错误、遗漏作出纠正等，应当清楚、如实记录；对修订的知情同意书，确认未结束临床试验流程并受影响的受试者重新签署。

（四）确认所有病例报告表填写正确，并与原始资料一致；所有错误或者遗漏均已改正或者注明，经研究者签名并注明日期；每一试验的病种、病例总数和病例的性别、年龄、治疗效果等均应当确认并记录。

（五）确认受试者退出临床试验或者不依从知情同意书规定要求的情况记录在案，并与研究者讨论此种情况。

（六）确认所有不良事件、并发症和其他器械缺陷均记录在案，严重不良事件和可能导致严重不良事件的器械缺陷在规定时间内作出报告并记录在案。

（七）监查试验用医疗器械样品的供给、使用、维护以及运输、接收、储存、分发、处理与回收。

（八）监督临床试验过程中相关设备的定期维护和校准。

（九）确保研究者收到的所有临床试验相关文件为最新版本。

（十）每次监查后应当书面报告申办者，报告应当包括监查员姓名、监查日期、监查时间、监查地点、监查内容、研究者姓名、项目完成情况、存在的问题、结论以及对错误、遗漏作出的纠正等。

第五十二条 申办者为保证临床试验的质量,可以组织独立于临床试验、并具有相应培训和经验的核查员对临床试验开展情况进行核查,评估临床试验是否符合试验方案的要求。

核查可以作为申办者临床试验质量管理常规工作的一部分,也可以用于评估监查活动的有效性,或者针对严重的或者反复的临床试验方案偏离、涉嫌造假等情况开展核查。

第五十三条 核查员应当根据临床试验的重要性、受试者数量、临床试验的类型以及复杂性、受试者风险水平等制定核查方案和核查程序。

第五十四条 对于严重不良事件和可能导致严重不良事件的器械缺陷,申办者应当在获知后5个工作日内向所备案的食品药品监督管理部门和同级卫生计生主管部门报告,同时应当向参与试验的其他临床试验机构和研究者通报,并经其医疗器械临床试验管理部门及时通知该临床试验机构的伦理委员会。

第五十五条 申办者若采用电子临床数据库或者远程电子临床数据系统,应当确保临床数据的受控、真实,并形成完整的验证文件。

第五十六条 对于多中心临床试验,申办者应当保证在临床试验前已制定文件,明确协调研究者和其他研究者的职责分工。

第五十七条 对于多中心临床试验,申办者应当按照临床试验方案组织制定标准操作规程,并组织对参与试验的所有研究者进行临床试验方案和试验用医疗器械使用和维护的培训,确保在临床试验方案执行、试验用医疗器械使用方面的一致性。

第五十八条 在多中心临床试验中,申办者应当保证病例报告表的设计严谨合理,能够使协调研究者获得各分中心临床试验机构的所有数据。

第七章 临床试验机构和研究者职责

第五十九条 临床试验机构在接受临床试验前,应当根据试验用医疗器械的特性,对相关资源进行评估,以决定是否接受该临床试验。

第六十条　临床试验机构应当按照与申办者的约定妥善保存临床试验记录和基本文件。

第六十一条　负责临床试验的研究者应当具备下列条件：

（一）在该临床试验机构中具有副主任医师、副教授、副研究员等副高级以上相关专业技术职称和资质；

（二）具有试验用医疗器械所要求的专业知识和经验，必要时应当经过有关培训；

（三）熟悉申办者要求和其所提供的与临床试验有关的资料、文献；

（四）有能力协调、支配和使用进行该项试验的人员和设备，且有能力处理试验用医疗器械发生的不良事件和其他关联事件；

（五）熟悉国家有关法律、法规以及本规范。

第六十二条　临床试验前，临床试验机构的医疗器械临床试验管理部门应当配合申办者向伦理委员会提出申请，并按照规定递交相关文件。

第六十三条　研究者应当确保参与试验的有关工作人员熟悉试验用医疗器械的原理、适用范围、产品性能、操作方法、安装要求以及技术指标，了解该试验用医疗器械的临床前研究资料和安全性资料，掌握临床试验可能产生风险的防范以及紧急处理方法。

第六十四条　研究者应当保证所有临床试验参与人员充分了解临床试验方案、相关规定、试验用医疗器械特性以及与临床试验相关的职责，并确保有足够数量并符合临床试验方案入选标准的受试者进入临床试验、确保有足够的时间在协议约定的试验期内，按照相关规定安全地实施和完成临床试验。

第六十五条　研究者应当保证将试验用医疗器械只用于该临床试验的受试者，并不得收取任何费用。

第六十六条　研究者应当严格遵循临床试验方案，未经申办者和伦理委员会的同意，或者未按照规定经国家食品药品监督管理总局批准，不得偏离方案或者实质性改变方案。但在受试者面临直接危险等需要立即消除的紧急情况下，也可以事后以书面形式报告。

第六十七条 研究者负责招募受试者、与受试者或者其监护人谈话。研究者有责任向受试者说明试验用医疗器械以及临床试验有关的详细情况，告知受试者可能的受益和已知的、可以预见的风险，并取得受试者或者其监护人签字和注明日期的知情同意书。

第六十八条 研究者或者参与试验的其他人员，不应当强迫或者以其他不正当方式诱使受试者参加试验。

第六十九条 研究者在临床试验中发现试验用医疗器械预期以外的不良事件时，应当和申办者共同对知情同意书相关内容进行修改，按照相关工作程序报伦理委员会审查同意后，由受影响的受试者或者其监护人对修改后的知情同意书进行重新签名确认。

第七十条 研究者负责作出与临床试验相关的医疗决定，在发生与临床试验相关的不良事件时，临床试验机构和研究者应当保证为受试者提供足够、及时的治疗和处理。当受试者出现并发疾病需要治疗和处理时，研究者应当及时告知受试者。

第七十一条 在临床试验中出现严重不良事件的，研究者应当立即对受试者采取适当的治疗措施，同时书面报告所属的临床试验机构医疗器械临床试验管理部门，并经其书面通知申办者。医疗器械临床试验管理部门应当在24小时内书面报告相应的伦理委员会以及临床试验机构所在地省、自治区、直辖市食品药品监督管理部门和卫生计生主管部门。对于死亡事件，临床试验机构和研究者应当向伦理委员会和申办者提供所需要的全部资料。

第七十二条 研究者应当记录临床试验过程中发生的所有不良事件和发现的器械缺陷，并与申办者共同分析事件原因，形成书面分析报告，提出继续、暂停或者终止试验的意见，经临床试验机构医疗器械临床试验管理部门报伦理委员会审查。

第七十三条 研究者应当保证将临床试验数据准确、完整、清晰、及时地载入病例报告表。病例报告表由研究者签署姓名，任何数据的更改均应当由研究者签名并标注日期，同时保留原始记录，原始记录应当清晰可辨识。

第七十四条　临床试验机构和研究者应当确保临床试验所形成数据、文件和记录的真实、准确、清晰、安全。

第七十五条　临床试验机构和研究者应当接受申办者的监查、核查以及伦理委员会的监督，并提供所需的与试验有关的全部记录。食品药品监督管理部门、卫生计生主管部门派检查员开展检查的，临床试验机构和研究者应当予以配合。

第七十六条　临床试验机构和研究者发现风险超过可能的受益，或者已经得出足以判断试验用医疗器械安全性和有效性的结果等，需要暂停或者终止临床试验时，应当通知受试者，并保证受试者得到适当治疗和随访，同时按照规定报告，提供详细书面解释。必要时，报告所在地省、自治区、直辖市食品药品监督管理部门。

研究者接到申办者或者伦理委员会需要暂停或者终止临床试验的通知时，应当及时通知受试者，并保证受试者得到适当治疗和随访。

第七十七条　临床试验机构和研究者对申办者违反有关规定或者要求改变试验数据、结论的，应当向申办者所在地省、自治区、直辖市食品药品监督管理部门或者国家食品药品监督管理总局报告。

第七十八条　临床试验结束时，研究者应当确保完成各项记录、报告。同时，研究者还应当确保收到的试验用医疗器械与所使用的、废弃的或者返还的数量相符合，确保剩余的试验用医疗器械妥善处理并记录存档。

第七十九条　研究者可以根据临床试验的需要，授权相应人员进行受试者招募、与受试者持续沟通、临床试验数据记录、试验用医疗器械管理等。研究者应当对其授权的人员进行相关的培训并形成相应的文件。

第八章　记录与报告

第八十条　在临床试验中，研究者应当确保将任何观察与发现均正确完整地予以记录，并认真填写病例报告表。记录至少应当包括：

（一）所使用的试验用医疗器械的信息，包括名称、型号、规格、接收日期、批号或者系列号等；

(二) 每个受试者相关的病史以及病情进展等医疗记录、护理记录等;

(三) 每个受试者使用试验用医疗器械的记录,包括每次使用的日期、时间、试验用医疗器械的状态等;

(四) 记录者的签名以及日期。

第八十一条 临床试验记录作为原始资料,不得随意更改;确需作更改时应当说明理由,签名并注明日期。

对显著偏离临床试验方案或者在临床可接受范围以外的数据应当加以核实,由研究者作必要的说明。

第八十二条 申办者应当准确、完整地记录与临床试验相关的信息,内容包括:

(一) 试验用医疗器械运送和处理记录,包括名称、型号、规格、批号或者序列号,接收人的姓名、地址,运送日期,退回维修或者临床试验后医疗器械样品回收与处置日期、原因和处理方法等;

(二) 与临床试验机构签订的协议;

(三) 监查报告、核查报告;

(四) 严重不良事件和可能导致严重不良事件的器械缺陷的记录与报告。

第八十三条 研究者应当按照临床试验方案的设计要求,验证或者确认试验用医疗器械的安全性和有效性,并完成临床试验报告。多中心临床试验的临床试验报告应当包含各分中心的临床试验小结。

第八十四条 对于多中心临床试验,各分中心临床试验小结应当至少包括临床试验概况、临床一般资料、试验用医疗器械以及对照用医疗器械的信息描述、安全性和有效性数据集、不良事件的发生率以及处理情况、方案偏离情况说明等,并附病例报告表。

第八十五条 临床试验报告应当与临床试验方案一致,主要包括:

(一) 一般信息;

(二) 摘要;

(三) 简介;

（四）临床试验目的；

（五）临床试验方法；

（六）临床试验内容；

（七）临床一般资料；

（八）试验用医疗器械和对照用医疗器械或者对照诊疗方法；

（九）所采用的统计分析方法以及评价方法；

（十）临床评价标准；

（十一）临床试验的组织结构；

（十二）伦理情况说明；

（十三）临床试验结果；

（十四）临床试验中发现的不良事件以及其处理情况；

（十五）临床试验结果分析、讨论，尤其是适应症、适用范围、禁忌症和注意事项；

（十六）临床试验结论；

（十七）存在问题以及改进建议；

（十八）试验人员名单；

（十九）其他需要说明的情况。

第八十六条　临床试验报告应当由研究者签名、注明日期，经临床试验机构医疗器械临床试验管理部门审核出具意见、注明日期并加盖临床试验机构印章后交申办者。

多中心临床试验中，各分中心临床试验小结应当由该中心的研究者签名并注明日期，经该中心的医疗器械临床试验管理部门审核、注明日期并加盖临床试验机构印章后交牵头单位。

第九章　试验用医疗器械管理

第八十七条　申办者应当参照国家食品药品监督管理总局有关医疗器械说明书和标签管理的规定，对试验用医疗器械作适当的标识，并标注"试验用"。

第八十八条 试验用医疗器械的记录包括生产日期、产品批号、序列号等与生产有关的记录，与产品质量和稳定性有关的检验记录，运输、维护、交付各临床试验机构使用的记录，以及试验后回收与处置日期等方面的信息。

第八十九条 试验用医疗器械的使用由临床试验机构和研究者负责，研究者应当保证所有试验用医疗器械仅用于该临床试验的受试者，在试验期间按照要求储存和保管试验用医疗器械，在临床试验后按照国家有关规定和与申办者的协议对试验用医疗器械进行处理。上述过程需由专人负责并记录。研究者不得把试验用医疗器械转交任何非临床试验参加者。

第十章 基本文件管理

第九十条 临床试验机构、研究者、申办者应当建立基本文件保存制度。临床试验基本文件按临床试验阶段分为三部分：准备阶段文件、进行阶段文件和终止或者完成后文件。

第九十一条 临床试验机构应当保存临床试验资料至临床试验结束后10年。申办者应当保存临床试验资料至无该医疗器械使用时。

第九十二条 临床试验基本文件可以用于评价申办者、临床试验机构和研究者对本规范和食品药品监督管理部门有关要求的执行情况。食品药品监督管理部门可以对临床试验基本文件进行检查。

第十一章 附　　则

第九十三条 本规范下列用语的含义：

医疗器械临床试验机构，是指经国家食品药品监督管理总局会同国家卫生和计划生育委员会认定的承担医疗器械临床试验的医疗机构。如无特别说明，本规范中"临床试验机构"即指"医疗器械临床试验机构"。

试验用医疗器械，是指临床试验中对其安全性、有效性进行确认或者验证的拟申请注册的医疗器械。

申办者，是指临床试验的发起、管理和提供财务支持的机构或者组织。

研究者，是指在临床试验机构中负责实施临床试验的人。如果在临床试验机构中是由一组人员实施试验的，则研究者是指该组的负责人，也称主要研究者。

伦理委员会，是指临床试验机构设置的对医疗器械临床试验项目的科学性和伦理性进行审查的独立的机构。

医疗器械临床试验管理部门，是指临床试验机构内设置的负责医疗器械临床试验组织管理和质量控制的处室或者部门。

多中心临床试验，是指按照同一临床试验方案，在三个以上（含三个）临床试验机构实施的临床试验。

受试者，是指被招募接受医疗器械临床试验的个人。

知情同意，是指向受试者告知临床试验的各方面情况后，受试者确认自愿参加该项临床试验的过程，应当以签名和注明日期的知情同意书作为证明文件。

知情同意书，是指受试者表示自愿参加临床试验的证明性文件。

监查，是指申办者为保证开展的临床试验能够遵循临床试验方案、标准操作规程、本规范和有关适用的管理要求，选派专门人员对临床试验机构、研究者进行评价调查，对临床试验过程中的数据进行验证并记录和报告的活动。

监查员，是指申办者选派的对医疗器械临床试验项目进行监查的专门人员。

核查，是指由申办者组织的对临床试验相关活动和文件进行系统性的独立检查，以确定此类活动的执行、数据的记录、分析和报告是否符合临床试验方案、标准操作规程、本规范和有关适用的管理要求。

核查员，是指受申办者委托对医疗器械临床试验项目进行核查的人员。

检查，是指监管部门对临床试验的有关文件、设施、记录和其他方面进行的监督管理活动。

检查员，是指监管部门选派的对医疗器械临床试验项目进行检查的人员。

偏离，是指有意或者无意地未遵循临床试验方案要求的情形。

病例报告表，是指按照临床试验方案所规定设计的文件，用以记录试验过程中获得的每个受试者的全部信息和数据。

终点，是指用于评估临床试验假设的指标。

源数据，是指临床试验中的临床发现、观察和其他活动的原始记录以及其经核准的副本中的所有信息，可以用于临床试验重建和评价。

源文件，是指包含源数据的印刷文件、可视文件或者电子文件等。

不良事件，是指在临床试验过程中出现的不利的医学事件，无论是否与试验用医疗器械相关。

严重不良事件，是指临床试验过程中发生的导致死亡或者健康状况严重恶化，包括致命的疾病或者伤害、身体结构或者身体功能的永久性缺陷、需住院治疗或者延长住院时间、需要进行医疗或者手术介入以避免对身体结构或者身体功能造成永久性缺陷；导致胎儿窘迫、胎儿死亡或者先天性异常、先天缺损等事件。

器械缺陷，是指临床试验过程中医疗器械在正常使用情况下存在可能危及人体健康和生命安全的不合理风险，如标签错误、质量问题、故障等。

标准操作规程，是指为有效地实施和完成临床试验中每项工作所拟定的标准和详细的书面规程。

临床数据，是指在有关文献或者医疗器械的临床使用中获得的安全性、性能的信息。

第九十四条　医疗器械临床试验伦理审查申请审批表等文书的格式范本由国家食品药品监督管理总局另行制定。

第九十五条　本规范不适用于按照医疗器械管理的体外诊断试剂。

第九十六条　本规范自2016年6月1日起施行。2004年1月17日发布的《医疗器械临床试验规定》（国家食品药品监督管理局令第5号）同时废止。

18. 医疗器械召回管理办法（总局令第 29 号）

《医疗器械召回管理办法》已于 2017 年 1 月 5 日经国家食品药品监督管理总局局务会议审议通过，现予公布，自 2017 年 5 月 1 日起施行。

第一章 总 则

第一条 为加强医疗器械监督管理，控制存在缺陷的医疗器械产品，消除医疗器械安全隐患，保证医疗器械的安全、有效，保障人体健康和生命安全，根据《医疗器械监督管理条例》，制定本办法。

第二条 中华人民共和国境内已上市医疗器械的召回及其监督管理，适用本办法。

第三条 本办法所称医疗器械召回，是指医疗器械生产企业按照规定的程序对其已上市销售的某一类别、型号或者批次的存在缺陷的医疗器械产品，采取警示、检查、修理、重新标签、修改并完善说明书、软件更新、替换、收回、销毁等方式进行处理的行为。

前款所述医疗器械生产企业，是指境内医疗器械产品注册人或者备案人、进口医疗器械的境外制造厂商在中国境内指定的代理人。

第四条 本办法所称存在缺陷的医疗器械产品包括：

（一）正常使用情况下存在可能危及人体健康和生命安全的不合理风险的产品；

（二）不符合强制性标准、经注册或者备案的产品技术要求的产品；

（三）不符合医疗器械生产、经营质量管理有关规定导致可能存在不合理风险的产品；

（四）其他需要召回的产品。

第五条 医疗器械生产企业是控制与消除产品缺陷的责任主体，应当主动对缺陷产品实施召回。

第六条 医疗器械生产企业应当按照本办法的规定建立健全医疗器械召回管理制度，收集医疗器械安全相关信息，对可能的缺陷产品进行调查、评估，及时召回缺陷产品。

进口医疗器械的境外制造厂商在中国境内指定的代理人应当将仅在境外实施医疗器械召回的有关信息及时报告国家食品药品监督管理总局；凡涉及在境内实施召回的，中国境内指定的代理人应当按照本办法的规定组织实施。

医疗器械经营企业、使用单位应当积极协助医疗器械生产企业对缺陷产品进行调查、评估，主动配合生产企业履行召回义务，按照召回计划及时传达、反馈医疗器械召回信息，控制和收回缺陷产品。

第七条 医疗器械经营企业、使用单位发现其经营、使用的医疗器械可能为缺陷产品的，应当立即暂停销售或者使用该医疗器械，及时通知医疗器械生产企业或者供货商，并向所在地省、自治区、直辖市食品药品监督管理部门报告；使用单位为医疗机构的，还应当同时向所在地省、自治区、直辖市卫生行政部门报告。

医疗器械经营企业、使用单位所在地省、自治区、直辖市食品药品监督管理部门收到报告后，应当及时通报医疗器械生产企业所在地省、自治区、直辖市食品药品监督管理部门。

第八条 召回医疗器械的生产企业所在地省、自治区、直辖市食品药品监督管理部门负责医疗器械召回的监督管理，其他省、自治区、直辖市食品药品监督管理部门应当配合做好本行政区域内医疗器械召回的有关工作。

国家食品药品监督管理总局监督全国医疗器械召回的管理工作。

第九条 国家食品药品监督管理总局和省、自治区、直辖市食品药品监督管理部门应当按照医疗器械召回信息通报和信息公开有关制度，采取有效途径向社会公布缺陷产品信息和召回信息，必要时向同级卫生行政部门通报相关信息。

第二章 医疗器械缺陷的调查与评估

第十条 医疗器械生产企业应当按照规定建立健全医疗器械质量管理

体系和医疗器械不良事件监测系统，收集、记录医疗器械的质量投诉信息和医疗器械不良事件信息，对收集的信息进行分析，对可能存在的缺陷进行调查和评估。

医疗器械经营企业、使用单位应当配合医疗器械生产企业对有关医疗器械缺陷进行调查，并提供有关资料。

第十一条 医疗器械生产企业应当按照规定及时将收集的医疗器械不良事件信息向食品药品监督管理部门报告，食品药品监督管理部门可以对医疗器械不良事件或者可能存在的缺陷进行分析和调查，医疗器械生产企业、经营企业、使用单位应当予以配合。

第十二条 对存在缺陷的医疗器械产品进行评估的主要内容包括：

（一）产品是否符合强制性标准、经注册或者备案的产品技术要求；

（二）在使用医疗器械过程中是否发生过故障或者伤害；

（三）在现有使用环境下是否会造成伤害，是否有科学文献、研究、相关试验或者验证能够解释伤害发生的原因；

（四）伤害所涉及的地区范围和人群特点；

（五）对人体健康造成的伤害程度；

（六）伤害发生的概率；

（七）发生伤害的短期和长期后果；

（八）其他可能对人体造成伤害的因素。

第十三条 根据医疗器械缺陷的严重程度，医疗器械召回分为：

（一）一级召回：使用该医疗器械可能或者已经引起严重健康危害的；

（二）二级召回：使用该医疗器械可能或者已经引起暂时的或者可逆的健康危害的；

（三）三级召回：使用该医疗器械引起危害的可能性较小但仍需要召回的。

医疗器械生产企业应当根据具体情况确定召回级别并根据召回级别与医疗器械的销售和使用情况，科学设计召回计划并组织实施。

第三章　主动召回

第十四条　医疗器械生产企业按照本办法第十条、第十二条的要求进行调查评估后，确定医疗器械产品存在缺陷的，应当立即决定并实施召回，同时向社会发布产品召回信息。

实施一级召回的，医疗器械召回公告应当在国家食品药品监督管理总局网站和中央主要媒体上发布；实施二级、三级召回的，医疗器械召回公告应当在省、自治区、直辖市食品药品监督管理部门网站发布，省、自治区、直辖市食品药品监督管理部门网站发布的召回公告应当与国家食品药品监督管理总局网站链接。

第十五条　医疗器械生产企业作出医疗器械召回决定的，一级召回应当在1日内，二级召回应当在3日内，三级召回应当在7日内，通知到有关医疗器械经营企业、使用单位或者告知使用者。

召回通知应当包括以下内容：

（一）召回医疗器械名称、型号规格、批次等基本信息；

（二）召回的原因；

（三）召回的要求，如立即暂停销售和使用该产品、将召回通知转发到相关经营企业或者使用单位等；

（四）召回医疗器械的处理方式。

第十六条　医疗器械生产企业作出医疗器械召回决定的，应当立即向所在地省、自治区、直辖市食品药品监督管理部门和批准该产品注册或者办理备案的食品药品监督管理部门提交医疗器械召回事件报告表，并在5个工作日内将调查评估报告和召回计划提交至所在地省、自治区、直辖市食品药品监督管理部门和批准注册或者办理备案的食品药品监督管理部门备案。

医疗器械生产企业所在地省、自治区、直辖市食品药品监督管理部门应当在收到召回事件报告表1个工作日内将召回的有关情况报告国家食品药品监督管理总局。

第十七条　调查评估报告应当包括以下内容：

（一）召回医疗器械的具体情况，包括名称、型号规格、批次等基本信息；

（二）实施召回的原因；

（三）调查评估结果；

（四）召回分级。

召回计划应当包括以下内容：

（一）医疗器械生产销售情况及拟召回的数量；

（二）召回措施的具体内容，包括实施的组织、范围和时限等；

（三）召回信息的公布途径与范围；

（四）召回的预期效果；

（五）医疗器械召回后的处理措施。

第十八条　医疗器械生产企业所在地省、自治区、直辖市食品药品监督管理部门可以对生产企业提交的召回计划进行评估，认为生产企业所采取的措施不能有效消除产品缺陷或者控制产品风险的，应当书面要求其采取提高召回等级、扩大召回范围、缩短召回时间或者改变召回产品的处理方式等更为有效的措施进行处理。医疗器械生产企业应当按照食品药品监督管理部门的要求修改召回计划并组织实施。

第十九条　医疗器械生产企业对上报的召回计划进行变更的，应当及时报所在地省、自治区、直辖市食品药品监督管理部门备案。

第二十条　医疗器械生产企业在实施召回的过程中，应当根据召回计划定期向所在地省、自治区、直辖市食品药品监督管理部门提交召回计划实施情况报告。

第二十一条　医疗器械生产企业对召回医疗器械的处理应当有详细的记录，并向医疗器械生产企业所在地省、自治区、直辖市食品药品监督管理部门报告，记录应当保存至医疗器械注册证失效后5年，第一类医疗器械召回的处理记录应当保存5年。对通过警示、检查、修理、重新标签、修改并完善说明书、软件更新、替换、销毁等方式能够消除产品缺陷的，可以在产品所在地完成上述行为。需要销毁的，应当在食品药品监督管理部门监督下销毁。

第二十二条　医疗器械生产企业应当在召回完成后10个工作日内对召回效果进行评估，并向所在地省、自治区、直辖市食品药品监督管理部门提交医疗器械召回总结评估报告。

第二十三条　医疗器械生产企业所在地省、自治区、直辖市食品药品监督管理部门应当自收到总结评估报告之日起10个工作日内对报告进行审查，并对召回效果进行评估；认为召回尚未有效消除产品缺陷或者控制产品风险的，应当书面要求生产企业重新召回。医疗器械生产企业应当按照食品药品监督管理部门的要求进行重新召回。

第四章　责令召回

第二十四条　食品药品监督管理部门经过调查评估，认为医疗器械生产企业应当召回存在缺陷的医疗器械产品而未主动召回的，应当责令医疗器械生产企业召回医疗器械。

责令召回的决定可以由医疗器械生产企业所在地省、自治区、直辖市食品药品监督管理部门作出，也可以由批准该医疗器械注册或者办理备案的食品药品监督管理部门作出。作出该决定的食品药品监督管理部门，应当在其网站向社会公布责令召回信息。

医疗器械生产企业应当按照食品药品监督管理部门的要求进行召回，并按本办法第十四条第二款的规定向社会公布产品召回信息。

必要时，食品药品监督管理部门可以要求医疗器械生产企业、经营企业和使用单位立即暂停生产、销售和使用，并告知使用者立即暂停使用该缺陷产品。

第二十五条　食品药品监督管理部门作出责令召回决定，应当将责令召回通知书送达医疗器械生产企业，通知书包括以下内容：

（一）召回医疗器械的具体情况，包括名称、型号规格、批次等基本信息；

（二）实施召回的原因；

（三）调查评估结果；

（四）召回要求，包括范围和时限等。

第二十六条　医疗器械生产企业收到责令召回通知书后，应当按照本办法第十五条、第十六条的规定通知医疗器械经营企业和使用单位或者告知使用者，制定、提交召回计划，并组织实施。

第二十七条　医疗器械生产企业应当按照本办法第十九条、第二十条、第二十一条、第二十二条的规定向食品药品监督管理部门报告医疗器械召回的相关情况，进行召回医疗器械的后续处理。

食品药品监督管理部门应当按照本办法第二十三条的规定对医疗器械生产企业提交的医疗器械召回总结评估报告进行审查，并对召回效果进行评价，必要时通报同级卫生行政部门。经过审查和评价，认为召回不彻底、尚未有效消除产品缺陷或者控制产品风险的，食品药品监督管理部门应当书面要求医疗器械生产企业重新召回。医疗器械生产企业应当按照食品药品监督管理部门的要求进行重新召回。

第五章　法律责任

第二十八条　医疗器械生产企业因违反法律、法规、规章规定造成上市医疗器械存在缺陷，依法应当给予行政处罚，但该企业已经采取召回措施主动消除或者减轻危害后果的，食品药品监督管理部门依照《中华人民共和国行政处罚法》的规定给予从轻或者减轻处罚；违法行为轻微并及时纠正，没有造成危害后果的，不予处罚。

医疗器械生产企业召回医疗器械的，不免除其依法应当承担的其他法律责任。

第二十九条　医疗器械生产企业违反本办法第二十四条规定，拒绝召回医疗器械的，依据《医疗器械监督管理条例》第六十六条的规定进行处理。

第三十条　医疗器械生产企业有下列情形之一的，予以警告，责令限期改正，并处 3 万元以下罚款：

（一）违反本办法第十四条规定，未按照要求及时向社会发布产品召回信息的；

（二）违反本办法第十五条规定，未在规定时间内将召回医疗器械的决定通知到医疗器械经营企业、使用单位或者告知使用者的；

（三）违反本办法第十八条、第二十三条、第二十七条第二款规定，未按照食品药品监督管理部门要求采取改正措施或者重新召回医疗器械的；

（四）违反本办法第二十一条规定，未对召回医疗器械的处理作详细记录或者未向食品药品监督管理部门报告的。

第三十一条　医疗器械生产企业有下列情形之一的，予以警告，责令限期改正；逾期未改正的，处 3 万元以下罚款：

（一）未按照本办法规定建立医疗器械召回管理制度的；

（二）拒绝配合食品药品监督管理部门开展调查的；

（三）未按照本办法规定提交医疗器械召回事件报告表、调查评估报告和召回计划、医疗器械召回计划实施情况和总结评估报告的；

（四）变更召回计划，未报食品药品监督管理部门备案的。

第三十二条　医疗器械经营企业、使用单位违反本办法第七条第一款规定的，责令停止销售、使用存在缺陷的医疗器械，并处 5000 元以上 3 万元以下罚款；造成严重后果的，由原发证部门吊销"医疗器械经营许可证"。

第三十三条　医疗器械经营企业、使用单位拒绝配合有关医疗器械缺陷调查、拒绝协助医疗器械生产企业召回医疗器械的，予以警告，责令限期改正；逾期拒不改正的，处 3 万元以下罚款。

第三十四条　食品药品监督管理部门及其工作人员不履行医疗器械监督管理职责或者滥用职权、玩忽职守，有下列情形之一的，由监察机关或者任免机关根据情节轻重，对直接负责的主管人员和其他直接责任人员给予批评教育，或者依法给予警告、记过或者记大过的处分；造成严重后果的，给予降级、撤职或者开除的处分：

（一）未按规定向社会发布召回信息的；

（二）未按规定向相关部门报告或者通报有关召回信息的；

（三）应当责令召回而未采取责令召回措施的；

（四）违反本办法第二十三条和第二十七条第二款规定，未能督促医疗器械生产企业有效实施召回的。

第六章 附 则

第三十五条 召回的医疗器械已经植入人体的，医疗器械生产企业应当与医疗机构和患者共同协商，根据召回的不同原因，提出对患者的处理意见和应当采取的预案措施。

第三十六条 召回的医疗器械给患者造成损害的，患者可以向医疗器械生产企业要求赔偿，也可以向医疗器械经营企业、使用单位要求赔偿。患者向医疗器械经营企业、使用单位要求赔偿的，医疗器械经营企业、使用单位赔偿后，有权向负有责任的医疗器械生产企业追偿。

第三十七条 本办法自2017年5月1日起施行。2011年7月1日起施行的《医疗器械召回管理办法（试行）》（中华人民共和国卫生部令第82号）同时废止。

19. 医疗器械标准管理办法（总局令第33号）

《医疗器械标准管理办法》已于2017年2月21日经国家食品药品监督管理总局局务会议审议通过，现予公布，自2017年7月1日起施行。

第一章 总 则

第一条 为促进科学技术进步，保障医疗器械安全有效，提高健康保障水平，加强医疗器械标准管理，根据《中华人民共和国标准化法》《中华人民共和国标准化法实施条例》和《医疗器械监督管理条例》等法律法规，制定本办法。

第二条 本办法所称医疗器械标准，是指由国家食品药品监督管理总局依据职责组织制修订，依法定程序发布，在医疗器械研制、生产、经营、使用、监督管理等活动中遵循的统一的技术要求。

第三条 在中华人民共和国境内从事医疗器械标准的制修订、实施及监督管理，应当遵守法律、行政法规及本办法的规定。

第四条 医疗器械标准按照其效力分为强制性标准和推荐性标准。

对保障人体健康和生命安全的技术要求，应当制定为医疗器械强制性国家标准和强制性行业标准。

对满足基础通用、与强制性标准配套、对医疗器械产业起引领作用等需要的技术要求，可以制定为医疗器械推荐性国家标准和推荐性行业标准。

第五条 医疗器械标准按照其规范对象分为基础标准、方法标准、管理标准和产品标准。

第六条 国家食品药品监督管理总局依法编制医疗器械标准规划，建立医疗器械标准管理工作制度，健全医疗器械标准管理体系。

第七条 鼓励企业、社会团体、教育科研机构及个人广泛参与医疗器械标准制修订工作，并对医疗器械标准执行情况进行监督。

第八条 鼓励参与国际标准化活动，参与制定和采用国际医疗器械标准。

第九条 国家食品药品监督管理总局对在医疗器械标准工作中作出显著成绩的组织和个人，按照国家有关规定给予表扬和奖励。

第二章 标准管理职责

第十条 国家食品药品监督管理总局履行下列职责：

（一）组织贯彻医疗器械标准管理相关法律、法规，制定医疗器械标准管理工作制度；

（二）组织拟定医疗器械标准规划，编制标准制修订年度工作计划；

（三）依法组织医疗器械标准制修订，发布医疗器械行业标准；

（四）依法指导、监督医疗器械标准管理工作。

第十一条 国家食品药品监督管理总局医疗器械标准管理中心（以下简称"医疗器械标准管理中心"）履行下列职责：

（一）组织开展医疗器械标准体系的研究，拟定医疗器械标准规划草案和标准制修订年度工作计划建议；

（二）依法承担医疗器械标准制修订的管理工作；

（三）依法承担医疗器械标准化技术委员会的管理工作；

（四）承担医疗器械标准宣传、培训的组织工作；

（五）组织对标准实施情况进行调研，协调解决标准实施中的重大技术问题；

（六）承担医疗器械国际标准化活动和对外合作交流的相关工作；

（七）承担医疗器械标准信息化工作，组织医疗器械行业标准出版；

（八）承担国家食品药品监督管理总局交办的其他标准管理工作。

第十二条 国家食品药品监督管理总局根据医疗器械标准化工作的需要，经批准依法组建医疗器械标准化技术委员会。

医疗器械标准化技术委员会履行下列职责：

（一）开展医疗器械标准研究工作，提出本专业领域标准发展规划、标准体系意见；

（二）承担本专业领域医疗器械标准起草、征求意见、技术审查等组织工作，并对标准的技术内容和质量负责；

（三）承担本专业领域医疗器械标准的技术指导工作，协助解决标准实施中的技术问题；

（四）负责收集、整理本专业领域的医疗器械标准资料，并建立技术档案；

（五）负责本专业领域医疗器械标准实施情况的跟踪评价；

（六）负责本专业领域医疗器械标准技术内容的咨询和解释；

（七）承担本专业领域医疗器械标准的宣传、培训、学术交流和相关国际标准化活动。

第十三条　在现有医疗器械标准化技术委员会不能覆盖的专业技术领域，国家食品药品监督管理总局可以根据监管需要，按程序确定医疗器械标准化技术归口单位。标准化技术归口单位参照医疗器械标准化技术委员会的职责和有关规定开展相应领域医疗器械标准工作。

第十四条　地方食品药品监督管理部门在本行政区域依法履行下列职责：

（一）组织贯彻医疗器械标准管理的法律法规；

（二）组织、参与医疗器械标准的制修订相关工作；

（三）监督医疗器械标准的实施；

（四）收集并向上一级食品药品监督管理部门报告标准实施过程中的问题。

第十五条　医疗器械研制机构、生产经营企业和使用单位应当严格执行医疗器械强制性标准。

鼓励医疗器械研制机构、生产经营企业和使用单位积极研制和采用医疗器械推荐性标准，积极参与医疗器械标准制修订工作，及时向有关部门反馈医疗器械标准实施问题和提出改进建议。

第三章　标准制定与修订

第十六条　医疗器械标准制修订程序包括标准立项、起草、征求意见、技术审查、批准发布、复审和废止等。具体规定由国家食品药品监督管理总局制定。

对医疗器械监管急需制修订的标准，可以按照国家食品药品监督管理总局规定的快速程序开展。

第十七条　医疗器械标准管理中心应当根据医疗器械标准规划，向社会公开征集医疗器械标准制定、修订立项提案。

对征集到的立项提案，由相应的医疗器械标准化技术委员会（包括标准化技术归口单位，下同）进行研究后，提出本专业领域标准计划项目立项申请。

涉及两个或者两个以上医疗器械标准化技术委员会的标准计划项目立项提案，应当由医疗器械标准管理中心负责协调，确定牵头医疗器械标准化技术委员会，并由其提出标准计划项目立项申请。

第十八条　医疗器械标准管理中心对医疗器械标准计划项目立项申请，经公开征求意见并组织专家论证后，提出医疗器械标准计划项目，编制标准制修订年度工作计划建议，报国家食品药品监督管理总局审核。

国家食品药品监督管理总局审核通过的医疗器械标准计划项目，应当向社会公示。国家标准计划项目送国务院标准化行政主管部门批准下达；行业标准计划项目由国家食品药品监督管理总局批准下达。

第十九条　医疗器械生产经营企业、使用单位、监管部门、检测机构以及有关教育科研机构、社会团体等，可以向承担医疗器械标准计划项目的医疗器械标准化技术委员会提出起草相关医疗器械标准的申请。医疗器械标准化技术委员会结合标准的技术内容，按照公开、公正、择优的原则，选定起草单位。

起草单位应当广泛调研、深入分析研究，积极借鉴相关国际标准，在对技术内容进行充分验证的基础上起草医疗器械标准，形成医疗器械标准征求意见稿，经医疗器械标准化技术委员会初步审查后，报送医疗器械标准管理中心。

第二十条　医疗器械标准征求意见稿在医疗器械标准管理中心网站向

社会公开征求意见，征求意见的期限一般为两个月。承担医疗器械标准计划项目的医疗器械标准化技术委员会对征集到的意见进行汇总后，反馈给标准起草单位，起草单位应当对汇总意见进行认真研究，对征求意见稿进行修改完善，形成医疗器械标准送审稿。

第二十一条　承担医疗器械标准计划项目的医疗器械标准化技术委员会负责组织对医疗器械标准送审稿进行技术审查。审查通过后，将医疗器械标准报批稿、实施建议及相关资料报送医疗器械标准管理中心进行审核。

第二十二条　医疗器械标准管理中心将审核通过后的医疗器械标准报批稿及审核结论等报送国家食品药品监督管理总局审查。审查通过的医疗器械国家标准送国务院标准化行政主管部门批准、发布；审查通过的医疗器械行业标准由国家食品药品监督管理总局确定实施日期和实施要求，以公告形式发布。

医疗器械国家标准、行业标准按照国务院标准化行政主管部门的相关规定进行公开，供公众查阅。

第二十三条　医疗器械标准批准发布后，因个别技术内容影响标准使用、需要进行修改，或者对原标准内容进行少量增减时，应当采用标准修改单方式修改。标准修改单应当按照标准制修订程序制定，由医疗器械标准的原批准部门审查发布。

第二十四条　医疗器械标准化技术委员会应当对已发布实施的医疗器械标准开展复审工作，根据科学技术进步、产业发展以及监管需要对其有效性、适用性和先进性及时组织复审，提出复审结论。复审结论分为继续有效、修订或者废止。复审周期原则上不超过5年。

医疗器械标准复审结论由医疗器械标准管理中心审核通过后，报送国家食品药品监督管理总局审查。医疗器械国家标准复审结论，送国务院标准化行政主管部门批准；医疗器械行业标准复审结论由国家食品药品监督管理总局审查批准，并对复审结论为废止的标准以公告形式发布。

第四章　标准实施与监督

第二十五条　医疗器械企业应当严格按照经注册或者备案的产品技术

要求组织生产，保证出厂的医疗器械符合强制性标准以及经注册或者备案的产品技术要求。

第二十六条　医疗器械推荐性标准被法律法规、规范性文件及经注册或者备案的产品技术要求引用的内容应当强制执行。

第二十七条　医疗器械产品技术要求，应当与产品设计特性、预期用途和质量控制水平相适应，并不得低于产品适用的强制性国家标准和强制性行业标准。

第二十八条　食品药品监督管理部门对医疗器械企业实施医疗器械强制性标准以及经注册或者备案的产品技术要求的情况进行监督检查。

第二十九条　任何单位和个人有权向食品药品监督管理部门举报或者反映违反医疗器械强制性标准以及经注册或者备案的产品技术要求的行为。收到举报或者反映的部门，应当及时按规定作出处理。

第三十条　医疗器械标准实行信息化管理，标准立项、发布、实施等信息应当及时向公众公开。

第三十一条　食品药品监督管理部门应当在医疗器械标准发布后，及时组织、指导标准的宣传、培训。

第三十二条　医疗器械标准化技术委员会对标准的实施情况进行跟踪评价。医疗器械标准管理中心根据跟踪评价情况对强制性标准实施情况进行统计分析。

第五章　附　　则

第三十三条　医疗器械国家标准的编号按照国务院标准化行政主管部门的规定编制。医疗器械行业标准的代号由大写汉语拼音字母等构成。强制性行业标准的代号为"YY"，推荐性行业标准的代号为"YY/T"。

行业标准的编号由行业标准的代号、标准号和标准发布的年号构成。其形式为：YY　××××1-××××2 和 YY/T　××××1-××××2。

××××1 为标准号，××××2 为标准发布年号。

第三十四条　依法成立的社会团体可以制定发布团体标准。团体标准的管理应当符合国家相关规定。

第三十五条 医疗器械标准样品是医疗器械检验检测中的实物标准，其管理应当符合国家有关规定。

第三十六条 本办法自2017年7月1日起施行。2002年1月4日发布的《医疗器械标准管理办法（试行）》（原国家药品监督管理局令第31号）同时废止。